교육사 및 교육철학

최미리 · 박성혜 · 강봉규

태영출판사

머리말

'교육사 및 교육철학'은 한국이나 서양에서 제기된 교육관과 교육철학적 관점들을 고대로부터 현대에 이르기까지 고찰함으로써 교육의 역사적 흐름과 그 철학적 기저에 대한 이해를 심화시킴으로써 교육에 관한 올바른 인식과 교육문제를 이해하는 보다 거시적인 관점을 제공하는데 크게 기여하는 교과목이다.

'교육사 및 교육철학'의 교수목적은 역사적으로 변천 발전되어온 교육의 시대적 · 철학적 조류를 규명함으로써 현재의 교육문제와 바람직한 발전방향에 관한 교육적 예지를 탐색할 수 있는 사고능력을 함양하는데 있다고 할 수 있다.

이와 같은 입장에서 이 책을 구성함에 있어서 유의한 점은 다음과 같다.

첫째, 교육의 본질 또는 이념에서부터 보다 구체적인 문제들, 즉 교육목적, 내용과 방법 등 여러 가지 교육 문제에 관련된 시대적 특성과 다양한 철학적 관점들을 포괄적으로 이해할 수 있게 서술하였다.

둘째, 특정 교육철학사상이나 시대 등에 편중됨이 없는 종합적인 서술이 되도록 힘썼다.

셋째, 교육사 가운데, 교육이념, 교육목적, 교육내용 및 교육방법에 관한 서술은 특히 현대교육과 관련이 깊은 것들을 중점적으로 다루었다.

넷째, 현대 교육사상에 크게 영향을 끼친 교육사상가들을 선정하여 각장의 말미에 자세히 소개했다.

다섯째, 교육학과나 교직과정을 이수하는 대학생은 물론 교직을 희망하는 수험생에게도 유용한 지침서가 되도록 노력하였다.

그리고 본서는 교육사 및 교육철학에 관한 개론서이기 때문에 한 학기용의 강의교재로 내용분량을 적절하게 조절하여 집필되었다. 특히 독자들의 내용파악의 효율성을 높이기 위해 긴문장으로 서술하기보다는 내용단위를 분절하여 핵심적인 내용으로 요약 · 집약화하는 서술방식을 택하였다.

집필과정에서 미처 착안하지 못한 점은 독자 여러분들의 지적과 편달을 통하여 계속 수정 · 보완할 것이다.

끝으로 본서의 출판에 관한 김현태 사장님의 따뜻한 보살핌과 편집과 교정일을 맡아 주신 오세복 상무님께 깊이 감사를 드리는 바이다.

2015년 1월

저자 씀

차 례

제1부 한국교육사

제2부 서양교육사

제3부 교육철학

제 1부

한 국 교 육 사

제1장

삼국시대의 교육

1. 삼국문화의 특성
2. 고구려의 학교교육
3. 백제의 교육
4. 신라의 교육

1. 삼국문화의 특성

1) 불교문화의 융성

삼국시대 초기에는 천신 · 일월신 · 산신 등 여러 신을 모시는 원시신앙과 점술이 널리 퍼져 있었다. 그러나 주위환경에 대한 합리적인 사고능력이 높아지면서 원시시대의 신앙체계는 차츰 무너지기 시작했다. 이에 고대국가로 성장한 삼국은 새로운 사상체계로서 불교를 적극 받아들였다. 불교는 이전의 원시신앙을 배제하지 않고 그것을 포섭하면서 발전했다. 따라서 불교는 이전의 사상체계와 큰 마찰 없이 복잡해진 고대의 사회생활에 적응할 수 있는 철학을 삼국민에게 제시했으며, 여러 나라의 고대문화를 전달하는 길잡이로서 중요한 역할을 수행했다. 이와 같이 삼국의 문화는 불교의 영향을 많이 받았으며, 당시 불교는 종교로서의 기능뿐만 아니라 국민의 정신적 통일과 예술 발달에도 크게 기여하였다. 불교는 중국에서 전래되어 고구려는 소수림왕 2년(372)에, 백제는 침류왕 원년(384)에, 신라는 법흥왕 14년(527)에 이차돈의 순교로 공식적으로 인정되었다.

2) 유교문화의 도입

고구려는 소수림왕 2년(372)에 태학을 세워 중앙 귀족 자제들에게 유학을 가르쳤고, 백제도 박사 제도가 있었던 것으로 보아 유학교육기관이 있었을 것으로 보인다. 신라는 진흥왕 순수비의 내용과 임신서기석(壬申誓記石)에도 신라의 청년들이 유교경전을 공부한 사실이 기록되어 있음을 찾아볼 수 있다.

3) 한자문화와 한학의 발달

한자를 사용해 본격적으로 문자 생활을 하게 된 것은 삼국시대부터였다. 삼국이 자체의 국가 체제를 정비하고 운영해 나가기 위해 능동적으로 선진 중국 문물을 받아들이려고 노력함에 따라 한자를 본격적으로 사용하게 되었다. 율령의 반포와 함께 교육을 통한 한문 소양이 관리에게 필수적인 요소가 된 것이다. 특히 불교가 수용되어 한역(漢譯) 불경이 보급됨으로써 한문에 대한 이해가 촉진되었으며, 승려들은 당대 최고의 지식인으로서 한문의 보급에 큰 역할을 하였다. 또한 고구려에선 372년에 세워진 태학(太學)과 청소년 조직의 경당(扃堂)에서, 그리고 신라에서는 화랑도(花郎徒)에서 한문 경전을 가르친 것으로 여겨진다. 오늘날 전해지는 고구려의 광개토대왕릉비문, 백제의 북위에 보낸 국서(國書), 진흥왕순수비(眞興王巡狩碑) 등은 5~6세기 삼국의 한문학 수준을 보여 준다.

예컨대, 백제의 귀족인 사택지적(砂宅智積)이 만년에 불당을 세운 것을 기술한 바와, 고구려의 유명한 장군 을지문덕(乙支文德)이 전장에서 수나라의 장수에게 보낸 한시는 삼국 말기 귀족들 사이에서 한문학 소양이 생활의 일부분이 되었음을 보여 준다.

삼국시대 한문학의 대표적인 것은 사서(史書)이다. 백제에선 4세기 중엽 고흥(高興)이 처음 『서기(書記)』를 편찬하였고, 백제 말기까지 여러 사서가 편찬되었다. 이러한 백제의 사서들은 일본에 전해져 큰 영향을 끼쳤다. 신라에서도 545년 거칠부(居柒夫)가 『국사(國史)』를 편찬하였다. 고구려에서는 4세기 후반 소수림왕대에 사서가 편찬되었다. 600년에는 이문진(李文眞)이 『신집(新集)』을 편수하였다. 이 시기 편찬된 사서는 기본적으로 왕실의 내력과 국가의 성장 과정을 기술하여, 그 정통성과 존엄성을 합리화하는 내용을 담고 있었을 것이다. 이 시기에 사서가 편찬된 것은 고대 국가의 성장을 말해 주는 기념비적인 것으로, 이들 사서 가운데 현존하는 것은 없으나, 그 내용은 몇 단계의 전승을 거쳐 기록된 『삼국사기』와 그밖에 후대 사서의 기사를 통해 짐작해 볼 수 있다.

2. 고구려의 학교교육

1) 태학

태학(太學)은 372년(소수림왕 2년)에 중앙에 설립된 국립교육기관으로서 한국역사상 학교교육의 시초가 된다.

태학은 유교적 정치이념에 충실한 인재를 양성하여 중앙집권적 정치제도에 적합한 관리를 양성하는데 교육목적이 있었다. 상류계급의 자제들만이 입학할 수 있는 귀족학교였으며 교육을 담당한 교수는 소형(小兄) 이상의 관직을 가진 사람이 태학박사로 임명되었다. 주된 교육과정은 유교의 경전이었으며, 오경(五經 : 시전 · 서전 · 주역 · 예기 · 춘추)과 삼사(三史 : 사기 · 한서 · 후한서)가 중요한 교육과정이었다.

2) 경당

경당(扃堂)은 427년(장수왕 15년)에 평양으로 천도한 이후 평양 부근의 지방촌락에 설치된 미혼의 평민층 자제를 위한 한국 최초의 사립교육기관으로서 경전과 활쏘기를 가르쳤다. 경당의 교육내용 가운데 활쏘기가 있었다는 점은 고구려의 학교교육이 문무(文武)일치의 교육을 실시하였음을 보여 준다.

3. 백제의 교육

1) 박사제도

백제에는 일찍부터 박사제도가 있었다. 오경박사 이외에도 모시박사, 의박사, 역박사 등이 있었고 오경박사가 가장 중요시되었으며, 이들은 특히 일본에 초빙되어 문명을 계발하는데 공헌하였다. 따라서 일본의 비조(飛鳥), 추고(推古) 시대의 교육은 백제교육의 연장이었다고 말할 수 있다.

2) 박사들의 공헌

4세기 중엽 고흥은 한국에서 처음으로 서기(書記)를 편찬하였고 아직기는 근초고왕 때 왕의 명령을 받아 좋은 말 두 필을 가지고 일본으로 건너가 왜왕에게 선물하고 말 기르는 일과 승마술을 전했다. 그 뒤 왜왕은 그가 경서에 조예가 깊은 것을 알고 태자의 스승으로 삼았다. 그때 왜왕이 그에게 "너의 나라에 너보다 나은 박사가 있느냐"고 물으니 "왕인이라는 학자가 있는데 나보다 훌륭하다"라고 했다. 이에 왜왕은 사신을 파견하여 왕인을 초청해 갔다. 그는 『논어』 10권, 『천자문』 1권을 가지고 일본에 건너가 유풍(儒風)을 천명하였으며, 그 해박한 경서(經書)의 지식으로 하여 신임을 받고 태자(太子)의 스승이 되었다. 이것은 일본의 문화를 깨우치는 중요한 계기가 되었다. 자손은 대대로 그곳에 살면서, 학문에 관한 일을 맡고 일본 조정에 봉사하여 문화 발전에 공헌하였다. 일본의 역사책 『고사기』(古事記)에는 그의 이름을 와니키시라 하였고, 『일본서기』(日本書記)에는 와니(王仁)라고 나와 있다. 우리나라 역사에는 그의 이름이 전혀 보이지 않는다. 전라남도 영암에 그의 석상 및 유적지가 있다.

이 때의 한문은 일본인으로 하여금 문화의 필요성을 깨닫게 해 주었으며, 유교의 충효사상도 보급시켜 주었다. 이어 근구수왕 때에는 일본의 요청으로 백제의 학자들이 초빙되어 가서 유학뿐 아니라 도기 · 직조 · 도형 등의 기술을 전해 주었다.

무령왕 때에는 오경박사 단양이와 고안무를, 성왕 때에는 오경박사와 의 · 역 박사 등을 보내어 일본인들에게 유학과 기술을 가르치도록 하였다. 특히 성왕 때에는 노리사치계가 일본에 불교를 전하였다. 무왕 때에는 관륵이 역법과 천문학을 전하고 일본 불교를 크게 일으켰다.

이와 같은 백제 문화의 전파는 일본 고대문화인 아스카 문화 형성의 원동력이 되었다. 그리하여 일본에서는 백제 문화의 영향으로 5층탑이 세워지고 백제가람이라는 건축 양식도 생겨났다.

4. 신라의 교육

1) 화랑도 교육

(1) 화랑도의 의미

진흥왕 때 조직된 청소년 단체로써 화랑제도에는 교육 · 군사 · 사교 기능이 있어서 신라가 삼국을 통일하는 데 크게 기여하였다.

(2) 화랑의 개념

화랑은 원화 · 국선 · 선랑 · 풍월도 · 풍류도라는 많은 이름을 가졌는데, 이것이 조직화, 형식화된 것은 신라 진흥왕 때부터이다. 화랑집단의 조직은 그 총지휘자에 국선을 두었다. 그 다음에 덕망과 용의를 중심으로 한 14, 5세 내지 17, 8세의 청소년을 화랑으로 추대하고, 그 밑에 낭도(郎徒 : 문도)라는 명칭으로 수백 혹은 수천 명의 소년단원들이 결속하였다.

여기서 국선이나 화랑이라 하는 것은 일종의 '모범'이요, '사범'이다. 다시 말하면, 화랑은 그 시대의 이상적인 인간상이다. 그리하여 많은 낭도들로 하여금 이 모범적인 청년인 화랑을 사범으로 하여 얼마 동안 그를 수행하는 동안에 아름답고 선량하고 온전한 인격을 양성하려고 했다.

(3) 교육의 목적과 내용

화랑도가 시작된 동기는 처음부터 인재양성을 목적으로 하는 교육제도 혹은 인재를 선택하기 위한 고시제도로써 출발했다. 이에 화랑도의 교육목적은 현좌충신과 양장용사 같은 치인 · 국방의 인재를 양성하는데 그 목적을 두었다. 이를 실천하기 위한 교육내용으로 첫째로 무술, 둘째로 시가와 음악 등의 정서도야, 셋째로 심신단련을 중히 여겼다.

(4) 화랑도의 계율

계율로는 사군이충(事君以忠) · 사친이효(事親以孝) · 교우이신(交友以信) · 임전무퇴(臨戰無退) · 살생유택(殺生有擇) 등 원광법사의 세속 5계가 있었다.

2) 국학

682년(신문왕 2)에 설치한 당시에는 국학이라 했다가 경덕왕 때 태학감(太學監)이라 했고, 혜공왕 때 다시 국학으로 고쳐 불렀다. 예부(禮部)에 속하였으며 국학에는 경(卿)·박사(博士)·조교(助教)·대사(大舍)·사(史) 등이 있었다. 국학이 정식으로 설치되어 제도적으로 완비된 것은 682년에 국학의 최고 책임자인 경이 설치되면서부터이다. 이것은 고구려에서 372년(소수림왕 2)에 태학(太學)이 설치된 지 310여 년 뒤의 일이다.

신문왕 때는 정무(政務)의 분담적인 성격을 가진 기관들이 그런대로 성립된 시기였다. 이리하여 고대국가의 정치 체제의 정비가 일단락되고 그 정치 사상의 규모가 보다 확대되자, 지배 체제를 원활하게 운영하기 위해서는 유교 정치 이념의 수립이 요구되지 않을 수 없었다. 바로 이러한 시대적인 요구에 따라 유교교육을 전담하는 교육기관으로 설치된 것이 국학이었다.

(1) 교육목적

국학의 교육목적은 두 가지 기능을 가지고 있었다. 하나는 유교사상을 연구·보급하는 유학의 전당으로서의 기능이며, 다른 하나는 유교이념에 입각하여 국가관리의 양성을 위한 교육기능이었다. 처음에는 전자를 위한 교육을 했으나, 그 뒤에는 점차 후자를 위한 교육기능이 더 큰 비중을 차지했다.

(2) 교육과정

교육내용 역시 유교의 경전을 중심으로 하였는데, 논어와 효경을 필수과목으로 하여 3과로 분류하였다.

① 논어·효경·예기·주역

② 논어 · 효경 · 좌전 · 모시 · 춘추
③ 논어 · 효경 · 상서 · 문선

여기서 논어와 효경은 3과 공통의 필수과목이었고, 그 밖의 것은 과에 따르는 선택과목이었다. 논어와 효경을 필수과목으로 과한 것은 신라의 국학이 수신, 즉 수기에 치중하였던 것을 보여줌과 동시에, 유교의 지도원리인 충 · 효 등을 우리 사회의 지도이념과 일치시켜 보려고 한 데서 온 것이다.

(3) 독서삼품과

그러다가 신라는 국학이 완비하여 학문이 성하여짐에 따라서 점차 유교교육 자체가 관료화되어 나가기 시작했다. 즉 38대 원성왕 4년(788)에는 일종의 과거법으로 볼 수 있는 독서삼품 출신과(讀書三品 出身科)를 정하여 인재등용의 방법으로 삼았다. 이 독서삼품과는 국학의 성적이기도 하다. 이는 보통 삼등과 특등을 합하여 4급으로 나누었다.

이것이 후세의 과거법의 전제가 되었다고 해도 좋을 것이다. 우리 사회가 본격적으로 과거제도를 채용한 것은 고려 광종 때에 후주인 쌍기를 통해서이다.

이로써 보면, 신라의 인재등용법은 삼국통일 이전까지는 화랑도교육으로 인물본위의 교육제도를 채택했으나, 통일 이후에는 국학의 교육이념이 연구, 보급됨에 따라서 일종의 학벌본위 · 시험본위의 교육제도로 진행되어 나갔음을 알 수 있다.

제2장

고려시대의 교육

1. 유학적 정치이념과 교육
2. 국·공립학교
3. 사립학교
4. 교육사상가

1. 유학적 정치이념과 교육

고려의 건국이념이 숭불정책을 표방하고 있지만 건국 초부터 불교와 유학사상은 길항관계를 유지하면서 고려시대 사상의 양대 지주로서 역할을 해 왔다. 불교신앙이 민간에 널리 퍼져 있어 고려 왕실은 왕조교체기의 혼란기에 피폐해진 민심을 달래기 위해 의도적으로 숭불정책을 표방하면서 불교와 도참신앙을 활용하였고, 동시에 초기 군왕들은 새로운 정치의 틀을 갖추기 위해 유학사상을 치국의 이념으로 적극 활용하였다.

이와 같이 유학이 정치 이념으로 채택되어 불교와 더불어 중요한 수단이 되었다. 따라서 유학은 정치의 사상체계로 성립되고, 전 시기에 비해 학문적으로도 크게 성장했다. 고려에서 신앙생활을 지도한 것은 주로 불교였던데 비해 정치이념을 제공하고 도덕과 윤리의 기반이 된 사상은 유교였던 것이다. 고려 때에는 도교와 지리도참사상 등도 유행하였지만 크게 보면 당시의 사상계는 유(儒)·불(佛)이 병립하는 형세를 이루고 있어서 불교는 말할 것도 없고 유교도 사회에 미치는 영향이 매우 컸다.

특히 왕건의 『훈요십조』와 최승로의 『시무28조』는 고려의 유교 정치이념을 잘 드러내는 것으로, 그 논조는 불교와 유학의 역할분담을 강조하면서 현실정치에서는 유학적 정치이념이 우선시되어야 함을 강조하는 것이 특징이다. 고려 지식인들은 불교를 '수신의 근본'으로 이해하면서 유학을 '국가를 다스리는 근본도리'로 바라보는 인식을 공유하고 있었는데, 태조와 성종을 거치면서 유학을 현실정치의 원리로 강조함으로써 고려 정치의 문치주의 기반이 형성된다. 이후 과거제의 도입과 시행, 승려인 묘창의 난을 제압한 유학자 김부식의 승리 등으로 인해 고려사회에서 불교의 정치적 영향력은 더욱 약화되고 유학이 정치적 · 현실적으로 우위를 점하게 된다.

고려사회에서 학교교육의 목적이 유학교육의 일반적 맥락과 통한다고 하지만, 국가사회의 현실적인 학교교육의 목적은 상대적으로 '개인의 인격 도야'나 '덕성 함양'을 중심으로 하는 '수기(修己)'의 측면보다는 '유교적 교양을 갖춘 관료 양성'을 중심으로 하는 '치인(治人)'의 자질을 갖춘 인재를 양성하는데 무게 중심을 두고 있었다. 이러한 교육의 목적에는 최승로의 『시무28조』에서 표방한 바와 같이 불교를 '수신의 근본'에 두고 유학을 '치국의 원리'로 삼고자 하는 사회의식이 잘 반영되어 있는 것처럼 보인다. 인격의 함양이라는 교육의 내재적 가치보다 사회를 교화하고 풍속을 순화하는 교육의 정치 · 사회적 기능을 일차적으로 강조하고 있는 것이 고려시대 초 · 중기 학교교육의 특징이라 할 수 있다.

고려 건국 이전 신라 하대부터 고려시대 전반까지 유학사상이 표방하는 교육적 이상은 중앙귀족이나 지방호족들을 중심으로 하는 사회지도층들의 교양으로 간주되었지만, 일반 백성들에게까지 개인의 인격 수양이나 덕성 함양이라는 보편적 유학교육의 이상이 적용된 것은 아니었다. 인종 때 제정된 학식(學式)을 참고하더라도 학교교육에서의 유학적 교양 역시 현실정치에 참여 가능한 호족과 중앙귀족 중심의 교육내용이라는 점에서, 고려사회에서 학교교육의 목적은 개인의 인격함양보다, 관료양성과 사회의 교화라는 정치 · 사회적 성격을 뚜렷하게 드러낸다고 할 수 있다. 교육의 이러한 성격은 고려사에서 과거제도와 학교교육이 연계됨으로써 더욱더 강화되었다. 학교교육의 주요 교육과정이 과거시험의 고시과목과 일치함으로써 공부의 구체적 동기와 목표는 과거시험을 위한 공부와 직접 연결될 수밖에 없었을 것이다. 고려사회의 교육문화를 잘 드러내 주고 있는 독특한 제도는 최충을 비롯한 명망있는 유학자들의 사학 12도 설립과 운영이다.

2. 국 · 공립학교

1) 국자감

고려시대 최고학부는 국자감(國子監)이다. 이는 제6대 성종 11년(992) 12월에 창설되었다. 국자감의 교육목적은 관리양성을 목적하면서 동시에 유교적인 학문의 연구기관으로서의 사명이 있었다.

예종 4년(1109)에는 국자감에 여택(역) · 대빙(서) · 경덕(시) · 구인(주례) · 복응(대례) · 양정(춘추) · 강예(무학) 등 칠재를 두어 문무교육을 장려했다. 예종 14년(1119)에는 인종의 육영재단인 양현고를 두어 유학생(儒學生) 60명과 무학생(武學生) 17명을 길렀다. 그리고 명유를 뽑아 학관 박사를 삼고 경의를 강론하여 교도하니 날로 유교의 학풍이 높았다. 국자감은 제17대 인종 때 와서 비로소 학제가 완비되었다. 그 내용을 보면, 국자감에는 국자학 · 태학 · 사문학 등 3학과와 율학 · 서학 · 산학의 잡학 등 6학과가 있고, 입학자격은 각 학과에 따라서 달랐다.

① 국자학의 학생은 문무관 3품 이상의 자손과 훈관 2품 대현공 이상, 또는 경관 4품 대삼품 이상 봉훈자의 아들,

② 태학의 입학자격은 문무 5품 이상의 자손과 정 · 종 3품의 증손, 또는 훈관 3품 이상의 유봉자의 아들,

③ 사문학의 학생은 훈관 3품 이상 무봉 4품, 유봉 및 문무관 7품 이상의 아들,

④ 율학 · 서학 · 산학 및 주현 학생은 8품 이상의 아들, 또는 서인(庶人)의 아들로서 특히 원하는 자 등이었다.

이상과 같이 국자감은 대개 네 계급으로 나누어 교육했음을 알 수 있다. 가장 높은 것이 국자학, 그 다음에 태학, 그 다음에 사문학, 마지막이 율서산 등 기능과인 것이다.

그리고 또 국자학, 태학, 사문학에는 잡무, 공, 상, 악, 명 등 천사에 종사하는 자와 대소공친에 죄를 범한 자와 가도가 부정한 자, 악역을 범하고 귀향한 자, 천향부곡인의 자제와 사죄를 범한 자는 입학을 허락지 않았던 점으로 보아 국자감의 계급적 네 가지 신분이 확연한 것이다.

(1) 교육과정

국자감의 교육내용은 주역 · 상서 · 주례 · 예기 · 모시 · 춘추 · 좌씨전 · 곡량전을 각각 일경으로 하고 논어 · 효경을 필수과목으로, 율학에는 율령, 서학에는 8서, 산학에는 산수를 각각 학습하게 했다. 수업연한은 신라의 국학과 같이 경사를 공부하는 국자학 · 태학 · 사문학에서는 9년으로 하였다.

(2) 국학으로 명칭변경

그러나 제18대 의종으로부터 제24대 원종에 이르기까지 약 105년 간은 내우외환으로 국자감이 부진상태에 들어갔다. 그러다가 제25대 충렬왕에 이르러 다시 국자감을 중심으로 유학운동이 일어났다. 국자감은 충렬왕 원년(1275)에 국학이라 개칭하였는데, 이는 몽고병란 이후 몽고의 내정간섭에서 탈피하려는 민족적 반항의식에서 신라의 대학인 '국학'이란 명칭을 다시 채용한 것으로 여겨진다.

(3) 안향의 섬학전

이때 안향은 국학의 육성과 유학의 진흥을 위하여 충렬왕 30년(1304)에 섬학

전(贍學錢)이라는 육영재단을 설치했다. 즉 6품 이상은 각각 은 1근씩을, 7품 이하는 포를 내도록 해 차이가 있게 하여 이 기부금을 양현고에 귀속시켜 자본으로 삼아, 그 이식으로써 양사의 비용에 충당코자 했다. 이에 정부의 관리들이 추종함에, 왕도 이를 듣고 전곡을 내어 부조하였다. 그는 또 박사 김문정 등을 중국에 보내어 공자와 그 70제자의 화상 및 제기 · 악기 · 경서 등을 가져와 비치했다. 그리고는 경사교수도감을 두어 국학을 혁신 부활시켰다.

(4) 성균관으로 명칭변경

국학은 충렬왕 34년에 성균관으로 그 명칭이 바뀌어졌는데, 이 때부터 성균관을 중심으로 송대의 신유학 곧 정주성리학이 성하게 되었다. 그 전래자는 안향과 그 제자 백이정이었다. 이색은 공민왕 원년(1352)에 신유학을 진흥시키는 방법으로서 성균관생이 아니면 과거에 응시할 자격을 주지 말라고 했다. 또한 척불양유운동의 한 방법으로 성균관을 충실히 하고, 여기에서 유학진흥책으로 인재를 양성하려고 했다.

2) 향교

향교(鄕校)는 지방에 설립된 국립 교육기관으로, 지금도 그 이름이 남아 있다. 그러나 그 설립 연대는 확실하지 않다. 성종 5년(986)에 십이목에 경학박사, 의학박사 각 1명씩을 보내어 국자감에서 공부하다가 귀향한 자 및 지방유지의 자제 등을 가르치게 하였다.

향교는 공자 등 선성(先聖)을 모시는 문묘를 두고, 이것을 중심으로 학을 강하는 명륜당이 있다. 그러므로 향교는 유교의 사당인 동시에 교육기관이다. 향교는 그 교육기능으로 지방민의 교화에 많은 공적을 남겼다. 향교에서 성적이 우수한 자는 국자감에서 공부할 수도 있었다.

3) 동서학당과 5부학당

(1) 동서학당

동서학당은 제24대 원종 2년(1261) 3월에 설립된 것으로, 개경의 동쪽과 서쪽에 하나씩 설치되어 있었다. 이 학당들은 다같이 국자감에서 교육을 받지 못하는 개경의 학도들을 교육시키는 기관이었다.

(2) 5부학당

5부학당은 공양왕 때 당시 주자학의 태두였던 정몽주가 성균관 대사성을 겸하고 있을 때, 개경의 중앙과 동 · 서 · 남 · 북에 세운 학교였다. 이 학당은 개경의 학도들에게 지방의 향교 정도의 교육을 시킨 기관으로, 설치된 위치만 다를 뿐 향교와 동종 동등의 학교였던 것이다. 다만 향교와 다른 점은 문묘가 없이 순수한 교육만 하였다는 점이다.

조선시대에도 이 제도를 답습하여 서울을 동 · 서 · 중 · 남 · 북의 5부로 나누고, 여기에 각각 학교를 하나씩 설치하여 5부학당이라 하였다. 처음에는 학사가 없어서 대부분은 사원을 이용하였으나 태종 11년(1411)에 처음으로 남부학당이 이룩됨을 계기로, 나머지도 모두 건물을 갖게 되었다.

그러나 북부학당은 여러 차례 설치하려고 하였으나 끝내 설치를 보지 못했다.

3. 사립학교

1) 십이도

(1) 십이도의 개념

십이도(十二徒)는 고려시대뿐 아니라, 우리나라 교육사에 기록된 가장 유명한 사립학교이다. 이는 문종 이후 개경에 있었던 십이사학의 생도를 총칭한 것으로, 이 사학의 중심인물은 최충이다. 당시 최충의 구재를 모방하여 11인의 유신들이 사립학교를 열어 제자들을 가르쳤으므로, 최충의 도를 합하여 십이공도 혹은 12도라 불렀다. 이 때의 사립학교는 '도'라 하였다. 이는 학을 따르는 무리라는 의미에서 '도'라 한 것이다.

학교명	설립자
문헌공도(일운 시중충공도)	시중 최 충
홍문공도(일운 천공태도)	시중 정배걸
광헌공도	삼정 노 단
남산도	제주 김상빈
서원도	복사 김무체
문충공도	시랑 은 정
양신공도	평장 김의진 (일운 랑 박명보)
정경공도	평장 황 영
충평공도	류 감
정헌공도	충중 문 정
서시랑도	시중 서 석
귀산도	미 상

(2) 최충의 문헌공도(9재)

1 설립배경

최충은 목종 · 현종 · 덕종 · 정종 · 문종 등 5대에 이르기까지 그의 생애를 거의 관직에 몸담은 사람으로, 문종 때는 관위가 문하시중에 이르렀다. 문종 7년에 그의 나이 72세의 고령으로 관에서 물러나, 자기집 사당에 글방을 차리고, 이웃 아동들을 불러모아서 가르치기를 부지런히 한 결과 도처에서 학도들이 구름같이 모여들었다.

이에 최충은 사재를 던져 구재 — 아홉 채의 학사를 짓고, 각각 낙성재 · 대중재 · 성명재 · 경업재 · 조도재 · 솔성재 · 진덕재 · 대화재 · 대빙재라 하고, 9반으로 나누어 교육하였다.

2 교육목적과 교육방법

여기서 최충은 교육목적을 인의와 인륜도덕에 두고, 교육내용도 이에 맞추어 9경(주역 · 시경 · 서경 · 예기 · 춘추 · 효경 · 논어 · 맹자 · 주례)과 3사(사기 · 한서 · 후한서)를 가르치고 시문을 짓게 했다. 그리고 매년 여름에는 승방(귀법사)을 빌어 하기강습회를 열고 도중의 급제자로 학문이 깊으면서 아직 관에 들어가지 아니한 자를 강사로 택하여 교수하게 하였다. 때로는 선진으로 내과하는 자가 있으면, 생도를 모아놓고 초(촉)에 금을 그어 다 탈 때까지 시간을 다투어 시를 짓는 일종의 속작시(각촉부시)를 시험하였다. 그리하여 그 성적의 서열에 따라서 연회를 베풀어 주기도 하였다.

이는 일종의 모의과거와 같은 것이었다. 최충의 학도들은 모두 학업성적이 우수하여 과거를 보려는 사람은 반드시 그의 구재에 들어가 배웠다고 한다.

(3) 십이도의 특성

고려시대 12도가 성한 이유 중의 하나는 국자감의 교수 중에 무성의하고 실력없는 자가 많았음에 비하여, 비록 십이도의 교수는 관직을 떠나 있었으나, 국자감의 교수보다 학식과 교양이 월등하였기 때문이다. 그리하여 십이도는 고려시대 교육에 있어서 하나의 학풍과 학벌을 형성하면서 민간교육계에 지대한 공적을 남기고, 고려의 운명과 같이 공양왕 3년(1391)에 폐지되었으니, 약 360년간 존속된 셈이다.

2) 서당

글방 · 사숙(私塾) · 학방(學房) 등이라고도 한다. 고려시대 초등교육기관이라고 볼 수 있는 서당(書堂)에 관한 기록은 한국 사기(史記)에서는 찾아볼 수 없으나 삼국시대 고구려에 경당(扃堂)이라는 부락단위의 학교가 있었던 것으로 보아 이것이 통일신라를 거쳐 고려 초기부터 각처에서 성행한 것으로 여겨진다. 고려서당의 기록은 1124년(인종 2)에 왔던 송나라 사신의 서장관(書狀官) 서긍(徐兢)이 저술한 『고려도경(高麗圖經)』에 "마을 거리에는 경관(經館)과 서두(書杜)가 두 개, 세 개씩 서로 바라보고 있으며 민간의 미혼자제(未婚子弟)가 무리를 이루어 선생에게 경서를 배우고, 좀 성장하면 유(類)대로 벗을 택하여 사관(寺觀)으로 가서 강습(講習)하고 아래로 졸오(卒伍) · 동치(童稚)도 역시 향선생(鄕先生)에게 배운다"는 기록이 있어 당시에 서당이 많았음을 알 수 있다.

고려도경에 나타난 기록은 다음과 같다.

"마을의 거리(여염누항)에도 경관과 서사가 두셋씩 서로 바라보이며, 민간자제의 미혼자가 무리로 모여 스승에게 경을 배우고, 좀 장성하면 각각 저희들끼리 벗을 택하여 절간(사찰)으로 가서 공부하고, 아래의 서인이나 아주 어린아이까지도 역시 향의 선생에게 나아가 배운다. 아아 성하도다."

고려시대의 교육제도

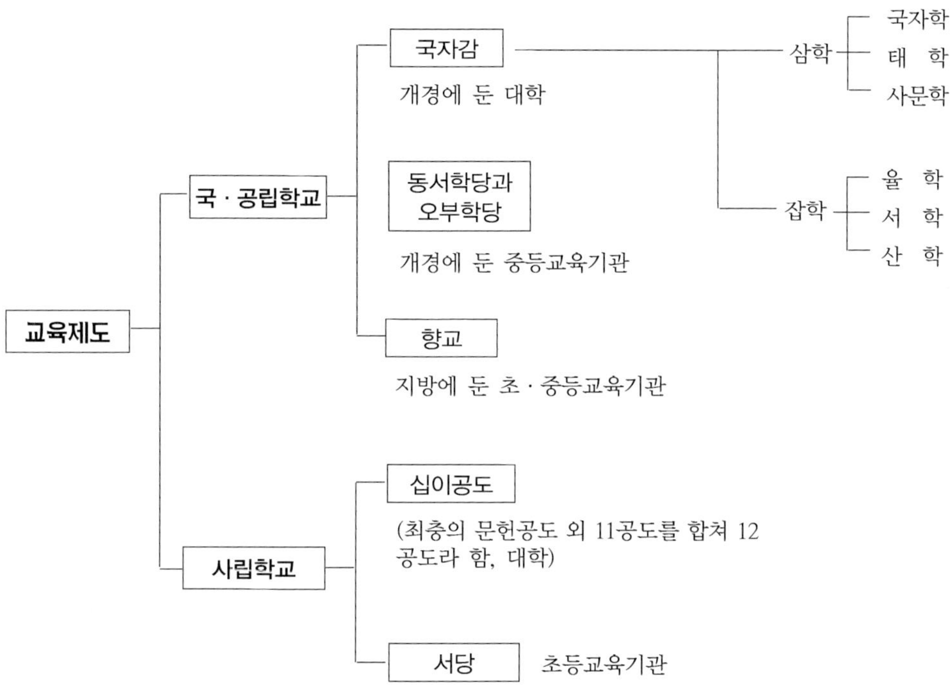

4. 교육사상가

1) 안향

안향(1243-1306)은 고려 말기에 중국인들의 이념체계인 주자학을 도입 소개한 학자이다. 고려의 지배 이데올로기였던 불교의 관념적, 현실부정적 철학을 극복하기 위하여 원(元)에 유학, 중세 봉건사회의 보편적 세계관을 표방하는 주자학을 도입 · 소개하여, 고려 말기의 유학 진흥에 크게 공헌했다.

불교는 인륜관계를 무시한 종교라고 혹독하게 비판하고, 효(孝) · 충(忠) · 신(信) · 경(敬) · 성(誠)(부모에게 마땅히 효도를 하여야 하며, 국가엔 충성하여야 하며, 예로써 가정을 다스리고, 신의로써 벗과 사귀고, 몸을 닦는데(修己)는 敬으로써 하고, 일을 처리하는 데는 성의를 다하는 것 뿐) 등의 유학적 여섯 가지 덕목배양을 모든 교육의 교육목적으로 삼을 것을 주장하였다. 특히 선불(禪佛)을 이론적으로 배척한 주자학에 심취하여 주자를 공자에 비교하여 높이 평가하고 『주자전서』(朱子全書)와 초상화를 손수 베껴 고려에 소개했다. 이로 인해 조선의 주자학자들은 안향을 동방의 주자라고 불렀다.

2) 지눌

지눌은 고려의 승려교육자로서 불자의 수행법으로 돈오점수와 정혜쌍수를 주장하였다. 돈오점수는 깨달음의 경지에 이르는 단계를 나타내는 용어이다. 돈오(頓悟)는 '단번에 깨달음'을 뜻하는 말로, 그 수행과 각오(覺悟)에 있어서 깨달음이 먼저냐 수행이 먼저냐의 두 가지로 나뉜다. 돈오점수는 깨달음이 수행에 우선한다는 선오후수(先悟後修)의 입장을 나타내는 개념이다. 지눌은 깨달음이 없는 수행은 참된 수행이 아니라 하여 깨달음 후의 점진적인 수행을 중시하였고, 깨우치지 못한 채 수행만 쌓는 것은 참된 수행이 아니라고 보았다.

이와 같은 입장에서 모든 교육은 돈오점수의 원리가 기본이 되어야 한다고 주장하고 있다.

3) 이제현

이제현은 성리학적 내용과 방법에 기반하여 국왕의 교육 방법을 제시한

학자이다. 1344년 충목왕이 8세 나이로 즉위하였을 때 이제현이 어린 국왕의 교육을 위하여 올린 글이다. 이제현은 유학의 덕치 이념에 의거하여 군주는 덕을 닦아야 하는데, 덕을 닦는 요체는 바로 학문에 있다고 하면서, 국왕에게 요구되는 성리학적 학문관과 수양론을 제시하고 있다. 충목왕이 어린 나이임을 감안하여 특별히 『효경』의 학습이 포함되고, 이어 『맹자』·『대학』·『중용』의 학습을 제시하고 있는데, 전체적으로 사서와 육경을 차례대로 가르쳐야 한다고 하여 경전의 학습 순서를 제시하고 있다. 그리고 그 핵심으로 우선 격물치지와 성의정심을 들고, 이어 구체적으로는 그와 같은 경전 이해를 바탕으로 교만함과 사치, 음람함과 안일함, 음악과 여색 등을 접하지 않게 해야 한다고 하였다. 비록 어린왕에 대한 교육방침이기는 하지만, 군주 교육에 있어 성리학적인 내용과 방법을 명확하게 밝히고 있어서 조선성리학사에서 성학(聖學)의 초기적 양상을 보여준다고 하겠다.

제3장

조선시대의 교육

1. 조선시대의 교육사상
2. 조선시대 교육의 일반적 특성
3. 국·공립학교의 교육
4. 사립학교의 교육
5. 조선시대 중기의 교육사상가
6. 18세기 실학파의 교육
7. 구한말의 근대교육

1. 조선시대의 교육사상

고려를 계승한 조선왕조의 사상은 한 마디로 성리학(性理學)—신유교주의에 있었다. 성리학은 11, 12세기 때 중국에서 발달된 유교의 철학으로서, 특히 주염계 · 정명도 · 정이천 등의 제설을 주자가 체계화시킨 학문체계를 말한다. 안향 · 백이정의 손으로 고려 말에 수입되어 온 성리학의 기반을 정립하는 데는 이제현 · 정몽주 · 권근 · 정도전 등의 공로가 컸었다.

특히, 정도전과 권근은 유교적인 국가체제로 개편하는 개화운동에 직접 나서서 성리학을 국학으로 삼은 조선왕조의 건설사업에 제일보의 초석을 놓은 사람이 되었다. 그리하여 조선왕조는 유교주의의 제반 제도 형성에 전지식을 경주하게 되었으니, 모든 교육과 사상도 성리학의 범주 속에서만 찾아볼 수 있다.

1) 교육이념

성리학이 가장 발달하게 된 것은 조선 중기 이후부터였다. 즉, 조선사회가 유교주의의 이념적인 인식을 기약하게 된 것은 조광조 · 서경덕 · 조식 · 이황 · 이이 등에 와서 형성되었다. 특히 16세기의 성리학은 퇴계와 율곡을 중심으로 전성기를 맞았다. 퇴계는 정치적 갈등과 사회적 혼란을 바로잡는 가치관의 정립에 노력하였으며, 율곡은 퇴계와의 입장은 다르나 성리학 구축으로 현실의 중흥에 노력을 다 하였다.

유교의 교육이념은 수기치인(修己治人), 즉 수신 · 제가 · 치국 · 평천하에 있다. 수기치인을 좀 더 분명히 말하면 학문 · 수신 · 교육 · 정치라고 말할 수 있는데, 학문과 수신은 수기에 속하고, 교육과 정치는 치인에 속하는 것이다. 그러므로 수기는 유교의 윤리설이고, 치인은 정치설이다. 전자는 내 자신에 관한 것이므로 수업과 수양이, 후자는 상대방이 있는 것이므로 정명과 경륜이 필요하다.

그리하여 이들은 수신 · 수기 · 청렴절의의 교육을 중시했다. 이에 따라 조선왕조에서는, 특히 청렴절의의 정신이 선비들 간에 생활화되고 내면화되어 나갔는데, 이는 현대적인 개념에 있어서도 중요한 뜻을 지니고 있는 것이라 하겠다.

2) 교육목적

조선왕조는 성리학으로써 지도이념 및 국학으로 삼았으나, 교육도 이 성리학의 범주에서만 찾아볼 수 있다. 그리하여 조선사회는 성리학 이외의 학문은 모두 잡학이라 하여 이단시하였다.

유교가 우리나라에 들어오면서부터 교육의 목적에는 두 가지 형이 나타나기 시작했다. 하나는 성인 · 군자를 목표로 하는 이상주의적 도덕파라고 할 수 있고, 다른 하나는 경학(經學)을 배워서 과거(科擧)에 응시하여 관리로 등용되는 것을 유일의 목표로 삼는 현실주의적 관료파라고 하겠다.

조선왕조는 이와 같은 두 갈래의 교육목적에 대해서 처음에는 교육의 현실과 이상을 조화시키려고 노력하였으나, 중기 이후부터는 관료파의 과거교육이 지나칠 정도로 성했다. 그리하여 교육은 곧 과거가 되어 버린 것이다.

사실 조선왕조는 인재발굴의 방법이 곧 과거라는 전형 형식으로 나타났기 때문에 교육제도가 과거를 위한 것이었다고 해도 과언이 아니다. 그렇기 때문에 그 어느 누구도 교육의 목적으로서 과거교육을 전면적으로 반대하지는 않았다. 즉 국가의 부름으로 응하는 과거는 일용행사의 한 가지 일이니, 충군보국할 길이 된다고 생각했던 것이다.

2. 조선시대 교육의 일반적 특성

1) 교육제도

조선사회의 교육제도 역시 유교와 함께 이것을 고려로부터 계승하여 배양 발달시켰다. 갑오경장에 이르기까지 조선왕조의 교육제도는 성균관 · 4학 · 향교 · 서원 및 서당으로 구성되어 있었다. 즉 고등교육기관으로 서울에 성균관이 있어 최고학부의 구실을 하였고 중등교육기관으로는 서울에 4학과 지방에 향교와 서원이, 그리고 초등교육기관으로는 각 지방의 부락마다 서당이 있다시피 하였다.

2) 교육행정

교육의 최고 행정기관인 예조가 있어 성균관과 4학 등 직할학교를 유지 운영하고, 지방(주 · 부 · 군 · 현)에는 도 관찰사 밑에 육방의 하나로 예방을 두어 향교교육에 관한 일을 담당하게 하였다. 그리고 정부는 이러한 교육기관을 감독하기 위하여 학령과 경국대전을 비롯한 제 법규를 적용시키는 한편 국력으로 장려하기 위하여 물질적인 원조를 게을리하지 않았다.

3) 교육재정

성균관과 4학은 정부의 직할학교이었던 만큼 국왕이 양사비(養士費)라는 이름으로 하사하는 전토 · 미포 · 어포 · 시령 · 금전 및 서적으로, 향교는 지방 관청의 관할 밑에서 중앙정부에서 보조한 기금으로 운영되었다. 그리고 서원과 서당은 사학(私學)기관이었으나, 서원에 대해서는 전토의 면세와 같은 특전을 내렸다.

4) 교육내용과 방법

각급 학교의 교육과정은 일반적으로 유교적 경서와 중국의 역사, 문화 등이었다. 학교의 정도에 따라 다소 차이가 있으나, 그 내용이 중국적인 것이라는 점과 모든 서적이 한문서라는 점에 있어서는 다름이 없었다.

그리고 이들 각급 학교의 교수방법은 주로 개별적인 지도방식을 사용하여 오늘날의 시험에 해당하는 이른바 강(講)을 날마다 부과함으로써 학생들의 성적을 결정하고 이에 따라 학생들의 진도를 정하였다.

3. 국 · 공립학교의 교육

1) 성균관

(1) 설립과 조직

성균관(成均館)이란 이름은 고구려 · 신라 때는 태학 혹은 국학, 고려 때는 국자감 · 성균감으로 부르다가 다시 성균관으로 고쳤는데, 이를 조선왕조가 계승하였다. 조선시대의 성균관은 태조 6년(1397)에 1395년부터 새로운 도읍인 한양의 숭교방(崇教坊) 지역(지금의 명륜동)에 대성전(大成殿)과 동무(東廡) · 서무(西

廡)·명륜당(明倫堂: 유학을 강의하는 장소)·서재(西齋)·양현고(養賢庫) 및 도서관인 존경각(尊敬閣) 등의 건물을 낙성하고 공자를 모신 문묘, 유생들이 거처하는 재를 두었다. 특히 태종은 친히 문묘에서 제사 지내고 왕세자의 입학을 명령하니, 이로부터 이것은 상례가 되었다.

성균관에는 최고의 책임자로 정3품직인 대사성(大司成)을 두었으며, 그 아래에 제주(祭酒)·악정(樂正)·직강(直講)·박사(博士)·학정(學正)·학록(學錄)·학유(學諭) 등의 관직을 두었다.

(2) 학생 선발과 학생들의 특권

조선시대의 교육제도는 과거제도와 긴밀히 연결되어서, 초시인 생원시와 진사시에 합격한 유생(儒生)에게 우선적으로 성균관에의 입학 기회를 주었다. 성균관 유생의 정원은 개국 초에는 150명이었으나, 1429년(세종 11)부터 200명으로 정착되었다.

생원시와 진사시에 합격한 유행을 상재생(上齋生)이라 하였으며, 소정의 선발 시험인 승보(升補)나 음서(蔭敍)에 의해 입학한 유생들을 하재생(下齋生)이라 하였다.

성균관 유생은 기숙사격인 동재와 서재에서 생활하였으며, 출석 점수 원점(圓點)을 300점 이상 취득해야만이 대과 초시에 응시할 수 있었다. 유생의 생활은 엄격한 규칙에 의해서 이루어졌으며, 자치적인 활동기구로 재회(齋會)가 있었다.

유생은 기숙사생활을 하는 동안 국가로부터 학전(學田)과 외거노비(外居奴婢) 등을 제공받았으며, 교육 경비로 쓰이는 전곡(錢穀)의 출납은 양현고에서 담당하였다. 유생은 또한 당대의 학문·정치현실에도 매우 민감하여 문묘종사(文廟從祀)나 정부의 불교숭상 움직임에 대해 집단 상소를 올렸으며, 그들의 요구가 받아들여지지 않거나 국가에서 보복을 하면 권당(捲堂: 수업거부) 또는 공관(空館:

성균관에서 모두 나가는 것)이라는 실력행사를 할 수 있는 특권을 누렸다.

(3) 교육과정과 성적평가

성균관의 교육내용은 강독 · 제술 · 서법으로 나누었다.

① 강독 : 사서(논어 · 맹자 · 중용 · 대학), 오경(시전 · 서전 · 주역 · 예기 · 춘추) 제사(諸史)

② 제술 : 의 · 론 · 부 · 표 · 송 · 명 · 잠 · 기

③ 서법 : 해서 · 행서 · 초서 등이다.

강독의 학습기간은 대학 1개월, 논어 · 맹자 · 중용 각 4개월, 시전 · 서전 · 춘추 각 6개월, 주역 · 예기가 각 7개월이었다.

강독 성적은 5단계로 나누어 대통 · 통 · 약통 · 조통 · 조 이하로 평정하였다.

(4) 교육재정과 학칙

성균관의 재원은 태조 때부터 학전과 노비를 급여하였다. 그 후부터 역대 왕들도 전결(田結)을 사급(賜給)하였는데, 특히 전라남도 연안에 있는 여러 섬들의 어장과 그 밖의 경기도 여러 섬의 어장도 성균관에 부속시켰다. 따라서 그 수입으로 제사와 양사의 비용에 충당하고, 학생들의 식료공급을 위해서 양현고(養賢庫)가 마련되어 있었다.

성균관의 학칙은 학령을 비롯하여 권학사목 · 구재학규 · 진학절목 · 학교사목 · 제강절목 · 원점절목 · 경국대전 · 경외학교절목 등에 규정되었거니와 특히 학령은 국초에 정한 것으로서 당시의 성균관을 이해하는 데 도움이 된다. 학령에는 아침 행사 · 매일 행사 · 매월 행사를 비롯해서 독서 · 제술 · 강경성적 · 벌칙 · 자치제 등에 대하여 규정되어 있다.

2) 4학

사학(四學) 역시도 고려시대 교육제도의 답습이다. 따라서 사학은 고려시대의 동 · 서학당, 오부학당에 해당한다. 고려시대 5부학당에서 지적한 바와 같이 조선왕조는 서울을 동 · 서 · 중 · 남 · 북의 5부로 나누고, 여기에 각각 중등 정도의 학교를 하나씩 설치하여 5부학당이라 하였다.

남부학당이 태종 11년(1411)에 설치됨을 계기로 하여 이후 나머지 학당들도 건물을 갖게 되었다. 그러나 북부학당만은 끝내 설치를 하지 못하고 세종 때에 폐지시켜 4부학당만이 존속을 보았다. 그러기에 일반적으로 이를 4학이라고 한다.

4학은 성균관에 비하여 규모가 작고 교육 정도가 낮은 점, 그리고 문묘를 두지 않은 점 등을 제외하고는 교육방침, 교육내용 등에서 성균관과 비슷하였다. 그러나 성균관의 부속학교와 같은 존재이었다고 할 수 있다.

4학에도 재사 · 기숙사를 마련하고 각 학당의 학비는 모두 관급이었으며, 면학분위기가 역연하였다. 그리고 국가에서는 성균관 직원과 예조 · 사헌부 직원으로 하여금 수업과정 상황을 감독하도록 하는 등 대단한 관심을 기울였다.

그러나 임진왜란 때 학당이 불타서 그 뒤 건물을 세웠으나 학생수가 격감되어 사실상 유명무실하게 되어 내려왔다.

3) 향교

(1) 설립목적과 학교시설

향교(鄕校)는 조선시대에 지방재정에 의해 설치 · 운영된 중등 정도의 교육기관이다. 태조 원년(1392)에 각 도의 안찰사에 명하여 학교의 흥폐로서 지방관

고과의 법으로 삼고 크게 교학의 쇄신을 꾀하였다. 그리하여 향교는 부 · 목 · 군 · 현에 각각 1교씩 설립을 보게 되고, 점차 전국에 이르게 되었다.

향교 설립의 목적은 성현에 대한 향사(享祀)와 유생에게 유학을 교수함에 있으며, 아울러 지방문화의 향상 및 사풍진작 등 사회교육적인 기능도 지니고 있었다.

향교에는 문묘 · 명륜당 및 선철 · 선현을 제사하는 동서양무 · 동서양재를 두었다. 그러므로 향교의 규모는 작지만 성균관의 구조를 모방한 것이다.

동서양재는 명륜당의 전면에 있으며, 동재에는 양반, 서재에는 서류(庶類)를 두고 보통 내외 양사로 갈라진다. 내사에 있는 자는 내사생이라 하고, 외사에는 내사생을 뽑기 위한 증광생을 두었다.

(2) 교육재원과 교육과정

향교의 감독 책임은 감사에게 있었고, 국가는 향교를 보호 · 육성하기 위하여 제독관을 팔도에 두는 등 지방교육에 관심을 기울였다.

국가는 향교의 재원을 위하여 학전 5~7결을 지급하고, 그 수세로써 비용에 충당케 하였으나, 새로 지방민으로부터의 징수 또는 매수 등에 의한 전지를 소유한 곳도 있었다. 향교는 조선사회 중엽까지 대성황을 이루어 고을마다 세워졌으나, 계속된 병란과 흉년 및 서원의 속출로 향교는 교육기관으로서의 기능을 점차 잃어 갔다. 그러다가 고종 31년(1894) 말에 과거제도의 폐지와 함께 향교는 완전히 이름만 남아 문묘만 향사했다.

향교의 교육과정은 소학 · 사서 · 오경을 중심내용으로 삼았으나, 근사록 · 제사 · 삼강행실 등도 쓰여졌으며, 농업과 잠업에 관한 서적이 사용되기도 하였다.

4. 사립학교의 교육

1) 서원과 정사

(1) 소수서원

서원의 기원은 중종 38년(1543)에 풍기군수 주세붕이 고려의 학자 안향(유)을 추념하기 위해 안향의 고향인 백운동에 서원을 세운 데서 비롯되었다. 그 후 각지에 많은 서원이 생겼으며, 명종 5년(1550)에는 퇴계 이황의 건의로 임금이 백운동서원에 소수서원이라는 편액을 하사하고 책·노비·전결 등을 주어 장려하였다.

소수서원은 안향을 제사하는 문성공묘와 강당인 명륜당, 유생들이 머물며 글을 읽는 지락재·학구재·일신재 등과 서고(목판보존), 전사청 등으로 이루어져 있다. 그리고 명륜당에는 명종의 사액(소수서원), 주세붕이 마련한 '백록동서원규'를 비롯해 정이천의 사물잠, 주자의 경재잠 등 배우는 사람이 새겨야 할 말들을 새긴 편액들이 걸려 있다.

백록동서원규는 첫째로 다섯 가지 가르침의 요목(이는 오륜과 같다), 둘째로 배우는 차례—박학지, 심문지, 신사지, 명변지, 독행지, 셋째로 수신, 넷째로 일처리, 다섯째로 사물을 대하는 요목 등으로 나누어져 있다.

(2) 서원의 교육목적과 교육과정

서원의 교육목적은 위에 말한 제사 이외에, 한 마디로 법성현이라는 영원한 목표를 세우고 윤리·도덕면에 교학의 중심을 두어 성현을 양성함에 궁극의 목적이 있었다. 그리고 이와 더불어 현실적 목적으로서의 과거준비의 교육도 불가피하게 실시하였던 것이다. 법성현이라는 교육목표는 곧 경학과 사장이라는 교육내용에로 투영되었다.

그 중에서도 특히 경학이 강조되었으니, 서원의 교과는 소학 · 대학 · 논어 · 맹자 · 중용 · 시경 · 주역 · 예기 · 춘추 · 가례 · 심경 · 근사록 등 성리학 위주로 구성되었으며, 학생(원생)들은 그러한 교과를 근거로 하여 이기와 심성을 공부했다.

(3) 서원의 특색

서원이 다른 교육기관과 다른 점은 번거로운 세속을 떠나 산수 좋고 조용한 장소에 위치한 점이며, 또 한 가지 특색은 성균관과 향교가 문묘 배향을 하는 곳이라면, 서원은 한 사람의 명유 · 공신을 제사하고 후진을 교육하는 곳이었다는 점이다. 그리고 까다로운 학령 · 학칙에 구애됨이 없이 자유로이 공부할 수 있었다는 점이다.

(4) 서원의 폐해

소수서원에 사액과 책 · 노비 · 토지가 내려진 것을 시초로 하여, 때마침 황폐되어 가는 향교에 대신하여 국가의 보조를 받는 서원이 각처에 설치되었다. 그리하여 명종 이전에 설립된 것이 29개, 선조 때는 124개, 숙종 때에는 각 도에 80~90개, 정조 때에는 650개나 되었고, 붕당과 분쟁조성, 양민에 대한 토색질 등 서원을 근거로 한 폐단들이 난무하였다. 대체로 서원의 폐해는 다음과 같은 것들이었다.

① 향교의 학생이 서원으로 옮겨가기 때문에 향교가 쇠퇴하는 원인의 하나가 되었고,

② 적당한 사장(師長)이 없기 때문에 한담을 일삼는 일이 많았고,
③ 군역을 피하려는 자의 도피처가 되었고,
④ 어리석은 백성 위에 군림하여 그들을 착취하고 부려먹는 악덕배의 양성소가 된 곳이 많았고,
⑤ 서원 소유의 토지는 조세를 면하였는데 그 수확을 유생의 음식으로 낭비했고,
⑥ 사색파쟁이 정권을 다툴 때마다 서원의 유생도 대립하여 이에 가세하였다는 점 등을 들 수 있다.

이상과 같은 폐해 때문에, 그 후 대원군이 집권하여 47개소만 남겨 놓고 그 나머지를 폐쇄할 무렵에는 대소 697개를 헤아릴 수 있는 서원이 있었다.

2) 은병정사와 농운정사

(1) 은병정사

정사는 명망 높은 선비가 산수 좋은 곳에 은거해 공부하는 곳으로 마련하면, 그를 흠모하는 청소년들이 따라 모여 형성되는 사설 아카데미와 같은 교육과 학문의 집이라고 할 수 있다. 이를테면 율곡은 41세되던 해 10월에 해주 석담으로 돌아가 청계당을 지었다. 그는 43세 때에도 계속 거기서 우거하여 석담구곡이 마치 주자의 무이산 구곡과 같다 하여 지팡이를 끌고 노닐다가 제5곡에 이르러서 “여기가 살만하다” 하고는 청계당 동쪽에 은병정사를 지으니 여기에 원근의 학도가 더욱 많이 모여들었다.

(2) 농운정사

퇴계의 경우도 1560년 도산에 서당(도산서당)을 마련했는데 그 중의 농운정사

7칸이 있었다. 정사가 살아 있는 현재의 학자를 흠모해 형성되었는데 비해 서원은 과거의 현철을 흠모함으로써 형성되었다. 그런데 정사를 개설한 사람이 죽은 후 제자나 지방 선비들에 의해 정사가 서원으로 전환 형성되는 예도 많았다. 퇴계의 농운정사가 있는 도산서당이 도산서원이 된 것과 같은 예이다.

도산서원은 퇴계가 죽은 지 4년만인 1574년에 유림에서 상의하여 그가 만년에 독서하던 곳인 도산서당의 뒤에 서원을 짓기로 결정, 이듬해 낙성하고 선조로부터 '도산서원'의 사액을 받아 이황을 향사하였다.

약 600종, 4천 책을 넘는 장서와 장판 및 퇴계의 유품이 남아 있다. 왕명으로 이 서원에 제사를 드리게 한 일이 종종 있었고, 대원군의 서원 철폐 때에도 앞서 말한 소수서원과 더불어 정리 대상에서 제외되었다.

3) 서당

(1) 서당의 교육목적

옛날부터 내려오는 글방으로 서당(書堂)은 고려시대부터 조선시대에 걸쳐서 국민 대중의 자제들을 위한 민간의 사설기관이다.

서당교육의 궁극적인 목적은 사학과 향교에의 입학을 위한 준비기관이었으나, 실제적으로는 지방의 청소년에게 한문의 독해역을 이해시키고 유교에 대한 초보적 지식을 이해하게 하는데 적지 않은 역할을 하였다.

(2) 서당의 유형

그 설립은 기본자산이나 인가를 요하는 것이 아니므로 누구나 뜻 있는 사람이면 훈장(訓長) 한 사람과 방 한 칸으로서 마음대로 설치할 수 있었다. 그 설립의 종류는 다음과 같이 나뉘어 운영되었다.

① 훈장직영 서당은 훈장 자신이 자기의 생계 혹은 교육 취미로 세운 서당이다.
② 유지독영 서당은 마을에 가세가 넉넉한 이가 자기 집의 자제 및 그 친척의 자제를 교육시키기 위하여 훈장의 급비를 단독으로 부담하고 세운 서당이다. 때로는 이웃집의 자제에게도 무료로 수업하게 하였다.
③ 유지조합 서당은 마을의 유지 및 사람이 조합하여 훈장을 초빙하고 교실을 마련하여 조합원의 자제에게만 교육시킨 서당이다. 물론 훈장의 의·식·주 및 경비는 조합원이 부담했다.
④ 촌조합 서당은 마을 전체가 조합하여 훈장을 두고 마을 아이들을 가르친 서당이다.

(3) 서당의 재원

서당의 유지비를 보면 촌조합 서당을 두는 곳에는 다소 훈장의 식량이라도 지출할 만한 기본자산이 있었으나, 대개는 일정한 기본자산이 없었다. 그리고 훈장가족의 생활비는 학부모가 부담하되 여러 가지 물질로 제공했으며, 훈장이 객지에서 온 경우에는 그의 의복·식사까지 학부모가 매월 돌아가면서 담당하는 것이 관례로 되어 있었다.

(4) 훈장과 접장제도

학생들을 가르치는 훈장의 학식의 표준이 일정하지 아니했다. 강독으로 경사·백가에 통하는 실력이 있는 훈장이 있었는가 하면, 주석과 언해를 참고하여 가면서 겨우 경서의 문의나 체득시키는 훈장도 있었다. 한편 벽촌의 경우에는 한문자의 활용을 제대로 할 줄 모르는 훈장도 많았기 때문에 제술로 표·책·기·명의 글을 짓고 지·율을 아는 이가 드물었다. 다만 4율이나 짓고

18구시나 읊는 것이 보통이었다.

또 서당의 한 구성인으로 접장(接長)이 있었다. 접은 단체라는 뜻이다. 접이 큰 서당에는 훈장 한 사람으로 학생들을 일일이 가르칠 수가 없었다. 그러기에 훈장은 연령이 높고 학력이 우수한 학생을 접의 장으로 세우는 것이다.

그러면 접장은 자신이 훈장에게 배우면서, 그 정도가 낮은 학생들을 가르치고 지도하는 것이다. 즉, 아동들은 처음에 천자문 · 소학 같은 쉬운 것을 배우다가 점차로 어려운 경서를 배우게 된다. 경서 쯤 배우게 되는 상급생은 자연 하급생들을 통솔하게 되며 훈장을 도와 처음 배우는 아동들을 지도하게 된다. 지금의 학생회장 구실을 하는 서당의 상급생을 일러 접장이라 했다. 따라서 훈장의 학행이 높을수록 접장도 훌륭한 인물로 선택되었다. 접장은 매일 학생들과 접촉하느니 만큼 서당의 기풍에 미치는 영향이 훈장보다 큰 경우가 많았다.

(5) 교육과정

서당의 교육과정은 강독 · 제술 · 습자의 세 가지이었는데, 이를 살펴보면 다음과 같다.

첫째, 강독은 처음에 천자문으로부터 시작하여 동몽선습 · 통감 · 소학 · 사서 · 삼경 · 사기 · 당송문 및 당률로 올라갔다. 서당에 따라서 춘추 · 예기 · 근사록 등을 읽히기도 하였다.

둘째, 제술은 일반적으로 오언절구 · 칠언절구 · 사율 · 십팔구시 · 작문 등을 가르쳤다. 그러나 벽촌의 서당에서는 전혀 제술이 없는 곳도 있었다.

셋째, 습자는 처음에 해서를 많이 연습시켜 어느 정도 익숙해지면 행서 · 초서를 읽히게 했다.

(6) 교육방법

서당교육은 오늘날 우리의 학교교실에서처럼 일률적으로 학습이 진행된 것은 아니다. 학습자의 개인차와 그 능력에 맞게 범위를 정하여 놓고, 주로 개인적 지도방법에 의하여 교수된 셈이다. 따라서 서당에 똑같이 입학했어도 그 능력에 따라 교육내용도 다르고 그 진도도 달랐다. 그렇기 때문에 둔한 학생은 천자문이나 동몽선습을 계속 읽고 있었는가 하면, 재능이 우수한 학생 가운데는 사서삼경을 모두 읽은 학생도 있었다.

그러므로 서당교육은 현대적 교육용어를 빌면, 벌써 무학년 교육제도를 사용한 셈이고 언제나 월반도 할 수 있었다. 이러한 점은 세계교육사에 있어서 가장 뛰어난 교수방법이라 평가될 수 있겠다.

5. 조선시대 중기의 교육사상가

1) 이황

퇴계 이황(1501~1570)은 조선조의 대유학자이며 교육자이다.

동방의 주자로 일컬어지는 퇴계는 성현으로 불리워지는 율곡과 더불어 이 나라의 거목이다. 퇴계는 중종 29년(1534) 문과에 급제된(34세) 후 여러 관직을 거쳐 공조판서, 이조판서, 우찬성, 대제학, 종일품의 중추부 판사에 이르기까지 했다. 죽은 후 선조는 그를 영의정으로 추서하였다.

퇴계는 많은 저술을 남기고 있으나 그의 교육사상을 엿보는데 가장 중요한 책은 『성학십도』와 『퇴계집(68권)』이다.

퇴계의 학문과 사상은 이웃 일본 유학계에 결정적인 영향을 주어 일본에서의 '퇴계학파'를 성립시켰고, 또 명치유신의 사상적 기틀을 제공하였다.

(1) 교육목적론

퇴계의 교육 이념은 한 마디로 성리학적 도덕인의 양성에 있었고 유학교육의 일반목적과 일치된다. 유교교육의 목적은 인에 있다. 따라서 퇴계의 교육목적은 인을 체득한 사람, 즉 성현에 도달하는데 있었으며 도덕적 인간상 구현에 역점을 두었다. 성현이 되기 위한 구체적인 방법으로 경(敬)을 강조하였으며 경을 지(知)와 행(行)의 통일의 원리로 규정하였다.

(2) 교육방법론

퇴계는 교육방법으로서 입지(立志: 학문을 하는데 근본이 되는 정신적 준비태세) · 궁리(窮理: 학문에는 명백한 이치에 달하는 것이 중요하다) · 경(敬: 공경 · 외경의 자세가 학문의 출발이니 오로지 정성을 다하는데 있다) · 숙독(熟讀: 독서는 다만 문장의 뜻을 이해하는데 있지 않고 완전히 익혀야만 비로소 마음에 보존되는 활용을 할 수 있다) · 심득(心得: 도리를 자기가 알아야 할 바로 삼아야 한다) · 궁행(躬行: 덕행을 자기의 행할 바로 삼아야 한다) · 광문견(廣聞見) · 잠심자득(潛心自得: 깊은 사색과 마음을 고요히 하여 깨달아야 한다)을 강조하였다. 그 중에서도 그는 입지를 매우 중시하였다. 입지는 한 개인의 자각적 태도로서 이 자각을 통해서만이, 즉 입지의 성립이 있어야만 교육이 가능하다고 보았기 때문이다.

입지의 성립을 위해서는 많이 알고(博問), 깊이 생각하고, 차근차근, 즉 신중히 생각하고(愼思), 바로 판단하는(明辯) 것을 지적하고 있다. 이 중에서도 그는 신사를 가장 중요한 것으로 보았다.

(3) 교과목론

퇴계는 교과목(학습교재)에 있어 『주자대전』을 제일로 추천하고, 『태극도설』, 『효경』과 『심경』 그리고 『소학』, 『대학』을 지적하고 그 밖에 『근사록』, 『사서』, 『계몽』 등도 추가하였다.

(4) 학문적 특성

퇴계는 철저한 사색을 학문의 출발점으로 하여 연역적 방법을 채택, 겸손하고 신중한 태도로 학문에 임하여 어디까지나 독단과 경솔을 배격하였다. 퇴계의 철학사상의 중핵은 주자의 '이기이원론'이며 여기에 기한 '이기호발설'이다. 이와 같이 주자학으로 일관된 70년의 그의 생애는 오로지 학자로서, 군자로서, 성자로서 그리고 스승으로서 한 치의 빗나감이 없는 삶의 길을 걸어갔다.

2) 이이

율곡 이이(1536~1584)는 13세에 진사초시 합격을 비롯, 여러 과시에서 수석 합격하여 구도장원이란 칭송을 받았다. 한때 의명이라는 법명으로 승적에 몸담은 일도 있으나 곧 환속하여 유학에 전심하고 23세에 퇴계를 찾아 시 한 수를 바쳐 구교의 뜻을 표명하기도 하였다. 벼슬로는 대사간, 대사헌, 대제학, 호조 · 이조의 판서 등을 두루 거쳐 41세 때 관직에서 물러나 해주 · 석담에서 서당을 세워 후진교육에 힘썼다. 이것이 퇴계의 도산서당과 함께 유명한 율곡의 은병정사(隱屛精舍)이다.

율곡은 많은 저술을 남겼다. 즉 『동호문답』, 『향약』, 『학교규범』, 『성학집요』, 『격몽요결』, 『학규』, 『경연일기』, 『시무육조소』, 『인심도심설』 등이 그것이다.

(1) 교육목적론

율곡은 교육목적으로서 '성인의 길'을 준칙으로 하고 일상생활의 참된 길을 밝히는 것에 두었었다. 이것은 교육의 이상과 현실을 조화하는 가운데서 교육의 목적을 찾고 있는 좋은 예이다. 학문에의 길을 현실로서의 학문과 이상으로서 학문을 조화하려고 하는 점이 율곡사상 특징이다.

그리고 후일 실학사상을 율곡사상에서 찾게 되는 것도 이 때문이 아닌가 여겨진다.

(2) 교육방법론

율곡의 교육방법론을 보면, 『소학』을 먼저 읽어 그 근본을 읽히고, 다음에는 『대학』과 『근사록』으로서 그 규모를 정하고, 그 다음에는 『논어』·『맹자』·『중용』 등 오경을 읽고, 『사기』와 선현의 성리서를 간단히 읽어 의취를 넓히고 식견을 정밀하게 한다.

또 책읽는 방법에 대해서 "독서할 때마다 얼굴을 엄숙히 하고, 단정히 앉아 심지를 전일히 하여 한 책에 익숙해진 연후에 타서를 읽도록 하고, 범람하기를 힘쓰지 말고 기억하는 것에만 일삼지 말라"고 한 것으로 보아 그는 다독보다 정독주의를 권장하고, 또 독서할 때는 허심숙독(虛心熟讀)과 정사체찰(靜思體察)하기를 가르쳤다.

1 소아수지

율곡의 아동교육은 「소아수지(小兒須知)」 17조에 잘 나와 있는 바, 그 내용은 다음과 같다.

① 교훈(敎訓)을 따르지 않고 다른 일에 마음을 쏠리게 해서는 안 된다.
② 부모가 시키는 바를 시행하지 않아서는 안 된다.
③ 형이나 어른에게 불경한 말을 해서는 안 된다.
④ 형제가 불애(不愛)하여 서로 싸워서는 안 된다.
⑤ 음식을 서로 사양(辭讓)하지 않으면 안 된다.
⑥ 다른 아동을 욕되게 하여 그들과 싸워서는 안 된다.
⑦ 서로 경계(警戒)를 받지 아니하고 원망하거나 화를 내서는 안 된다.

⑧ 소매 깃이 깨끗하지 않고 옷차림이 단정하지 않아서는 안 된다.
⑨ 걸음걸이가 경솔하여 뛰어서는 안 된다.
⑩ 희학(戱謔)을 좋아하거나 방담(放談)을 즐겨서는 안 된다.
⑪ 무익하고 관계없는 일을 지어내기 좋아해서는 안 된다.
⑫ 일찍 자고 늦게 일어나면서 태타(怠墮)하여 독서하지 않아서는 안 된다.
⑬ 독서할 때 서로 돌아보며 잡담을 해서는 안 된다.
⑭ 방심하고 낮에도 앉아서 졸아서는 안 된다.
⑮ 한가한 사람을 대하여 잡담으로 시간을 보내서는 안 된다.
⑯ 허물을 감추고 언어(言語)가 부실해서는 안 된다.
⑰ 초서를 좋아하거나 난필로 종이를 더럽혀서는 안 된다.

2 학교규범

다음은 율곡의 국민교화 내지 국민교육의 사상이다. 이것은 그의 『학교모범(學校模範)』과 『격몽요결(擊蒙要訣)』에 반영되어 있다. 『학교규범』은 일종의 청소년의 교육지침 내지 생활지침으로써 그 내용은 입지(立志)·검신(檢身)·독서(讀書)·신언(愼言)·존심(存心)·사친(事親)·사사(事師)·택우(擇友)·거가(居家)·접인(接人)·응학(應學)·수의(守義)·상충(尙忠)·독경(篤敬)·거학(居學)·독법(讀法)으로 되어 있다.

3 격몽요결

『격몽요결』은 10장으로 구성되어 있는 바, 일반 대중 모두에게 관련되는 수양 및 생활지침으로 일종의 국민교본 내지 국민필독서의 성격을 지닌다. 그 내용을 간추리면 다음과 같다.

앞머리에 저자의 서문이 있고, 10개 장으로 구성되었으며, 각 장마다 여러 항목이 나열되어 있다. 학문이란 특별한 것이 아니라 인간이 인간답게 살아가기 위하여 일상생활을 마땅하게 해 나가는 것일 따름이라는 입장에서 저술되었다. 물론, 이 때의 일상생활은 아버지는 재애롭고, 자식은 효성스러워야 하며, 신하는 충성되고, 부부는 유별해야 하고, 형제간에는 우애가 있고, 어린 자는 나이가 많은 자를 공경해야 하고, 붕우(朋友)된 자는 신의가 있어야 한다는 유교이념을 구현하는 것이었다. 그 방법은 글을 읽어 이치를 연구하여(讀書窮理) 마땅히 행하여야 할 길을 밝힌 다음에, 깊은 경지로 들어가 올바름을 얻고 밟아 실천하여 지나치거나 모자람이 없는 중도(中道)에 도달하는 것이라고 하였다. 따라서 이 책의 목적은 학도에게 뜻을 세우고 몸을 삼가며 부모를 모시고 남을 대하는 방법을 가르쳐, 바로 마음을 닦고 도를 향하는 기초를 세우도록 노력하게 만든다는 데 있으며, 동시에 저자로서도 스스로를 경계하고 반성하는 자료로 삼고자 하였다.

① 제1장 입지(立志)에서는 학문에 뜻을 둔 모든 사람이 성인(聖人)이 되기를 목표로 하여 물러서지 말고 나아가라고 하였다.

② 제2장 혁구습(革舊習)에서는 학문 성취를 향해 용감히 나아가기 위해 '마음과 뜻을 게을리하여 겉으로 드러나는 것만을 모방할 뿐 안일한 것을 생각하고 얽매임에 깊이 물들어 있는 것' 등 구체적 조항 8개를 떨쳐버려야 한다고 하였다.

③ 제3장 지신(持身)에서는 충신(忠信) 등 몸을 지키는 방도를 제시하여 뜻을 어지럽히지 말고 학문의 기초를 마련하도록 하였다.

④ 제4장 독서는 단정한 자세로 깊이 정독할 것을 가르치고 독서의 순서를 제시하였다. 즉, 먼저 『소학』을 읽어 부모 · 형 · 임금 · 어른 · 스승 · 친우와의 도리를, 『대학』과 『대학혹문(大學惑問)』을 읽어 이치를 탐구하고 마

음을 바로 하며 자기를 수양하고 남을 다스리는 도를, 『논어』를 읽어 인(仁)을 구하여 자기를 위하고 본원(本源)이 되는 것을 함양할 것을, 『중용』을 읽어 성정(性情)의 덕이 미루어 극진하게 하는 공력과 바른 자리에 길러내는 오묘함을, 『시경』을 읽어 성정의 그릇됨과 올바름 및 선악에 대한 드러냄과 경계함을, 『예경』을 읽어 하늘의 도를 이치에 따라 적절하게 드러내는 것과 사람이 지켜야 할 법칙의 정해진 제도를, 『서경』을 읽어 중국 고대의 요순과 우왕 · 탕왕 · 문왕이 천하를 다스린 큰 줄기와 법을, 『역경』을 읽어 길흉 · 존망 · 진퇴 · 소장(消長)의 조짐을, 진술하고 있다.

⑤ 제5장 사친(事親)에는 평상시의 부모 섬기기를 비롯하여 부모의 뜻이 의리에 어긋날 때 자식이 부드럽게 아뢰어 뜻을 바꾸게 하라는 것 등의 내용이 실려 있다.

⑥ 제6장 상제(喪祭)와 제7장 제례(祭禮)에는 그것들을 주희의 『가례』에 따라서 할 것과 반드시 사당을 갖추라는 내용 등이 실려 있다.

⑦ 제8장 거가(居家)에는 부부간의 예를 비롯하여 집안을 다스리고 가산을 관리하는 방법이 있다.

⑧ 제9장 접인(接人)에는 사회생활을 하는데 필요한 기본적인 교양이 강조되고 있다.

⑨ 제10장 처세(處世)에는 과거를 거쳐 벼슬생활을 하는데 필요한 자세가 실려 있다.

(3) 학문적 특성

율곡의 교육사상에 중요한 위치를 점하는 것은 무실본위의 실학사상이다. 이것은 지금까지의 사변적이고 공리 · 공론적인 성리학 지상주의 유학계에 따끔한 일침과 이러한 사회현실을 비판 · 개혁하여 현실타개를 시도한 사상으로 후일에 일어나는 실학사상의 선구로 큰 의의를 지니고 있다. 율곡은 이 무실이야말로 현실을 타개하고 민폐를 구하는 길이라고 보았다.

이와 같이 율곡은 현실을 현실 그대로 직시하면서 실사구시의 산 학문으로 이용후생의 실제학을 강조하고 있다.

6. 18세기 실학파의 교육

1) 실학파의 시대적 배경과 학풍

(1) 사회적 배경

실학파의 사회적 배경은 성리학에 대한 반발이다. 즉, 일종의 역사적 반성으로서 송유를 반대한 청대 고증학의 영향과 중국을 통하여 간접적으로 들어온 서학(천주교)에 힘입은 바가 크다. 그 결과 대체로 실학파의 석학들은 역사의 변천과 사회적 실정을 정당하고 예민하게 파악하여 예외없이 민족의 각성, 자아의 재수립을 그 학문의 바탕에 두고 있었다.

첫째 실학파의 석학들은 자아의 자각으로 우리에게 민족주의 정신을 제시하여 주는데 노력했다.

둘째, 이들은 교육 · 정치 · 경제 등 여러 분야에 걸쳐 과학사상과 실용학에 힘을 썼다. 그리하여 이들은 성리학을 관념적인 학문이라 배격하고 실사실물의 학문을 주장하였다.

(2) 학풍

실로 실학의 발흥은 영·정조 시대에 신기운을 조성한 민족문화운동이었다. 그리하여 이 학풍은 곧 당시 교육 풍토의 쇄신과 교육부실의 요인을 지적하게 되었다. 즉, 실학자들은 교육의 궁극적인 목적인 과거합격을 통한 입신영달에의 집념에서 유래되었음을 지적하고, 봉건적 사·농·공·상에 입각한 직업관의 혁파, 즉 사회적 통습인 노동을 천시하는 관념을 타파해야 한다고 하였다. 또한 이들은 학문의 생활화, 즉 실생활에 적용되는 실천적 교육관을 확립하고자 노력하였다.

이 학풍은 처음 유형원으로 시작하여 이익·안정복·박지원·홍대용·정약용 등이 전후하여 일어나, 그 학풍과 세력은 일시 사상계와 학계를 풍미했다. 이들은 사상적으로 우리 민족의 주체성의 확립에 기반을 두고, 현실적으로는 민생일용의 생산성과 경국제민에 주력했으며, 그리고 다른 나라의 실제적이며 생산적인 제도와 문물을 아울러 섭취할 것도 주장하였다.

2) 실학파의 교육사상

18세기 우리 사회에는 봉건적 조선왕조의 구조적인 모순을 타파하고, 새로운 사회의 건설을 지향하기 위하여 실학파가 대두하였다. 이들이 제시한 '실사구시'는 문자 그래도 사실에 옳음을 구하는 것이다. 다시 말하면, 이것은 "사실에서 진리를 찾아라. 진리가 다른 곳에 있는 것이 아니라, 우리의 생활 속에 있다." 즉 사실에 있다는 것이다.

조선왕조 영·정조간에 성행하던 실사구시(實事求是)의 학풍은 우리나라 사상사에 주목할 현상으로서, 그것이 조선왕조 유학의 공리편중에 대한 일종의 반동으로 생겨난 것은 말할 것도 없다.

(1) 반계 유형원(1622~1673)

주자학 전성기에 일생을 조선의 실지 연구에 전심하여 『반계수록』 26권을 통해 경제적 개선책을 구체적으로 강조하였다.

그의 사상의 첫째 특징은, 개혁 · 개법정신으로 나타나고 있다. 그는 불합리한 경제문제를 비롯한 사회제도의 개혁을 역사적 문헌에서 고증하여 정밀한 실증적 태도로써 방법론을 제시하였는데, 먼저 토지개혁을 실시하여 농민에게 최저 기본량의 경작지를 확보하게 하고, 병농일치로서의 군대제도의 개혁, 부역의 조정, 국민균등의 조세제도를 확립시켰으며, 농업발전을 해치지 않는 한도 내에서 상공업을 장려하였다.

그의 사상의 둘째 특징은, 선비(士)의 사명에 대한 자각과 더불어 교육의 기회균등을 주장했다. 그는 "국 속에 양반 · 서얼 · 서족은 각각 그 품류를 구분하여 서로 나이로 차례를 정함은 어찌된 까닭입니까?" 묻는다면 "예에 천하에 나면서부터 귀한 자가 없다."고 하였다. 그의 구체적인 개혁안을 보면 다음과 같다.

① 먼저 토지개혁을 실시하여 농민에게 최저 기본량의 경작지를 확보하게 하고, 병농일치로서의 군대제도의 개혁, 부역의 조정, 국민균등의 조세제도의 확립, 그리고 농업발전을 해치지 않는 한도 내에서 상공업을 장려하도록 하였다.

② 선비는 농 · 공 · 상과 함께 사회적 사명의 한 직업자임을 강조하고서 신분에 따른 인간차별의 부당성을 지적하는 한편, 모든 인간은 각자의 능력에 따라 교육기회가 주어져야 한다고 했다.

③ 그리하여 그는 지방 향촌에서 향교를 원조하고, 문벌이나 세도가문을 배제하여 학행이나 재덕을 기준으로 인물을 기르는 기풍을 일으키도록 하였고, 또 공교육의 확립이 교육정상화의 방안으로서 중요함을 지적하였다.

(2) 성호 이익(1682~1764)

반계를 계승한 성호도 조선에 대한 실용실증학을 주장하고 나섰다.

① 성호는 우선 나라가 제대로 되려면 교육받은 선비들이 무위도식하는 폐단을 없애고 사농합일의 생활관을 가져야 한다고 했다. 그래서 그는 교육의 목적을 과거에 두지 아니하고, 실제적인 생활에 두었다.

② 그는 또 조선 현실의 역사적 인식을 촉구하였다. 종래 사대주의적인 역사학에 대하여 날카로운 비판을 가하고, 또 우리나라 역사의 중국사에 대한 독자성을 인식했다.

③ 그래서 그는 퇴계집과 본국사(한국사)를 학교의 교육과정뿐 아니라, 과거시험에 있어서도 마땅히 넣어야 할 것이라고 주장하였다.

④ 성호는 교육방법에 있어서도 탐구심의 계발이 바로 자기계발의 요소이며, 자기수양에 있어서 매일 새롭게(일신), 스승을 구하고(득사), 왕성한 호기심을 가지고 즐겨 질문하는 것(호문)이 살아 있는 교육이라고 보았다.

⑤ 특히 그의 교육방법의 이론 가운데 요즘의 강의식 교수법이나 암기 대신 진지한 질의 응답에서 무게 있는 학습이 가능하다고 본 것은 소크라테스의 문답법식 학습의 장점을 그대로 제창하고 있는 것이라 하겠다.

(3) 연암 박지원(1737~1805)

연암 박지원도 조선을 구하려면 마땅히 경제로부터 시작되어야 한다고 하고, 또 조선의 경제를 개조하려면 외국인의 실제생활을 보고 그 제도 · 문물의 장점을 배우고 산업의 진보 · 발달된 점을 본받아야 한다고 주장하였다.

① 그는 우리나라의 가난은 이러한 산업의 부진에 그 원인이 있는 것이니, “조선의 양반계급이 시장에 나가는 것을 오히려 부끄러운 일로 여기는

누습을 지적하고, 이용이 있은 다음에 후생, 즉 경제생활을 풍부하게 할 수 있고, 경제생활을 풍부하게 한 다음에 도덕을 바로 잡을 수 있다"고 하여, 선비도 한낱 주자학을 도능독(徒能獨)함에 그치지 말고 실학을 위주하여야 한다고 주장했다.

② 이러한 경제생활은 그의 문학작품과도 분리하여 생각할 수 없다. 그는 『허생전』을 써 경제사상을 고취하였고, 『양반전』과 『호질문』을 써 양반사회의 허식과 명리를 신랄하게 풍자하였다.

③ 문학에 있어 그의 풍자와 비판은 주로 당시 양반들에게 집중되었다. 그의 사상은 처음부터 성리학자들이 실용성 없는 책만 읽는 것을 책하고 근본적인 생활방식으로부터 농·공·상 등의 민생 전체에 이르기까지 실용학을 배워야 한다는 데 있었다. 그래서 그는 문학에 있어서도 순정문학보다 실리적인 문학을 주장하였다.

(4) 초정 박제가(1750~1815)

연암 박지원에게 글을 배운 사람으로 실학파의 북학에 속하는 사람이다. 그는 『북학의』에서 우리나라의 망그러져 가는 산업을 다시 일으켜 세우고 나날이 피폐하여 가는 민생문제를 해결하기 위하여 북으로 청나라의 우수한 문물제도와 합리적인 생활양식과 과학적인 생활방법을 배워야 한다고 주장하였다.

이를테면, 그는 벽돌로 집을 짓는 서양 사람들의 풍속을 듣고, 우리나라의 처지를 한탄한 적이 있다. 남들은 견고한 벽돌로 집을 짓기 때문에 그당대 사람만이 아니라, 수백 년 수천 년 뒤의 사람까지도 살 수 있는데 흙으로 집을 짓는 우리는 그렇지 못하였던 것이다. 따라서 그가 슬퍼했던 것은 단순히 벽돌집에 비해 우리나라의 초가가 엉성하다는 그 사실 때문만은 아니었던 것이다.

그리하여 그는 교육이란 고답적인 자기위선으로 명분론이나 따질 것이 아님을 강조하고 경건한 자세로 새로운 문물을 수용함으로써 우리의 생활을 개선하여 나가는 마음의 결단이 선행되어야 할 것을 주장했다.

(5) 다산 정약용(1762~1836)

다산의 학문도 주로 '조선의 현실'을 개혁하는 데 뜻을 두었다. 실생활에 하등의 도움을 주지 못하는 정통 주자학에 반대하여 그 허위성을 규탄하고 나아가 학문의 중심을 윤리 · 도덕의 문제로부터 정치 · 경제 등 백성의 복리증진을 위한 실사의 문제로 전환시킬 것을 주장하였다.

다산학의 진수는 "학이면 실학, 정이면 실정, 사면 실사"를 중히 여기는 데 있었다. 이를 추구하기 위해서는 그는

① 공리공론의 이기설 혁파
② 경전의 자의(字意)나 음훈에 치중하는 훈고학적인 해석의 혁파
③ 미사여구의 문자적 유희인 번거로운 문사(文辭)의 혁파
④ 과거제도의 전면적인 혁파
⑤ 어리석은 백성을 현혹시키는 도선의 비결과 정감록 등의 낭설의 혁파 등을 내세웠다.

그는 이런 삐뚤어진 풍토의 근본적 개선은 실사구시에 바탕을 둔 실학정신의 구현에서 가능하다고 보았으며, 중국이 세계의 중심이라는 종래의 세계관을 부정하고, 한국사를 학교의 교육과정 속에 넣은 것은 바로 중화 사대주의적 세계관으로부터의 탈피를 의미한다. 뿐만 아니라, 천자문의 모순을 지양하여 이천자로 구성된 아학편(兒學編)을 편찬 간행한 사실도 교육사상 특기되어야 할 일이다.

이 밖에도 실학파의 학자들은 모두 우리의 역사, 우리의 지리, 우리의 말, 우리의 모든 실태부터 알아야 되겠다고 생각했다. 이중환 · 한치연 · 안정복 · 정상기 · 신경준 · 김정호 · 최한기 등이 바로 그들이다. 이같이 실학자들은 경

세치용의 학과 이용후생의 학을 성립시켰을 뿐 아니라, 자아의 자각에 따르는 만족문화에의 주체적 인식을 촉구했다.

이상과 같이 실학파에 속하는 학자들은 '실사구시'로서 문제해결과 사리 판단에 근본을 삼았기 때문에 우리에게 합리주의 정신, 즉 과학정신 · 실증정신을 길러 주었다.

7. 구한말의 근대교육

1) 외국선교사에 의한 근대학교의 설립

우리가 19세기 후반에 근대교육을 시작할 무렵의 조선왕조의 교육제도는 성균관 · 사학 · 향교 · 서원 및 서당으로 구성되어 있었다. 이는 우리가 다른 문명국을 전연 의식하지 못한 데서 온 것이다.

근대학교는 우리가 현대적 방식을 빌어 근대교육을 시도한 최초의 학교라고 하겠다. 그러나 우리가 구미 여러 나라로부터 직접적으로 근대교육을 수용하여, 본격적으로 일반교육을 목적으로 한 근대학교의 설립은 신교 선교사들의 입국으로부터 시작되었다.

(1) 국립병원 광화원의 설립

미국 의료 선교사 Horace N. Allen은 1884년에 한국에 입국하여 주한미국 공사관 소속 의사로 있으면서 선교의 길을 찾았다. 그러던 중 1884년 12월 4일에 일어난 갑신정변으로 수구파의 민영익이 피습받아 그 생명이 위독하게 되었다. 당시 이름 있는 한의를 14명이나 불러들여 그를 치료했으나, 아무런 효과가 없었다. 이에 Allen의사가 그를 맡아 치료한 결과, 그의 상처는 3개월만에 완전히 낫게 되었다. 그 후 Allen은 미국 공사관을 통해 우리 정부에 청하여 국립병원 설립을 제의하였다. 이에 정부는 한성 북부 재동에 있던 홍영식의 구가를 Allen에게 맡기어 병원을 설립하게 하고 겸하여 약품비도 부담하게 되었으므로, 1885년 4월 10일에 광혜원(제중원)이란 이름으로 국립병원이 개설되었다.

이것이 바로 한국 최초의 근대적인 병원의 시작이다. 여기서는 의료 뿐만 아니라 일종의 의학 실습교육으로 1886년 3월에 학생 16명을 뽑아서 서양의학도 학습하게 하였으니, 이것이 연세대 세브란스의과대학의 모체이며 이로부터 연세대학교의 역사가 시작된 것이다.

(2) 배재학당의 설립

미국 Underwood와 선교사 Appenzeller 부부가 1885년 7월 19일 서울에 들어와 1개월 먼저 와서 있는 의사 Scranton의 집 한 채를 사서 들고 방 두 칸 벽을 헐어서 조그마한 교실을 만들었다. 그리고는 이해 8월 3일에 두 학생을 얻어 수업을 시작했다.

이때 고종은 Appenzeller가 열심히 두 학생에게 영어를 가르치고, 또 앞으로 여러 학생을 교육할 학교를 세울 뜻을 가지고 있다는 말을 듣고 곧 이를 허락하였다. 그리고 고종은 1886년 6월 8일에 인재를 배양하는 '배재학당'이라는 교명과 액(학교간판)을 내렸다.

(3) 이화학당의 설립

1885년 6월에 이 땅을 밟은 감리교 여선교사 Scrnaton 부인은 1886년

5월경에 여학생 하나를 상대로 학교를 시작하니, 이것이 우리나라 여학교의 요람이 된 이화학당이며 또한 지금까지 우리나라 여성교육의 총본산이 되고 있다.

Scrnaton 부인이 이화학당을 창설한 것은 실로 한국에서는 혁신적인 일이었다. 당시 남존여비의 사상으로 남자는 교육을 받아야 하지만, 여자는 교육이 필요 없다고 생각하던 시대에 여학교를 시작한 것은 참으로 용단성이 있는 일이었다.

이 밖에도 선교사들은 이름있는 미션학교로서 군산의 영명학교, 순천에 성은학교, 개성에 송도학교, 목포에 영흥학교, 광주에 숭일학교, 평양에 숭인학교, 강계에 영실학교, 성진에 보신학교 · 보신여학교 등을 세웠다.

1910년 2월까지 설립된 미션학교의 종파별 통계를 보면, 장로파가 501교, 감리파가 158교, 성공회가 4교, 안식교가 2교, 종파 미상 84교, 각 교파 합동 1교, 천주교가 46교로써 신구교파가 세운 학교가 모두 796교이었다. 이중 신교 교파만이 666교를 세웠다.

이로써 보면, 오늘날 한국 근대학교의 원조라고 할 수 있는 광혜원(연세대학교 의과대학 전신)과 배재학당, 그리고 여학교의 요람이 된 이화학당이 모두 선교사의 손에서 창설된 것이다.

2) 고종황제의 근대교육정책

정부는 1894년 갑오경장에 즈음하여 근대교육을 널리 보급할 것을 계획하고, 동년 7월에 새로 출발한 학무아문은 다음과 같은 고시를 발표하였다.

> "돌아 보건대 시국은 크게 바뀌었다. 모든 제도가 다 함께 새로워야 하지마는 영재의 교육은 무엇보다 시급한 일이다. 그러므로 나라에서 소학교와 사범학교를 세워 먼저 서울에 행하려 하니 위로 공경대부의 아들로부터 아래로 서민의 자제에 이르기까지 다 이 학교에 들어와 배워 아침에 외우고 저녁에 익히라, 그리하여 장차 힘을 길러 시대를 구하고 내수와 외교에 각각 크게 쓰고자 하나니 진실로 좋은 기회이다. 앞으로

대학교와 전문학교도 차례로 세우려 한다. 무릇 뜻있는 자는 일심으로 가르침을 받들어 성세를 이루려는 대지를 버리지 말라."

또 1895년 1월 7일에는 고종황제가 한국 최초의 헌법이라고 할 수 있는 홍범 14조를 선언한 가운데 제11조에 "국중의 총중자제를 널리 파견하여서 외국의 학술과 기예를 전습시킨다"고 하여 근대교육을 받아들일 것을 공포하였다.

다시 1895년 2월에는 전 국민에게 '교육입국'의 조서를 내렸다. 그 가운데 "우내의 형세를 보건대 부하고 강하며 독립하여 웅시하는 모든 나라는 국민의 지식이 개명하였다. 지식의 개명은 교육의 선미로 되었으니, 교육은 실로 국가를 보전하는 데 근본이다"고 하였다.

이러한 교육입국의 정신에 따라, 정부는 1895년 4월에 먼저 교사 양성을 목적으로 하는 한성사범학교 관제를 공포하였다. 이것은 우리나라에 있어 최초의 현대식 학교법규라 하겠다. 그 뒤에 정부는 계속하여 제 학교 관제와 규칙을 제정 · 공포하였는데, 이들을 연대순으로 표시하면 다음과 같다.

교 명	연 도
한성사범학교관제	1895년 4월 16일
외국어학교관제	1895년 5월 10일
성균관관제	1895년 7월 2일
소학교령	1895년 7월 19일
한성사범학교규칙	1895년 7워 23일
성균관경학과규칙	1895년 8월 9일
소학교규칙대강	1895년 8월 12일
보조공립소학교규칙	1896년 2월 20일
의학교관제	1899년 3월 24일
중학교관제	1899년 4월 4일
상공학교관제	1899년 6월 24일
외국어학교규칙	1900년 6월 27일
농상공학교관제	1904년 6월 8일

이와 같은 학교관제에 의하여 정부는 1895년에 한성사범학교를 비롯하여 외국어학교 · 법관양성소, 1899년에 경성의학교, 1900년에 한성중학교(현 경기중 · 고등학교), 1904년 농상공학교 등 관립학교를 설치하게 되었다.

3) 통감부의 교육정책

일본의 제국주의적 침략정책은 1904년 러 · 일전쟁을 계기로 더욱 본격화되어, 이 해 한일의정서를 성립시키더니, 드디어 1905년 11월에 을사조약으로 한국을 그들의 보호국으로 만들었다. 일본은 이제 한국에 대해서 복종을 강요할 입장에 섰다.

통감부(1906년〈광무 2년〉 2월부터 1910년〈융희 4년〉 8월까지 일제가 한국을 완전 병탈할 목적으로 설치한 감독기관)는 학제 개정에서 종래의 소학교를 보통학교라 이름을 고치고, 수업 연한을 6년에서 4년으로 단축하는 동시에 심상과 · 고등과를 하나로 통일하였다. 교과목은 종전의 것과 차이가 없으나 초급 학년부터 일어가 부과된 것이 주목된다.

이때 통감부는 점진적인 동화정책의 방법으로 관 · 공립보통학교를 다소 확장하였다. 즉, 1906년에는 서울에 관립 9교와 지방에 공립 13교 도합 22교를, 1907년에는 지방에 공립 28교를, 1908년에는 지방에 공립 9교를, 이렇게 점진적으로 확장하여 1909년까지 도합 60개 보통학교를 신설하였다.

4) 민족선각자의 사립학교 설립

민간인 사학은 기독교의 직접적인 영향의 학교라고 말할 수 없으나, 대체로 보아 기독교 선교에 의한 학교 설립이라는 대세와 당시 사회의 요청인 개화열(開化熱)에 커다란 영향을 받은 것이다.

이 개화열은 일본에서 유행되고 있던 '개화', 중국에서 유행하고 있던 '자강'

운동에서 커다란 영향을 받은 것이다. 당시 개화와 자강은 선진 외국 기술을 받아들여 나라를 부강하게 하고 문명화한다는 점에서 동일한 개념으로 공용되고 있었던 것 같다.

이러한 시대적 요구에서 초보적인 교육기관이 생겼고, 이를 토대로 해서 중등교육기관이 설립되었는데, 당시 사학의 설립이 도시에만 국한되지 아니하고 지방 농촌에까지 파고 들어갔음은 주목할 일이다.

아마도 초기 민간인 사학으로서 처음 세워진 것은 덕원읍민들이 1883년에 세운 원산학교일 것이다. 그 다음으로는 민영환이 1895년에 흥화학교를 설립했다. 이 학교는 민영환이 34세에 특명전권공사로 미국 · 영국 · 화란 · 오스트리아 · 독일을 거쳐 페테르스부르크로 가서 러시아 황제 니콜라이 2세의 대관식에 참석했다가 돌아와 외국어와 선진기술을 가르치기 위하여 세운 것이다.

그러다가 1905년 11월 소위 을사조약 이후에는 사학의 설립이 곧 교육국국운동이라는 양상으로 나타났다. 민족 운동을 하던 애국지사들도 직접 교육사업에 종사하거나 교육단체를 설립하기 전에 우선 교육기관으로 학회를 만들었으니, 서북학회(서우학회 · 한북흥학회) · 호남학회 · 기호흥학회 · 교남교육회 · 대동학회 · 여자교육회 · 태극학회 · 대한흥학회 · 대한동인회 · 대한학회 · 관동학회 · 보인학회 · 국민교육회 등이 그것이다.

이들 학회의 취지는 모두 청소년의 교육을 개도 · 면려하여 국권을 회복하는데 두었던 것이다. 그리하여 이 학회들은 그들 학회의 부속기관으로 사립학교를 세우는 한편 "국가의 존망은 교육에 좌우된다"는 것을 창도하니, 이에 자극되어 경향 각지에서 수많은 학교가 열리게 되었다.

제4장

일제강점기의 교육

1. 일제 식민지 교육의 기본정책
2. 일제 초기의 교육
3. 일제 중기의 교육
4. 일제 후기의 교육

1. 일제 식민지 교육의 기본정책

일본제국은 1905년 11월 17일 을사조약을 맺고 통감부(Resident General)를 설치하여 한국에 대한 진출 계획을 구체화하더니, 끝내 1910년 8월 29일 합병 조약 공포와 동시에 칙령 제318호로서 한국의 국호를 조선이라 개칭하고, 또 칙령 제319호로서 "조선에 총독부를 둔다. 조선총독부에 조선총독을 두어 위임한 범위 내에서 육해군을 통솔하며 일체의 정무를 통솔하게 한다"고 하였다.

당분간은 통감에게 조선총독의 직무를 보게 했으나, 그 후 약 1개월을 지난 동년 9월 30일 수호의 칙령으로서 조선총독부관제와 소속관서관제를 공포하고, 10월 1일부터 이를 시행하는 동시에 통감부를 폐지했다.

이렇게 해서 새로 탄생한 조선총독부(Government General of Chosen)는 내선일체(內鮮一體)라는 미명하에 제국주의 식민지 정책을 수행하고 이 목적을 달성하기 위해 이 나라를 무단정치로 다스리고, 한편으로 우리의 문화를 말살하고 한국인을 일본인화하려는 강력한 정책을 세웠다. 이러한 식민지 정책은 교육면에서도 뚜렷이 나타나 있었다.

일본식민지 교육은 일본어 보급을 통해 우리의 글과 역사를 잊게 하고 조상을 잊게 하는 민족말살정책을 시도하였다. 그 대신에 일본어와 역사를 우리의 글과 역사로, 일본의 조상을 우리의 조상으로 만들려고 하였다. 즉, 선도사상(shintoism)을 내세워 국가주의의 제국주의적인 성격을 띤다. 이 일제의 신도는 천황의 숭배를 골자로 하는 것으로서 일제는 식민지 교육정책의 일환으로 우리나라 전역에 신사를 건립하여 그들의 '아마데라스오오미가미'를 소개하였고 우리에게 소위 국민정신을 통일한다는 미명 아래 신사참배를 강요하였다.

특히 한국역사의 교육은 절대 엄금하고, 1910년(합병시)에는 한국사를 기록한

책자를 몰수하여 태워버렸고, 서점, 개인의 집을 조직적으로 하나하나 뒤져서 한국사에 관한 기사가 있는 것이면 모조리 태워버렸다고 한다.

2. 일제 초기의 교육

일본인이 한국을 합방한 다음 10년 동안 초기 식민정책을 구현하기 위하여 1911년 1차 조선교육령 전 30조를 공포하였다. 동령은 제1장 강령 7개조 가운데 제2조에서 "교육은 교육에 관한 칙어(일천황의 교시)의 취지에 바탕하고 충량한 국민을 육성하는 것을 본의로 한다."고 되어 있고, 동 제5조에는 "보통교육은 보통의 지식, 기능을 주고 특히 국민된 성격을 함양하며 국어(일본어)를 보급함을 목적으로 한다."고 하였으니 그들의 철저한 식민지교육의 목적을 분명히 하고 있다.

일제의 한국에 대한 우민정책의 일환으로 각급학교의 수업연한을 보통학교 4년 그것도 3년의 단축도 가능하도록 하고, 고등보통학교 4년, 여자고등보통학교 3년, 실업학교 2~3년으로 하여 일본의 지배하에서 주로 말단직업인으로 사역하기에 용이한 수준의 교육제도를 실시한 것이다.

3. 일제 중기의 교육

1919년 삼일독립운동이란 한국인의 거족적인 항쟁에 직면하지 않을 수 없었다. 이 거국적인 항거와 민족의식에 강렬한 한국민의 애국심 앞에 그들의 식민지정책에서 지금까지의 헌병경찰에 의한 무단정책을 문화정책, 즉 민족융합정책으로 수정하지 않으면 안 되었다.

그들은 일정초기에 있어서 그들의 교육의 방침의 하나인 소위 "시세와 민도에 맞는 교육"을 실시한다는 방침 아래 일본본토의 일반중등학교에서 볼 수 없는 실업과 편중이라는 교육내용으로 한국인에 대한 차별교육과 대우를 한다는 불평을 완화하기에 이르렀다. 그래서 고등보통학교와 여자고등보통학교에서 외국어를 필수과목으로 하고, 실업과 법제 및 경제를 분리하도록 학교규칙을 개정하였다.

다음 1915년 개정사립학교규칙에 의하여 각급 사립학교에 대하여 규정한 교과목(허가제) 이외는 절대로 교수하지 못하게 하여 특히 선교학교에서의 성경과목의 교수를 금함으로써 선교회와의 마찰을 야기하였던 것이다. 따라서 정부는 이 악화된 감정을 완화하는 수단으로 '각종학교'(정규학교로 인가받지 않은 학교)에 대해서 만든 성경과목을 허용하였던 것이다. 그 뒤 한국인의 감정 완화에 노력하는 한편 1921년 1월에 조선교육조사위원회를 개최하여 이 위원회의 결의를 기초로 하여 1992년 2월에 2차 조선교육령을 공포하였다.

4. 일제 후기의 교육

일제 후기의 교육정책 중 가장 두드러지는 점은 주체성과 전통성 말살을 위한 언어교육과 역사교육에 대한 교육정책이다. 이러한 언어나 문화 · 역사를 자국화하고자 하는 의도는 다음과 같은 구체적 책략에서 그 실증을 엿볼 수 있다.

첫째, 한국인이 자기 나라의 사정과 역사와 전통을 알지 못하게 봉쇄하여 민족혼, 민족문화를 상실해 버리게 하였다는 점

둘째, 선조들의 무위, 악행 등을 들추어 내고 과장하여 한국인, 청소년들이 선조와 나라를 경멸하는 감정을 일으키게 하여 민족적 열등감을 발전시키고자 했다는 점

셋째, 조작, 장식, 미화, 과장된 일본 사적, 일본인물, 일본문화를 소개하고 주입함으로써 멀쩡한 한국인을 반일본인으로 만들게 했다는 점이다.

특히 '황국신민화'를 철저하게 추진하기 위하여 당시 소학교교육의 유의점을 보면 다음과 같다.

① 교육칙어(일황)의 취지에 기초하여 천황 숭배정신의 배양에 힘쓰고 아동으로 하여금 황국신민된 자각을 굳게 하도록 힘쓸 것이다.

② 아동의 덕성을 배양하여 순량한 인격의 도야를 꾀하고 건전한 황국신민으로서의 자질을 얻게 하여 …… 내선 일체동포 친목의 미풍을 기르도록 힘쓸 것이다.

③ 일본어를 습득하게 하여 그 사용을 정확히 하고 응용을 자재하게 하여 황국신민된 성격을 배양하도록 힘쓸 것이다.

④ 교수용어는 한국어는 절대 금지하고 일본어를 쓸 것 ……(생략)

그 밖에 교육내용의 대표적인 예로서 소학교의 각 과목을 살펴보면 다음과 같다.

① 수신과 : '교육칙어'의 취지를 준수하여 덕성을 함양하고 황국신민으로서의 도덕실천을 지도하여야 하는 것이다.

② 국어 : 일본민족사와 더불어 발달한 일본 특유의 문화를 보급하고 그 근본이 된 국민정신과 국민정서의 이해와 더불어 표현을 위하여 올바른 국어교육이야 말로 황국신민화를 강조하는데 있어서 가장 중요한 의의를 가지는 것이다.

③ 국사 : 국민생활의 기록이요 국민정신의 발로인 이 일본 국사를 통하여 일본국가가 현재까지 발전해 온 소이를 이해하게 한다.

즉 전교과에 걸쳐서 일본정신이 시종일관하여 있으며 종국적으로 교육체제의 근본 방침은 황국신민의 조성을 목적으로 하는데 두었다.

제5장

현대 한국의 교육

1. 해방 직후의 한국교육
2. 1950년대의 한국교육
3. 1960년대의 한국교육
4. 1970년대의 한국교육
5. 1980년대 이후 한국교육

1. 해방 직후의 한국교육

한국은 1945년 일본의 강탈적인 식민지로부터 해방되었다. 한국은 1910년부터 일본 제국주의의 강탈적인 식민 통치를 받았다. 일본 제국주의의 강탈적인 통치하에서 한국은 민족의 전반적인 부분에서 엄청난 피해를 당하였다. 특히 일본 제국주의에 강탈적인 식민 지배의 통치는 경제적 수탈 정책과 문화의 황폐화 정책 등으로 한국 민족의 전반에 걸쳐 피해를 주었다. 한민족의 해방은 강탈적인 식민지로 인해 황폐화된 경제의 회생과 민족적 자존심의 회복을 중요한 과제로 삼게 되었다.

해방 이후의 한국은 미국과 소련에 의해 남과 북으로 분단되었다. 민족의 분단은 국토의 중간인 38선을 경계로 하여, 북은 소련의 지배하에, 남은 미군이 진주하여, 3년간에 걸쳐 군정(軍政)을 실시하게 되었다. 1945년 해방은, 일본의 식민 제국주의에 의하여 황폐화되었던 한민족이 다시 민족의 분단이라는 이중적인 시련을 맞이하는 역사적인 계기가 되었다. 그러나 민족의 시련을 극복하려는 노력은 정치, 경제, 사회, 교육의 제 분야에서 시도되었다.

1945년 이후 한국교육은 남한에 실시한 미군정과 1948년의 정부 수립이라는 대별되는 역사적인 시간으로 구분하여 논의할 수 있다. 미군정은 한국에 일본 식민 제국주의 교육을 청산하고 새로운 교육을 수용하는 정초가 되었다. 그리고 1948년 대한민국 정부가 수립되면서, 한국의 교육은 민족 자체의 힘에 의하여 새로운 민족교육을 형성 · 발전하게 되는 역사적인 계기를 마련하게 된다.

1) 미군정기의 교육정책

한국은 일본 제국주의 강탈에서 해방이 되고, 이어서 미국에 의하여 군정을 받게 되었다. 미군정은 한국의 정치, 경제, 문화, 교육에 걸쳐 새로운 통치 체제를 구성하였다. 미군정 기간에 한국의 교육을 담당한 미군의 학무국장은 포병 대위 로카드(Lockatd, E. L.)였다. 로카드는 전투병과 장교로서 교육계에 대한 별다른 식견을 가지고 있지 못했다. 그럼으로써 한국의 교육정책을 수립하는데, 한국의 교육계 인사들과 많은 논의를 하였다. 특히 군정 시기에 교육정책의 수립에 영향력을 행사한 교육조직은 군정의 교육정책 자문을 담당한 한국교육위원회와 조선교육심의회가 있었다.

(1) 한국교육의 기반형성

미군정 기간에 한국교육의 형성에 기여한 기구로서는 한국교육위원회와 조선교육심의회가 커다란 주도적인 역할을 하였다. 한국교육위원회는 1945년 9월 16일에 구성하여, 1946년 5월까지 활동하였다. 이 위원회는 미군정의 교육 재건을 위한 자문 역할을 담당하였으며, 활동의 중요한 내용은 휴교 상태에 있던 학교의 개교와 교육 운영을 정상화시키는 데 두었다.

조선교육심의회는 1945년 11월 14일에 구성하여, 1946년 3월 7일까지 활동하였다. 조선교육심의회는 장기적인 안목에서 한국교육의 재건을 위한 기본 방향을 심의하였다. 조선교육심의회는 교육이념, 교육제도 등 10개의 분과로 나누어서, 100여 명의 위원이 참가하는 대규모의 위원회였다. 조선교육심의회에서는 새로운 교육이념을 수립하는데 민주주의와 민족주의를 기본 방향으로 삼았다. 기간 학제로서는 단선형 제도를 수립하여 6-3-3-4와 6-6-4제를 병행하였고, 문교부를 중앙의 행정조직으로 제도화하는데 공헌을 하였다.

(2) 식민교육 청산

군정청은 1945년 9월 17일 일반명령 제4호로 교육에 관한 응급조치를 발표하면서 9월 24일에 공립초등학교를 재개하고 교수용어는 한국어로 할 것을 지시하였다. 그리고 한글로 교과서를 편찬하여 각급 학교에서 한국어로 교육을 실시하도록 하였다. 한국어를 교수용어로 지정함에 따라 당시 한글을 해득하지 못했던 젊은 교사들을 위해 교원을 대상으로 한 한글강습회가 여러 곳에 개설되었다.

(3) 민주주의 교육의 형성

교육은 민주국가 건설을 위한 민주주의 이념을 알리는데 주력하였다. 민주교육의 이념을 널리 보급시키기 위해 교원을 대상으로 한 재교육강습이 실시되었다. 당시 교원들은 일본식 교육사상과 방식에 젖어 있어 새로운 교육이념을 체득하는데 노력을 하였다. 교육심의회에서는 기간학제로서 단선형 제도를 수립하여 6-3-3-4제와 6-6-4제를 병행하였고 문교부를 중앙의 행정조직으로 제도화하였다.

(4) 새교육운동

새교육운동은 과거 식민지 교육에 대한 인식을 전환하고 교육을 개혁하기 위하여, 1946년부터 전개된 교육계의 운동이다. 새교육운동의 중심은 일제의 식민지 교육의 잔재를 청산하고, 민주주의에 입각한 교육을 지향하는데 있었다. 새교육 운동의 이념은 프래그머티즘을 배경으로 한 존 듀이(J. Dewey)의 민주주의 교육사상과 미국의 진보주의 교육사상을 수용하는 운동이다. 이 운동의 중심 내용은 교사중심 교육에서 아동중심 교육으로, 교과중심 교육과정에서 생활중심 교육과정으로 전환하는 것이다.

새교육 운동을 추진하기 위한 교육연구 단체로는 민주교육연구회(1946), 한국교육문화협회(1948), 새교육협회(1948), 아동교육연구회(1948) 등이 있었다. 이들 연구 단체는 현직 교원들의 강습을 통해, 민주교육의 이념과 새로운 교육방법을 소개하였다. 또한 이들 연구 단체에서는 조선교육(민주교육연구회), 교육문화(한국교육문화협회), 아동교육(아동연구회) 등의 잡지를 발간하였다.

(5) 교원양성교육

군정하에서 중요한 문교정책 중 하나는 교원양성에 관한 문제였다. 새로운 교육체제의 근간이 되는 교원의 양성과 재교육은 시급한 문교정책의 하나가 되었다. 군정청은 초등교원은 사범학교에서 양성하도록 하였다. 1945년 이전 당시 남한에 있던 10개의 사범학교 중에서 일부를 사범대학(경성사범, 경성여자사범, 대구사범)으로 개편하고, 경기사범학교를 비롯하여 개성, 부산, 충주, 강릉, 군산, 목포, 순천, 안동 등에 새로 사범학교를 설치하였다. 그리고 초등학교의 부족한 교원을 충원하기 위하여, 사범학교에 교원양성과, 속성과, 강습과 등 1년 이내의 단기 초등교원 양성과정을 설치하여 필요한 초등교원을 수급하였다.

중등교원은 사범대학에서 양성하도록 하였다. 한국의 최초로 설립된 사범대학은 경성사범대학이다. 중등교원은 사범대학에서 양성하도록 되었으나 당시 중등교원의 수요를 충족할 수가 없었다. 중등교원이 다수를 점유하던 일본인이 물러나고 중등학교가 급격히 증설되어, 그 수요가 급증하였기 때문이다. 그럼으로써 중등교원을 충원하기 위하여 정부에서는 중등교원양성소, 임시중등교원양성소, 중등교원양성과 등을 설치하였다. 그리고 당시 가장 부족하였던 국어교사와 국사교사를 충원하기 위하여, 중등국사교원양성강습회, 중등국어교사양성소 등을 설치하여 이들 과목의 교사를 양성하여 충원하였다.

2) 대한민국 정부 수립 초기의 교육

(1) 대한민국 정부 초기의 교육

1948년 8월 15일 대한민국 정부가 수립되었다. 대한민국 정부는 헌법 제16조에 "모든 국민은 균등하게 교육받을 권리가 있다. 초등교육은 의무적이며 무상으로 한다. 모든 교육기관은 국가의 감독을 받으며 교육제도는 법률로서 정한다."고 명시하였다. 이는 민주주의 교육과 공교육의 2대 원칙을 명시한 것이다.

(2) 교육법 제정

대한민국 정부는 1949년 12월 31일에 교육법을 법률 제86호로 공포하였다. 교육법에는 헌법 제16조에 근거하여 대한민국의 교육이념과 교육목적, 교육기관의 종류와 계통, 교원, 수업, 학과와 교과, 교과용 도서, 장학 등에 관한 규정이 명시되었다.

교육법에 명시된 사항의 대강을 보면 다음과 같다.

1 교육이념과 목적

교육은 홍익인간의 이념 아래, 모든 국민으로 하여금 인격을 완성하고 자주적 생활능력과 공민으로서의 자질을 구유하게 하여, 민주국가 발전에 봉사하며 인류 공영의 이상을 실현함을 목적으로 한다.

2 학교의 종류와 수학연한

초등학교 6년, 중학교 3년, 고등학교 2~3년(중학교 수료 후 입학), 대학 4~6년,

초급대학 2년(고등학교 졸업 후 입학), 사범학교 3년, 사범대학 2~4년(고등학교 졸업 후 입학), 유치원 4세 이후부터 취학전까지로 구분하였다.

이 교육법은 대한민국의 헌법에 의하여 성립되었고 현재 한국교육법의 기본이 되었다.

2. 1950년대의 한국교육

1) 1950년대의 6 · 25 전쟁

1950년대의 한국은 역사적으로 매우 참담한 시대였다. 일본의 제국주의자들에게 식민의 참담함을 겪었고, 이어서 미국 군정의 지배를 받았다. 그리고 50년대에는 남과 북의 사상적인 대결에 따른 민족상쟁의 전쟁을 3년간이나 대규모적으로 치렀다.

한국의 남과 북은 전쟁으로 인해 완전히 황폐한 환경에 처하게 되었다. 전쟁은 한국의 교육에도 정체와 퇴보를 초래하였다. 그러나 한편으로는 교육을 통하여 민족의 수난을 극복하고 국가를 재건하는 복구사업을 추진하였다. 1950년대의 한국은 처참한 전화(戰禍) 속에서도 교육활동을 전개하였고, 이후 황폐화된 교육을 복구하였다.

2) 전시하 교육의 비상조치

6 · 25전쟁으로 한국은 정치, 경제, 사회, 교육의 제 분야에 걸쳐서 극심한 혼란이 일어났다. 정부는 수도를 임시로 부산으로 옮기고, 전쟁의 장기화에

대비하기 위한 시책을 마련하였다. 이러한 시점에서 1951년 2월 16일에 전시하 교육특별조치 요강을 발표하였다. 이 요강은 전쟁으로 중단되었던 교육을 재개하기 위한 것이었다. 이 요강의 내용은 다음과 같다.

(1) 피난학생의 취학독려

피난지 소재의 각 학교에 등록하여 학업을 계속하도록 하였다.

(2) 가교실, 피난 특설학교 설치

교실난을 타개하기 위하여 가교실, 피난특설교실, 분교장의 설치, 교과별 이수시간제를 실시하였다.

(3) 북한 피난학생 수용

북한에서 피난한 학생들을 교육하기 위하여 거제도의 각 초등학교에 특설학급을 설치하였다. 그리고 중등학교 학생은 거제와 하청의 두 중등학교에 수용하고, 통영중학교에 분교장을 설치하였다.

(4) 도시 피난학교 설치

1951년 9월 새 학기에 도시에서 피난한 학교들로 하여금, 초등학교는 현지 초등학교에 분교장을 설치하고, 중등학교는 단독 혹은 여러 학교가 연합하여 피난학교를 가설하여, 각기 자기의 학생을 수용하여 학업을 계속하도록 하였다.

(5) 전시연합대학 설치

1951년 2월부터, 전국에서 피난해 온 각 대학이 연합하여 학교를 설치하도록 하였다. 전시연합대학은 부산에 처음으로 설치되 이후 각 대학이 독립적으로 개설하였으나, 1년 후에 폐지되었다.

(6) 생벽돌 교사의 건축

전란으로 대부분의 교실이 파괴되었으므로, 문교부는 부족한 교실난을 타개하기 위한 조치로 생벽돌을 제작하여 임시 교실을 건설하도록 하였다. 이로써 경남에 288개, 경북에 94개, 충남에 16개, 충북에 12개의 교실을 완성하였다.

(7) 임시교사 1천 교실 건축계획

전화(戰禍)로 파괴된 교실의 부족을 충당하기 위하여, 미8군의 도움으로 1천개 교실을 건축할 자재를 원조받아, 부산을 비롯한 여러 지역에서 가교실을 건축하였다.

(8) 전시교재의 발행과 교과서의 발간 및 배부

전시생활에 필요한 교재를 제공하기 위하여, 초등학교용 전시생활 1 · 2학년용, 3 · 4학년용, 5 · 6학년용의 3가지를 각기 3회에 걸쳐 발간하고, 교사들을 위하여 전시학습 지도요항을 작성하여 제공하였다. 중등학교에는 전시독본을 3회에 걸쳐 발간하였다. 교육의 비상조치에 따라서, 노천수업(露天授業)과 가교실에서의 수업을 실시하였다.

3) 교육자치제의 실시

한국의 교육자치제는 1949년 12월 31일에 법률 제86호로 제정된 교육법에 명시되었다. 교육법에 규정된 교육자치제의 내용은 다음과 같다.

첫째로, 군(郡) 단위에 교육구를 두고, 여기의 책임자로서 교육감을 두었다. 교육감은 구(區)의 교육위원회에서 선출하여 대통령이 임명하도록 하였다. 구 교육감은 구의 교육사무를 집행하였으며, 특히 초등학교의 설치는 구 교육감의 권한에 속하였다.

둘째로, 시(市)에는 시교육위원회를 두었다.

셋째로, 도(道) 단위에는 도교육위원회를 두고, 중앙에는 중앙교육위원회를 두었다. 도교육위원회와 중앙교육위원회는 각 교육구와 시교육위원회를 지휘 · 감독하는 기관이 아니라, 각 지방에 적합한 교육행정이 실시되게 하기 위한 심의기관과 자문기관이다.

교육자치제는 1950년의 6 · 25 전쟁으로 인해 바로 실시되지 못하고 있었다. 그러던 중에 1952년 4월 23일 대통령령 제633호로 교육법시행령이 공포됨에 따라서, 교육자치제 시행의 법적인 기초가 마련되었다. 1952년 4월 25일 시, 읍, 면 의회의 총선거가 실시되고, 다음 날에 도의회의 총선거가 실시되었다. 이처럼 각 지역의 의회의원이 선출되면서 도에는 도교육위원회를, 그리고 시 · 군에는 시 · 군의 교육위원회와 교육감을 선출하게 되었다. 이 교육자치제는 1952년 6월 4일에 발족된 이후 1961년 5월 17일까지 계속되었다.

4) 의무교육 완성 6개년 계획

문교부는 1950년 6월 1일을 기하여 의무교육 6개년 계획에 착수하였다. 의무교육은 헌법과 교육법에 명시된 사항이다. 헌법(1948)에 "모든 국민은 균등하게 교육을 받을 권리가 있다."고 했고, "초등교육은 의무이며 무상으로 한다.'
'고 명시하였다. 이에 따라서 교육법(1949)에서도 "모든 국민은 6년의 초등교육을 받을 권리가 있다. 국가와 지방 공공단체는 전항(前項)의 초등교육을 위하여 필요한 학교를 설치 · 운영하여야 하며, 학령 아동의 친권자(親權者) 또는 후견인

(後見人)은 그 보호하는 아동에게 초등교육을 받게 할 의무가 있다."고 명시하였다. 이렇게 명문화된 규정에 따라서, 문교당국은 정부수립 후에 의무교육 추진을 위한 6개년 계획을 세우고, 1950년 6월 1일에 이를 시행하고자 하였다. 그러나 한국전쟁으로 그 시행이 지연되었다. 그러다가 1952년에 교육법시행령에 공포되면서, 이를 본격적으로 시행하게 되었다.

의무교육 6개년 계획의 골자는 1954년에 시작하여 목표 연도인 1959년에 아동의 취학률을 96%로 끌어올리는 것으로, 교실의 확보와 재정적 필요를 지원한다는 것이다. 의무교육 6개년 계획은 목표 연도에 달성되었다. 기본 연도인 1954년에는 3,246,364명의 학령아동 중에서 2,678,978명이 취학하여, 취학률이 82.5% 수준이었다. 그러나 목표 연도인 1959년에는 3,799,690명의 학령아동 중에서 3,558,142명이 취학하여, 취학률이 96.4%로 상승되었다. 그러나 취학 아동수의 급격한 증가로 교실의 부족과 교원수급의 차질이 있었으며, 학급당 60명 이하로 수용하도록 한 규정은 제대로 실현하지 못하였다.

5) 교육과정의 개정과 교과서 편찬

문교부는 1949년에 제정된 교육법에 의거하여 교육과정을 편성하고 교과서를 편찬하기 위하여 교수요목 제정 심의위원회 규정(1950. 6. 2, 문교부령 제9호)과 교과과정 연구위원회(1951. 3. 30, 문교부 제16호)를 설치하였다. 그러나 6 · 25전쟁으로 잠시 중단되었다가, 1953년에 본격적으로 개정작업에 들어갔다. 1954년 4월 20일에는 문교부령 제35호로 초등학교, 중학교, 고등학교, 사범학교의 '교육과정 시간배정 기준'을 정하였다.

이 기준령은 대한민국이 독립된 후 처음으로 제정된 것이며, 이로써 각급 학교의 교육과정의 틀이 형성되었다. 그리고 1955년 8월 1일에 초등학교, 중학교, 고등학교, 사범학교 '교과과정 제정의 건'을 공포하여, 교육과정 시간

배당 기준령과 함께 각급 학교의 교육내용을 갖추게 되었다.

그리고 6 · 25전쟁 동안 각급 학교의 교과서는 전시생활을 지도하기 위한 임시 교재로 했으나, 1955년부터는 새 교육과정에 의하여 새 교육사조에 적합한 국정 교과서를 편찬하게 되었다. 문교부는 1955년부터 1958년까지 연차적으로 교과서를 편찬하였는데, 1955년 30종, 1956년 41종, 1957년 21종, 1958년 4종 등 총 90종의 각급 학교용 교과서를 편찬하였다.

1950년대의 문교시책은 이 외에도 연구학교의 추진, 실업교육을 진흥하기 위한 실업교육 5개년 계획(1958년~1962년), 종합고등학교 운영 등이 있었다.

도의교육은 6 · 25전쟁 당시 전시 교육방침의 하나로 제창되었다. 이것은 전쟁으로 인한 국민 도덕의 퇴폐현상을 타파하기 위한 것이었다. 그러나 문교부가 국민의 도의를 진작시키기 위하여 도의교육을 본격적으로 강화하기 시작한 것은 1954년부터이다. 1954년 4월 20일에 문교부령 제35호로 제정 공포한 '교육과정 시간배당 기준령'에서는 도의교육을 초 · 중고등학교에서 연간 35시간 이상 실시하도록 규정하였다. 이어서 1955년 10월 12일 문교부는 각계각층의 인사 30명을 위원으로 하는 도의교육위원회를 구성하여 장관의 자문기관으로 두었다. 문교부는 또한 1956년에 도의교육의 당면목표로 관후고결(寬厚高潔)한 인격도야, 애국애족의 사상고취, 협동심과 책임감의 양성, 근로역작(勤勞力作)의 정신앙양의 네 가지를 제시하였다. 문교부는 이러한 도의교육의 당면목표를 달성하기 위하여 1956년 말에 초등학교와 중학교의 '도의교육요령'을 발표하고, 문교부 편수국에서는 1957년 3월까지 도의교육용 국정 교과서를 편찬하여, 전국의 초 · 중등학교에 배부하였다. 전시교재를 발간하는 등 전시의 혼란을 극복하는 교육을 계속하였다.

3. 1960년대의 한국교육

1) 1960년대 한국의 사회

1960년대는 한국에서 정치, 경제, 사회, 교육에서 변화가 컸던 시기이다. 정치적으로는 4 · 19 학생의거, 5 · 16 군사혁명과 군정, 제3공화국의 수립 등으로 급변하는 시기였다. 4 · 19 학생의거로 제2공화국이 수립되었으나 1년 미만의 단기간의 정권이었다. 5 · 16 군사혁명은 일부 정치군인들이 중심이 되어 일으켰으며 그들은 60 · 70년대 한국 정치의 주도세력이 되었다. 경제적으로는 국가통제에 의한 경제개발이 적극적으로 추진되었으며, 한일회담과 베트남 전쟁의 참여로 국제적인 교류가 확대되어 무역 경제의 기틀을 조성하였다. 사회적으로는 북한의 무력도발을 계기로 반공정신이 널리 함양되었다. 한국의 1960년대는 정치적으로 군사정권의 대두, 경제적으로 국가통제와 무역 중시 정책, 사회적으로 반공 이데올로기가 강조된 시기였다.

2) 군정의 교육시책

군정의 문교시책에서 중요한 사업으로 추진한 것은 '인간개조'이다. 군정 초기에 문교부장관은 '인간개조'를 문교정책의 기본방향으로 제시하였다. 군사정부는 교육이 사회의 모든 구악과 부패를 일소하고 퇴폐된 국민도의를 바로 잡기 위하여, 청신한 기풍을 진작시키는 군민운동의 선봉이 되어야 한다고 했다. 이러한 과업을 완수하기 위하여 먼저 인간개조가 이루어져야 하며, 인간개조가 혁명과업 완수의 기본목표가 되고 교육의 중요한 문제가 된다 했다.

또한 인간개조는 사회개조의 원동력으로 강조되었다. 군사정부는 사회개혁을 위한 제도의 혁신과 정비에 앞서 인간의 의식구조와 성향을 개조할 필요가 있다고 했다.

3) 교육에 관한 임시특례법

교육에 대한 임시특례법은 담화문에 "이 법률의 취지는 사회 비난의 대상이 되어온 학원의 질서를 단시일 내에 바로잡아 교육의 정상화를 촉진하기 위함"에 있다고 했다. 이것은 당시 군정이 교육을 강력히 통제하여 개혁을 시도하려는 의도를 보여 준다. '교육에 관한 임시특례법' 제1조에서는 "본법은 국민교육의 정상적인 질서를 확립하고 그 질적 향상을 도모하기 위하여 교육행정 또는 학교법인(사립학교 설립 경영을 목적으로 하는 법인)에 관하여 교육법 및 공무원법과 기타 법령에 대한 특례를 규정함을 목적으로 한다."고 했다. 이 법의 주요내용은 학교의 정원 조정, 각급 학교의 교원 임명, 교원의 노동운동 금지, 교육감의 정부 임명, 2년제 교육대학의 설치, 학사자격고시제 실시, 교수의 연구 실적 심사제 도입 등을 포함하고 있다. '교육에 관한 임시특례법'은 '교육법'과 더불어 1960년대의 한국교육의 근간이 되는 법령이었다.

4) 국민교육헌장(1968) 제정

국민교육헌장은 1968년 12월 5일 국회의 의결을 거쳐, 박정희 대통령에 의하여 선포되었다. 국민교육헌장은 1968년 6월 15일 박 대통령이 한국의 근대화 과정에서 국민교육의 장기적이고 건전한 방향의 정립과 시민생활의 건전한 생활윤리 및 가치관의 확립은 민족 만년의 대계를 위해 중요하니 각계각층을 망라해서 민족 주체성의 확립에 기여할 수 있도록 연구할 것을 지시하여 이루어진 교육장전(敎育章典)이다. 국민교육헌장은 대통령, 정부, 학계, 종교계, 언론계 등이 적극적으로 참여하여 제정하였다. 그리고 국민교육헌장 선포식에서 박 대통령은 국민교육헌장 전문을 낭독하고 "이 헌장에 따라 국민의 생활윤리가 확고히 세워질 것"을 주장하였다. 이 헌장은 국민생활의 생생한 규범이 되고, 나아가서 먼 훗날까지 길이 빛나는 역사적 문헌이 되게 한다고 주장하였다. 국민교육헌장은 '민족중흥'을 중심 사상으로 하여 민족과 국가를 강조하였다.

국민교육헌장은 이후 70년대와 80년대에 걸쳐서 국가의 정신적 이념으로 강조되었으며, 정부에서는 전 국민에게 헌장이 제시하는 이념을 실천하도록 통제하였다. 국민교육헌장이 학교교육헌장에 미친 영향은 컸다.

5) 장기종합교육계획

장기종합교육계획은 교육의 과제를 장기적인 계획을 수립하여 실천한다는 계획이다. 이러한 발상은 경제개발 5개년 계획과 같은 맥락이다. 이 계획은 1968년 11월 30일 대통령령 제3669호로 제정된 '장기종합교육계획 심의회 규정'에 따라, 1969년 2월에 총리직속 하에 구성된 심의회에 의해 본격적으로 추진되었다. 장기종합교육계획 심의회에서는 첫째로, 교육기능별 계획으로 교육이념과 목적, 학생, 교원, 교육내용과 방법, 교육시설, 교육재정, 교육행정 등의 발전을 위한 총체적인 계획을 수립하고, 둘째로, 교육부문별 계획으로 취학전교육, 초·중등교육, 고등교육, 교원교육, 실업교육, 특수교육, 해외교육, 학교 외 교육 등의 발전을 위한 계획을 수립하도록 하였다.

6) 교육자치제의 부활

교육자치제는 1952년 5월 24일부터 시·군 단위로 실시되고 있었다. 그러나 교육에 관한 임시특례법에 의하여 1969년에 일시 중단되었다. 그러나 교육자치제는 대한교육연합회(교사단체)를 비롯한 각계의 요구에 의하여 1964년 1월 1일 부활되었다. 교육자치제의 부활을 주장한 한국일보의 논설은 다음과 같다. "과거에 실시된 교육자치제가 좋은 결과를 거둘 수가 없었다고 해서 이 제도의 필요성과 그 자체의 가치를 부정해서는 안 된다.

건전한 자유 민주주의 국가에의 재건을 지향하는 현 단계에 있어서 교육자치제의 부활이야말로 국가 백년의 대계인 교육의 민주화를 위하여 피할 수 없는 당연한 명제"라고 했다(1963년 1월 30일자). 새롭게 부활된 교육자치제는 과거에 시·군 단위로 시행하던 교육자치에서 도(道) 단위의 대단위 교육자치제로 개편되었다.

7) 중학교 무시험 진학제도

중학교 무시험 진학제도는 1968년 2월에 제정되어 1969년부터 시행되었다. 정부가 중학교 무시험 진학제도를 도입하게 된 이유는 아동의 정상적인 발달을 촉진하고, 국민학교(초등학교)의 교육을 정상화하고, 가열된 과외공부를 지양하고, 극단적인 학교차를 해소하고, 학부모의 교육비 부담을 감소시키자는 데 있었다.

무시험 진학제도의 시행은 지역에 따라 차이가 있었다. 이 제도의 시행은 1969년에는 서울특별시에서, 1970년에는 부산, 춘천, 청주, 대전, 전주, 광주, 대구, 제주 등 10대시에서, 그리고 1971년에는 전국적으로 이루어졌다. 중학교 무시험 진학제도를 시행하면서 중학교 진학률이 크게 증가되었다. 중학교 진학률은 1968년에 55.9%였으나, 1969년도에 61.8%, 1971년에 69.6%, 그리고 1972년에는 71.0%로 급격하게 상승하였다.

4. 1970년대의 한국교육

1) 국가주도의 강력한 체제정비

1970년대의 한국은 정치적으로 1960년대의 정치세력이 그대로 정치체제를 확고히 하고 있었다. 따라서 정치세력은 보수화되고, 정권 유지차원의 정책이 대두되었으며, 정부는 당시의 국제적인 조류에 맞추어 국가주도의 강력한 체제정비를 시도하였다. 정치적으로는 국가 안보체제의 강화, 유신헌법의 제정 등의 정권유지, 국가체제의 강화가 있었다. 그리고 남북관계의 교류가 있었다. 남북대화의 시도, 적십자사의 남북 이산가족 찾기 운동제의, 7 · 4 남북 공동선언 등이 있었다. 1960년대의 경직화된 남북관계에 비하여 상당한 완화가 있었다. 경제적으로는 제2차, 제3차 경제개발 계획이 성공적으로 완수되었고, 제4차 경제개발 계획이 추진되었다. 석유파동과 자원전쟁에서도 연평균 10%의 경제성장률을 이룩하였다. 사회적으로는 국가 주도의 민족정신의 주체성 확립 한국 민주주의 토착화라는 자국의 정신문화에 대한 지각과 각성이 촉구되고 있었다.

2) 교육정책의 핵심

1970년대 문교부가 가장 강조한 교육정책으로는 주체성 있는 교육과 국민정신 교육이다. 문교부의 교육정책은 국민교육헌장의 구현, 국적 있는 교육의 강화, 안보교육의 강화, 새마을교육의 추진 등으로 구체화되었다.

국민교육헌장의 구현은 1970년대에 들어와 매년에 걸친 문교 장학정책의 기본적인 목표였다. 1970년과 1971년에는 국민교육헌장의 이념을 구체적으로 생활화하도록 하였다. 그리하여 교육정책에서부터 학습지도와 교육평가에 이르기까지 헌장이념의 극대화를 위해, 문교부는 47개 항의 행동 실천 사항을 수립하여 각 시 · 도 교육위원회에 시달하는 한편, 교원연수와 각종행사를 헌장이념의 구현에 직결시켜 추진하였다. 1973년에는 국민교육헌장을 장학의 기본목표로 정하고, 교육체제의 쇄신과 국적 있는 교육을 강화하였다. 1974년에는 국민교육헌장의 이념하에 국적 있는 교육과 생산적인 교육을 추진하여, 성실하고 능력 있는 한국인을 육성할 것을 장학목표로 추진하였다. 이러한 국민교육헌장의 구현은 이후 1979년까지도 계속적으로 문교부 장학방침으로 추진되었다.

문교부는 국민교육헌장의 이념을 구현하기 위한 방안을 학교교육과 성인교육에서의 두 측면에서 마련하였다. 학교교육에서는 헌장이념의 구현을 교육과정 개편의 기본 방침으로 삼고, 교과서의 내용을 개편하고, 장학자료를 배부하고, 학생들의 생활 규범을 헌장이념에 입각하여 정하도록 하였다. 그리하여 1973년 제3차 교육과정을 제정하면서 국민교육헌장의 이념이 충실히 반영되도록 하였다. 또한 각급 학교에는 연구학교와 실험학교를 두어, 국민교육헌장 이념을 구현하기 위한 구체적인 교육 방안을 연구하여 그것을 일반화하도록 장려하였다. 그리고 성인교육에서는 성인교육용 교과서를 편찬하여 헌장의 정신과 내용을 가르쳤고, 헌장이념에 입각한 생활윤리 관련 도서를 간행하여 마을문고 등을 통해 보급하였다. 또한 헌장이념을 담은 영화와 음반을 제작 · 보급하였다.

국적 있는 교육은 국민교육헌장의 구현과 더불어 1970년대의 중요한 교육 방침의 하나였다. 국적 있는 교육은 1972년 3월 24일 대구에서 개최된 전국교육자대회에서 박정희 대통령이 제창하였다. 이것을 계기로 '국적 있는 교육'은 1970년대의 문교부 장학방침으로 계속 채택되었다. 박 대통령은 국적 있는 교육을 주장하면서, 올바른 국가관을 확립하기 위해서는 주체적인 민족사관을 정립해야 한다고 하였다. 주체적인 민족사관은 주변 국가의 변화에도 동요됨이 없이 민족의 전통과 국가의 자주성을 지켜 나갈 수 있게 해 주는 것으로 강조되었다.

1973년 문교부에서는 국적 있는 교육을 실시하기 위해, 첫째로, 주체적인 민족사관의 정립을 위한 국사교육의 강화, 민족의 전통과 문화적 유산을 올바르게 계승, 우리의 민족사적 정통성의 고취, 둘째로, 새 한국인상의 형성으로 확고한 국가관 정립, 셋째로, 한국 민주주의 토착화 등을 구체적인 실천 내용으로 제시하였다. 문교부는 각급 학교에 국적 있는 교육을 실현하기 위한 교과목을 개설하였다. 국민학교와 중학교에 도덕과를, 고등학교에는 국민윤리를 개설하였으며, 대학에는 국민윤리 과목을 교양필수 과목으로 신설하도록 하였다. 또한 1972년 5월에는 국사교육을 강화하기 위해 국사교육강화위원회를 구성하고, 각급 학교에 국사 교과의 내용을 보강하도록 하였다. 그리하여 1973년에는 초등학교 교육과정에서 5, 6학년의 사회과에서 국사를 독립시키고, 중학교 교육과정에서 2, 3학년에 국사 교과를 독립 과목으로 신설하도록 하였다. 1974년에는 고등학교 교육과정에서 국사 과목을 독립 교과로 6단위를 다루도록 하였다. 그리고 대학에서는 1973년부터 국사를 교양필수로 신설하였다.

3) 안보교육의 강화

1970년대는 국제적으로 화해의 무드가 조성되었다. 중공의 유엔 가입, 베트남 전쟁에서 미군의 철수와 베트남의 공산화, 크메르의 공산화 등으로 긴장이 완화되고, 국제정세는 급격히 변화하였다. 남북 관계에서도 새로운 변화가 있었다. 1970년의 8 · 16선언을 비롯하여, 남북적십자회담 제의, 7 · 4 남북공동성명 발표, 6 · 23 특별선언, 대북한 식량원조 제의, 무조건 남북대화 제의와 당국자 회담 제의 등이 있었다. 그러나 북한은 이에 대하여 상당히 냉담한 태도를 보였다.

이러한 국제정세의 변화와 남북관계의 변화에 대비하여, 안보교육의 문제가 심각하게 대두되었다. 문교부는 1971년 12월 안보교육의 기본방침을 정하고, 학교교육의 모든 영역에 걸쳐서 안보교육체제를 정비하고 강화하였다. 1972년에는 장학목표를 '안보교육체제의 정비'에 두고, 이에 따른 중점 시책으로 군사교육 제도의 개선, 교련교사의 재교육, 안보 특강 및 세미나 개최, 대학생 특수훈련 및 행군대회, 고등학교 학생들에게 반공 민주정신에 투철한 국가관 교육, 국가의 비상사태에 기여할 수 있는 산교육을 실시하기 위해 사격훈련(남), 화생방훈련, 행군훈련에 대한 지침, 반공교육 지침, 교련 실기대회 운영 지침 등을 정하여 각급 학교에서 실시하도록 하였다. 1973년 문교 기본정책에도 '안보교육체제의 강화'가 추진되었다. 1974년 이후에는 문교부 장학방침으로 '국적 있는 교육'의 신장을 채택하고, 이를 위한 구체적인 내용에 안보교육에 관한 사항을 포함시켜, 유일 사상체제의 북한 공산주의에 대응하는 교육을 실시하였다. 1975년, 1976년, 1977년의 장학방침에도 국적 있는 교육의 구체적인 실천 내용으로 안보교육을 강조하였다.

4) 과학기술 교육의 진흥

1970년대의 문교정책에서는 국가의 경제개발 계획에 필요한 인력을 양성하기 위하여, 과학기술을 진흥시키는 교육이 강화되었다. 1970년대 문교부는 매년 장학방침에 과학기술 교육의 진흥을 채택하였다. 문교부는 장학정책에 '과학기술 교육의 정비와 확충'을 기본목표로 삼고, 과학기술의 양성을 위한 구체적인 시책으로, 실업계 학교의 정비와 지원의 강화, 산학협동체제의 정비 강화, 과학교육의 충실 등을 추진하였다.

문교부는 1970년에 실업계 학교 학생에게 실기능력을 측정하기 위한 검정 기준의 마련, 일부 지역의 공업고등학교에 야간제 특수과정의 설치, 각 도에

1개교의 시범농업고등학교의 선정과 영농자금지원 등을 시행하였다. 1971년에는 산업교육진흥법을 제정하여 공업학교와 농업학교에 각종 지원을 하였다. 1972년에는 문교부 장학방침에 '과학기술 교육의 철저'를 채택하고, 과학교육의 내용과 지도방법의 개선 및 실험실습을 강조하였다. 1973년에는 장학방침에 '과학기술 교육의 진흥'을 채택하면서 산업교육진흥법을 개정하여, 기간산업체에 현장실습을 하도록 하였다. 그리고 초등학교에 과학주임 교사제를 실행하고, 국립 사범대학에 과학교육연구소를 설치하도록 하였다. 1974년에는 공업고등학교와 공업계 전문학교에 특성화 방안을 구성하여, 지역의 특성에 맞추어 기계, 전자, 조선, 화공 등의 분야로 개편하였다. 1975년에는 국가기술자격법을 시행하고, 국가에서 추진하는 중화학공업 육성에 필요한 인재를 양성하기 위하여, 1973년에서 1976년까지 12개 공업고등학교를 정밀기능사 양성학교로 개편하였다. 1977년에는 대입예비고사에 실업계열을 신설하여 실업계 졸업생의 진로를 확대하여 주는 시책을 추진하였다.

5) 제3차 교육과정의 개정

1968년에 국민교육헌장이 제정되고 1969년부터 국적 있는 교육이 제창되는 등 교육사상의 새로운 제창과 국가간의 긴장 완화 등 국제 상황이 급변하는데 대응하기 위해, 문교부에서는 각급 학교의 교육과정을 개정하기 시작하였다. 교육과정의 개정 작업은 1971년부터 시작하여 1973년 2월에 초등학교 교육과정, 8월에 중학교 교육과정, 1974년 12월에 인문계 고등학교 교육과정, 1976년 2월에 실업계 고등학교 교육과정을 개정하였다. 제3차 교육과정은 1960년대에 미국 교육계를 주도하던 학문중심 교육과정에 이론적인 바탕을 두었다. 제3차 교육과정은 국민교육헌장 이념의 구현을 기본방향으로 삼고, 국민적 자질의 함양, 인간교육의 강화, 지식·기술 교육의 쇄신을 기본방침으로 하였다. 첫째로, 국민적 자질의 함양을 위해서는 민족 주체의식의 고양,

전통을 바탕으로 한 민족문화의 창조, 개인의 발전과 국가의 융성과의 조화 등을 구체적인 목표로 삼았다. 둘째로, 인간교육의 강화를 위해서는 가치관 교육의 강화, 비인간화 경향의 극복, 근면성과 협동성의 앙양을 구체적인 목표로 삼았다. 그리고 셋째로, 지식 · 기술교육의 쇄신을 위해서는 기본능력의 배양, 기본개념의 파악, 판단력과 창의력의 배양, 산학협동 교육의 강화를 구체적인 목표로 삼았다. 셋째 목표에서 교육과정 이론의 중심이 생활중심 교육과정에서 학문중심 교육과정으로 전환의 중점이 되는 것이다.

6) 고교평준화 시책

국가에서는 해방 후 초등교육의 정비에 문교정책의 중점을 두었다. 그리고 1960년대 후반부터 중등교육을 재정비하기 시작하였다. 특히 1969년부터 중학교 무시험 진학제를 시행하면서, 중학교의 학생 인구가 크게 증가되었다. 따라서 중학교의 학교수와 수용능력이 확대되었다. 이러한 중학교의 취학생의 증가는 고등학교의 진학에 대한 경쟁이 치열해지는 결과를 초래하였다.

1969년도에 무시험으로 중학교에 입학한 학생들이 졸업하게 된 1972년도에는 고등학교의 입시가 매우 심각한 문제가 되었다. 많은 학생들이 고등학교의 진학을 희망하였으며, 특히 일류 고등학교에 진학하려는 경쟁으로 인하여 과열과외와 재수생의 문제가 발생하였다. 문교부는 이런 문제를 해결하고, 교육을 정상화하기 위하여 고교의 평준화, 과학기술 및 실업교육의 진흥, 지방학교의 육성 등을 골자로 하는 개선 방향을 제시하였다.

이어서 1972년 12월에 입시제도연구위원회가 구성되고, 이 위원회의 연구를 기반으로 하여 1973년 2월 고교평준화에 초점을 맞춘 새 입학제도가 마련되었다. 새 입학제도에 의한 고교입학은 1974년부터 수원, 춘천, 청주, 대전, 전주, 마산 제주 등 7개 도시까지 추가 적용되었다.

고교평준화 정책은 다음과 같은 문제점이 있었다. 긍정적인 측면에서 보면,

이 정책은 중학교교육과정 운영의 정상화를 가져왔고, 고등학교의 교육기회가 확대되고, 학교간의 교육 격차가 완화되었고, 과열 입시경쟁의 사회적 병폐를 해결하였고, 지방학생의 대도시 집중을 막았으며, 실업교육을 진흥시키는 결과를 가져왔다. 부정적인 측면에서 보면, 이 정책은 개인차에 따른 학습지도와 교육의 질적 저하를 초래했고, 사립 고등학교의 특수성을 상실하게 함과 아울러 재정난을 초래했으며, 교육 당자사인 학생들의 교육선택권과 학교의 학생 선발권을 무시하는 등 민주적 이념에 어긋났다는 문제가 있었다.

7) 대학교육 개혁의 추진

경제개발 계획을 비롯한 1960년대의 여러 개혁 사업들이 비교적 성공적으로 진행되자, 1970년대에는 고등교육의 개혁이 추진되게 되었다. 고등교육의 개혁사업은 1971년 서울대학교의 개혁안을 시작으로 하여, 여러 대학들이 개혁에 관심을 가지게 되었다. 문교부는 1971년 9월 10일 대통령령에 의하여 교육정책심의회 고등교육분과위원회를 설치하여 대학교육 개혁을 추진하게 되었다. 문교부는 고등교육 개혁을 위한 전국 순회세미나를 거친 다음 1972년 6월 고등교육개혁안을 발표하였다. 그 내용은 고등교육 개혁을 위한 정책연구, 실험대학을 통한 개혁, 대학의 특성화로 대별되었다.

실험대학은 1973년부터 운영되면서 기본적인 대학교육 개혁을 위한 정책연구들이 있었다. 문교부는 이러한 정책연구에 의거하여 대학교육 개혁사업을 추진하였다. 그것들은 실험대학의 운영, 대학생 정원령과 학위등록제의 실시, 지방대학의 확충, 대학교수 재임용제의 실시, 서울대학교 발전계획, 사범대학 증설 등이 있다.

8) 새마을교육 추진

새마을운동은 1970년 4월 22일 지방장관회의에서 발표된 박정희 대통령의 유시로 시작되었다. 박 대통령은 농민관계기관 지도자간의 협조를 전제로 한 농촌 자조노력의 진작방안을 연구하라고 지시하였다. 새마을 운동은 내무부에서 추진하였으며, 문교부에서는 과거에 시행하던 향토학교 운동을 수정하여 새마을 운동으로 전환하였다.

문교부는 1972년에 새마을교육의 목표를, "국민교육헌장의 이념 아래 학교교육을 통하여 학생과 향토민에게 새마을 정신을 함양하고 향토개발과 국가발전에 공헌한다."고 정하였다. 그 실천 방법은 다음 7가지이다. 첫째로, 교육과정은 향토사회 조사를 기초로 향토화하고, 그 향토사회의 기본적인 문제해결을 중심으로 운영한다. 둘째로, 학습지도는 향토사회의 모든 인적, 문화적, 물적 자원을 활용하여 다양화한다. 셋째로, 학교는 모든 시설을 향토사회 개발을 위한 제 활동의 센터로 개방한다. 넷째로, 학교는 향토사회의 청소년 및 성인 전체의 교육을 위한 각종 기회를 제공한다. 다섯째, 학교는 교육적으로 계획된 봉사활동을 전개하여, 황토사회 개발에 적극 참여한다. 여섯째로, 학교는 향토사회의 교육 문화 활동을 조정하고, 그 촉진의 주도적인 역할을 담당한다. 일곱째로, 새마을 교육 전개를 계기로 학교교육풍토를 쇄신하고 향토와 국가발전에 직결되는 교육혁신운동으로 발전시킨다.

5. 1980년대 이후 한국교육

한국의 1980년대는 정치적으로 큰 변화가 있었다. 한국은 1960년대 초의 5 · 16 군사혁명으로 집권한 정부가 20여 년간 체제를 유지하다가 붕괴되고 새로운 군부의 강력한 통치체제로 전환되는 국면을 맞이하게 된다. 새로운 군부세력은 혼란기에 정치적인 세력을 확보하고 그를 정비하여 제5공화국을 수립하여 집권을 하였다. 그럼으로써 신군부로 일컫는 정치세력은 1980년대의 각종 정책에 주체가 되었다. 신군부는 집권 이전부터 정치적인 역량의 미숙함과 민중과의 괴리로 인한 갈등이 있었다. 특히 1980년의 광주 의거로 인해 정치세력과 민중과의 갈등, 지역간의 갈등을 더욱 심화시켰다. 이러한 강권적인 정치세력과 강경한 민중세력의 갈등은 대학의 학생운동을 더욱 저항세력으로 발전시켰다.

경제적으로는 국제적인 화해무드에 편승하여 국가간의 이데올로기 투쟁보다는 경제 경쟁의 비중이 커졌다. 한국의 경제정책도 이러한 국제적인 경제경쟁에 편승하였다.

사상적으로, 정치세력의 강권에 대한 반동으로 학생세력과 재야세력이 정체에 대한 반항을 표출하였으며, 특히 대학교육기관에서 이데올로기 갈등이 크게 표출되었다.

1) 교육정책

1980년대의 교육에서 가장 커다란 영향을 미쳤던 것은 1980년 7월 30일에 발표된 교육개혁이다. 이것은 흔히 '7 · 30교육개혁'이라 부른다. 7 · 30교육개혁은 1980년 국가비상체제하에 설치한 '국가보위비상대책위원회'에서 1980년 7월 30일에, 교육의 기틀을 바로 세우고 대학입시를 위한 과열과외를 근절하기 위해, '교육정상화 및 과열과외 해소방안'이라는 명분으로 단행되었다.

7 · 30교육개혁은 1981년에 출범한 제5공화국에서 지속적으로 추진되었다. 제5공화국은 국정지표로서 민주주의의 토착화, 복지사회의 건설, 정의사회의 구현, 교육혁신과 문화창달이라는 4개의 항을 설정하였다. 그리고 교육혁신을 이룩하기 위해 전인교육, 정신교육, 과학교육, 평생교육을 4대 지표로 삼아서 추진하였다.

제5공화국 이전에 구상된 7 · 30교육개혁은 제5공화국의 문교정책으로 추진되었다. 대학입시 본고사의 폐지(1981), 초·중·고교의 교육과정 전면 개정, 초등학교 1, 2학년의 통합교과제 도입, 교육대학의 4년제화. 새로운 형태의 교육세 신설(1981)과 지방 교육재정 교부금법의 개정(1982), 교직수당의 신설과 연차적 인상, 초·중등 교권간의 호봉 격차 해소, 이데올로기 비판교육의 강화, 교육과정과 교과용 도서의 개편, 중학교 의무교육의 연차적 실시, 학술진흥재단의 설립, 대학교육협의회 창설, 사회교육법의 제정, 유아교육의 진흥, 청소년단체의 육성, 스승의 날 제정, 사도헌장의 제정, 교실중심의 교육행정체제로의 전환, 해외유학 문호개방, 사립교원의 공립 전입, 노인교실의 설치, 초등 과학실험 조교제도 실시, 교원의 잡무 및 당직 경감, 교육개혁심의회 설치(1985) 등의 정책이 추진되었다.

1980년대 이후의 교육개혁의 윤곽을 전두환, 노태우, 김영삼 대통령의 교육정책을 요약하여 살펴보고자 한다. 전두환 대통령 때의 교육심의회는 교육개혁의 기본원칙으로 9가지를 채택하였다. 기본원칙 9개 항은 한국인의 긍지를 심는 교육, 전인을 지향하는 교육, 창의성을 기르는 교육, 미래를 대비하는 교육, 수월성의 추구, 다양성의 교육, 자율성의 신장, 교육환경의 인간화, 사회의 기능 강화였다. 그리고 10개의 교육개혁의 과제를 채택하였다. 10개의 교육개혁의 과제는 학제의 개편, 입시제도의 개혁, 학교시설의 현대화, 우수교원의 확보, 교육내용의 방법과 개편, 과학 두뇌의 개발, 대학교육의 수월성 추구, 평생교육체제의 확립, 교육행정의 자율성, 교육투자의 획기적 증대였다.

노태우 대통령은 교육정책자문회의가 채택한 교육개혁의 5대 방향은 교육본질의 구현, 교육기회의 다원화, 교육운영의 자율화, 교육여건의 내실화, 교육투자의 확충과 효율화 등이다. 교육정책자문회의가 교육개혁을 위한 전략으로 구상한 6대 핵심적 내용은 적성과 개인차 존중, 교육체제의 획기적 개선, 교육의 국제경쟁력의 강화, 쾌적한 학교환경 조성, 우수한 교원의 확보, 교육재원의 확충 등이었다.

김영삼 대통령 때의 교육개혁위원회는 교육개혁의 필요성을 크게 21세기를 주도할 '신교육체제 구축'과 '교육병리 현상의 치유'라는 2가지 측면에서 제시하고 있다. 교육개혁위원회에서는 신교육체제의 구축의 사회적인 필요성을 다음과 같이 주장하였다. 21세기의 사회는 정보화 · 세계화 · 다원화의 사회로 변모한다. 그리고 남북한 통일이 실현될 것으로 예견된다. 이러한 사회적인 변화에 대응하기 위하여 다음과 같은 전략으로 질 높은 신 인력의 창출, 기술주도국과 문화수출국의 지위 확보, 다원화사회에 걸맞은 다양한 교육제도의 도입, 민족통일 공동체 의식과 문화적 정체성 확립 등이다. 그리고 교육병리현상에 대하여는 다음과 같은 주장을 하였다. 한국교육은 그 동안 괄목할 만한 양적인 성장을 이루어 국가발전에 운동력이 되었다. 그러나 고질적인 대학 병목현상, 인성 및 도덕교육의 실종, 국제경쟁력 약화, 교육현장의 활력의 상실, 교육투자의 미흡 등을 지적하였다. 이러한 교육 문제를 해결하기 위하여 다음과 같은 11개의 과제로 교육재정의 확충, 대학교육의 국제경쟁력 강화, 사학의 자율과 책임의 제고, 대학입학 제도의 개선, 학제의 다원화 및 탄력성 제고, 초 · 중등학교 교육과정 개편 및 운영의 내실화, 교원의 전문성 신장 및 사기앙양, 학교공동체 중심 교육경영, 교육법 및 교육관계 법령 정비, 사회교육 및 사회의 교육적 기능 강화를 제시하였다.

1990년대의 교육정책에서 가장 두드러진 것은 교육자치제를 본격적으로 실시하기로 한 것이다. 교육자치제는 교육의 자주성과 전문성 및 지방교육의 특수성을 살리기 위한 취지에서 일찍부터 도입되었었다. 그러나 한국의 교육자치제는 정치권의 변화에 따라 한때 중단되기도 하는 등 많은 우여곡절을 겪었다. 그러다가 1991년 3월 '지방교육자치에 관한 법률'(법률 제4347호)이 공포된 데 이어 지방의회 의원 선거가 실시되고, 이어서 지방의회에서 교육자치를 이끌어 갈 교육위원들을 선출하면서, 교육자치의 본래의 이념에 부합된 제도를 갖추게 되었다. 종전의 합의제 집행기관의 성격이었던 교육위원회는 교육과 학예에 관한 사항을 심의 의결하는 기관으로 바뀌었고, 교육감은 교육과 학예에 관한 사무를 집행하는 기관으로 독립되었다.

3) 7 · 30 교육개혁

7 · 30교육개혁의 초점은 학교교육의 정상화와 과열과외 해소에 있었다. 특히 대학입시와 과열과외는 당시 교육적인 문제와 사회의 전반적인 문제로 부각되고 있었다. 이에 대하여 국가보위비상대책위원회에서는 과감하게 개혁을 단행하여, 이 문제를 해결하고자 하였다. 교육개혁에서 중요한 문제로 대두되었던 과열과외는 입시체제의 모순으로 부각되었다. 과열과외가 발생하게 된 배경으로는 우선 1968년 중학교 무시험 진학제 이후 중등교육기관의 학생 수가 급증한 것을 들 수 있다. 중학교 무시험제의 시행으로 초등학교 졸업자들의 진학이 용이해지면서, 중학생의 급격한 증가를 보였다. 그리고 고교평준화 정책(1974)으로 다시 중학교생들의 고등학교 진학이 용이해졌다. 그리하여 고등학교의 학생 수가 상당히 증가되었으며, 또한 고등학교 졸업자들이 대학의 입시에 응시함으로써 경쟁이 치열해졌다. 이 문제는 표면적으로 학교의 입시 제도에 의한 문제로 대두되었으나, 다른 한편으로는 한국의 산업구조의 변화와 경제적인 발전에 의하여 고등교육의 필요성이 증대되었다는 데서도 그 원인을 찾을 수 있다. 1980년 당시 과외를 받던 학생은 대략 150만 명으로 추산되는데, 이는 초 · 중 · 고 학생 총수인 980만 명의 15.3%에 해당한다. 이들을 학교 수준별로 나누어 보면, 초등학교 학생 12%, 중학교 학생 15%, 고등학교 학생 41%가 과외공부를 하고 있었다. 그리고 당시 과외비는 연간 3,300억 원으로 추산되었다. 7 · 30교육개혁은 이러한 과열과외로 인하여 파생되는 학원의 불안을 해소하고 교육풍토를 쇄신하기 위하여 단행되었다.

7 · 30교육개혁의 주요 내용은 다음과 같다.

① 1981학년도부터 대학입시 본고사를 폐지하고, 출신 고등학교의 내신 성적과 예비고사 성적으로만 대학입학자를 선발한다.

② 초 · 중 · 고등학교의 교과목 수를 줄이고, 또 그 수준도 낮추는 방향으로

교육과정을 조정한다.

③ 대학의 졸업정원제를 실시하여 신입생은 정원보다 일정수를 더 입학시키고, 졸업정원은 인가된 정원으로 한정한다.

④ 대학은 전일제 수업을 실시하여, 시설과 인력을 최대한 활용한다.

⑤ 대학입학 인원을 연차적으로 확대한다.

⑥ 교육방송의 운영을 개선하여, 교육전용 방송을 실시한다.

⑦ 개방대학 제도를 개설한다.

⑧ 방송통신대학을 5년제로 하고, 교육대학을 4년제로 한다.

⑨ 교육세를 받아서 교육재정을 확보한다.

⑩ 대학시설을 확충하고 교원의 처우를 개선한다.

⑪ 정부, 산업체의 고용정책을 개선하는 등 장기 대책과 사회 대책을 추진한다.

⑫ 과열과외 해소를 위한 전 국민운동을 전개한다.

정부에서는 과열과외를 금지하기 위하여 범국민적인 과열과외 추방운동을 전개하고, 과외를 교습하는 강사, 과외를 시키는 학부모 등에 대하여 각종 규제를 가하였다. 1980년의 7 · 30교육개혁은 대학교육의 개혁이 대부분이며, 이것은 1980년대 한국의 고등교육에 상당한 영향을 주었다.

3) 이데올로기 비판교육의 강화

1980년대의 교육에서 특히 주목할 것은 이데올로기 비판교육의 강화이다. 1970년대 후반부터 공산주의 이론과 함께 종속이론, 해방신학, 네오마르크시즘 등 좌경화된 급진이론들을 주장하는 사람들이 대학생을 비롯한 젊은 지성인들과 지식인들 사이에 증가하였다. 이러한 풍조는 대학사회에 파급되어 학생운동의 사상적인 주류를 형성하였다. 그러면서 한국사회는 심각한 이데올로기적 갈등현상을 나타내었다. 특히 대학생들의 급진적인 사상적 경향은 당시 정치적인 명분이 빈약한 정권을 위협하는 사태를 촉발하였고, 우방국인 미국에 대해서도 심각한 비판을 병행하였다. 1982년에 발생한 부산 미문화원 방화 사건의 주동자들은 대학생들이었으며, 그것은 당시의 정권에 대한 반항과 미국에 대한 비판을 격화시킨 중대한 사건이었다. 이러한 사태에 대하여, 정부에서는 이데올로기교육 연구회를 전국 4년제 대학에 설치하고, 문교부의 관계관이 현지 출장과 독려를 통하여 대응하였다. 1980년대의 이데올로기 문제는 대학생을 비롯한 지식인들과 정부의 갈등을 고조시켰으며, 이런 갈등은 대학교육과 대학생활에 지대한 영향을 미쳤다.

4) 고등교육의 정비와 확충

1980년대의 교육정책에서는 고등교육을 크게 정비하고 확충하였다. 이는 7 · 30교육개혁에서도 이미 나타난 바 있다. 그리고 1980년대의 고등교육에는 1970년대에 대학개혁사업으로 추진되어 온 실험대학을 확대하고 지방대학 육성책을 추진하였다.

지방대학의 육성책은 다음과 같다.

① 서울 소재 대학의 지방이전을 권장하였다. 이에 따라서 서울 소재 대학의 지방 분교가 설치되었다.

② 1982년부터 서울 소재 대학의 학생정원을 동결하고 지방 소재 대학의 정원을 증원하였다.

③ 지방대학 육성책의 일환으로 서울 소재 대학과 지방대학간의 교수 교류제를 실시하였다.

한편, 1980년대는 교원대학교가 설치되고 교육대학이 개편되는 등 교사양성기관이 확충되었다. 교육대학은 7 · 30 교육개혁에 의하여 수업연한을 2년에서 4년으로 연장하도록 하였다. 1981년에는 서울, 부산, 광주의 교육대학을, 1982년에는 대구, 인천, 공주의 교육대학을, 1983년에는 진주, 춘천, 전주의 교육대학을, 1984년에는 청주와 제주의 교육대학을 4년제로 개편하였다. 그리고 1985년에는 종합 교원양성기관으로 한국교원대학교를 충청북도 청원군에 설립하였다. 교원대학은 3개 대학과 대학원으로 조직되었다. 제1대학에서는 유아교사와 초등교사를, 제2대학과 제3대학에서는 중등교사를 양성하였다.

5) 평생교육체제의 확대

평생교육은 1980년대의 교육정책에서 7·30교육개혁과 더불어 가장 특기할 만한 정책이다. 평생교육은 1980년 10월 23일에 제정된 제5공화국 헌법 제29조 제5항에 "국가는 평생교육을 진흥해야 한다."고 하였고, 동조 제6항에는 "학교교육은 평생교육을 포함한 교육제도와 그 운영에 관한 사항을 법률로 정한다."고 명시하였다. 이는 우리나라의 헌정 사상 최초로 국가의 헌법에 평생교육의 의무조항을 신설한 것이며, 평생교육을 법률로 정하도록 하였다는 데 의의가 있다. '평생교육'은 1965년 유네스코 성인교육추진위원회에서 랭그랭(Lengrand)에 의하여 최초로 사용된 용어로서, 1970년에 유네스코가 제정한 '세계 교육의 해의 기본 이념'으로 채택된 후 세계적으로 보급되기 시작하였다.

한국에서는 평생교육과 관련하여 법령을 제정하고 각종 교육기관을 설치하여, 평생교육을 시행하였다. 1980년대에 '평생교육'을 실현하기 위하여 정비 확충된 교육기관과 법령으로 유아교육의 확충, 산업체 부설학교와 특별학급 운영, 방송통신교육체제의 확충, 개방대학의 설치, 사회교육진흥법 제정, 특수교육의 확충 등을 들 수 있다.

1980년대 이전의 유치원 교육은 미진한 상태에 있었다. 1980년에 한국의 유치원 수는 국·공립 40개(원아수 2,324명), 사립 861개(원아수 64,109명)로 모두 901개(원아수 66, 433명)의 유치원이 있었다. 유치원의 취원율은 4.3%에 불과하였다. 그러나 1982년에 유아교육진흥법(1982. 12. 31. 법률 제3635)이 제정되고 유아교육종합계획(1982~1986)이 수립되고, 1983년에 문교부에 유아교육 담당관제를 신설하고 교육청에 유아교육 담당장학사를 임용하는 등 유아교육을 적극적으로 장려한데 힘입어 급진적인 발전이 이루어졌다. 1986년의 통계를 보면, 유치원은 국·공립 4,333개(원아수는 163,831명), 사립 2,900개(원아수 190,706명), 총 7,233개(원아수 354,537명)로 증가하였다. 유치원 취원율은 21.0%로 증가하였다.

방송통신교육은 전 국민의 평생교육을 확대하는 데 가장 효과적인 수단으로 이용되었다. 방송매체를 이용함으로써, 전국의 모든 지역 모든 계층을 대상으로, 적은 비용과 장비로 교육적 성과를 효과적으로 이룩할 수가 있었다. 방송통신대학은 1972년 3월 9일 한국방송통신대학 설치기준령(대통령령 제6106호)에 의하여 개설되었다. 방송통신대학은 학교교육을 마쳤거나 중단한 사람으로서, 학술 또는 전문적인 지식·기술의 연구와 연마를 위한 교육을 계속 받고자 하는 사람에게, 대학 또는 전문대학의 교육기회를 부여하는 데 목적이 있었다. 개설 당시의 방송통신대학은 5개 학과에 입학정원이 12,000명이었다. 그러나 1980년대에 들어서면서 방송통신대학은 획기적으로 발전하였다. 방송통신대학의 학생수는 1980년에는 32,053명에서, 1987년에는 146,990명으로 증가하였다.

방송통신고등학교는 1974년에 개설된 후 꾸준히 발전하여, 1986년 현재 전국 26개 지역의 50개 고등학교에 입학생 수 20,332명으로 증가하였다. 교육의 질도 향상되어 중도 탈락률은 낮아지고 졸업률은 증가하여, 졸업생의 진학률이 점차 증가하였다.

1980년대에는 교육전문방송망이 확보되어 방송통신대학과 방송통신고등학교는 물론이고 전 국민의 평생교육 기회도 크게 확대하게 되었다.

제 2 부

서양교육사

제1장

고대사회의 교육

1. 고대 그리스의 교육
2. 고대 로마의 교육
3. 고대 유대인 사회의 교육

1. 고대 그리스의 교육

1) 스파르트의 교육

'스파르타식 교육'이란 용어는 고대 그리스의 스파르타에서 행해진 교육이 엄격한 국가적 · 군사적 의무교육이었다는 것을 가리키는 말로 사용된다. 고대 그리스는 약 20개의 폴리스로 구성되었는데 그 중 스파르타에 수도를 둔 도리아족의 라케다이몬이 최고의 국가적 교육을 발달시킨 나라이다. BC 9세기 중엽 Lycurgus가 정한 헌법이 교육의 기초를 이루었다. 이 법은 오직 정복계급으로서의 귀족교육에만 적용했던 비민주적인 것이었다.

스파르타는 스파르타 시민(Spartian: 귀족계급), 페리오이코이(Perioikoi: 변두리 사람), 노예(Helot)의 세 가지 계층으로 형성되어 있었다. 스파르타의 시민계급인 동시에 지배계급은 도리아족(Dorian)인 정복자로 정치적 권력을 지니고 있었다. 다음 계급인 페리오이코이는 자유민이며 농사꾼들이었으나 정치권은 없었다. 최하계급은 헤일로타이로서 국가에 속한 노예계급이었는데, 노예의 수가 시민의 20배에 이르러 노예의 반란을 통제할 수 있는 길은 엄격한 군국주의뿐이었다.

스파르타 시민을 제외한 두 종류의 피지배 계급은 지배계급의 30배에 가까운 수였으나 군국주의적 교육의 대상은 시민계급이었고 모든 생산적인 노동은 나머지 두 계급이 맡았다. 따라서, 스파르타 교육의 기본목적도 국방을 담당할 이상적인 군인의 양성에 있었고, 교육의 구체적인 목적, 내용, 이를 포함한 전체적 교육제도도 모두 여기에 맞는 것일 수밖에 없었다.

(1) 교육목적

Lycurgus가 제정한 법은 군병의 강력한 신체훈련을 목표했다. 그러므로 스파르타인 '지혜의 사람'보다 '행동의 사람'을, '약한 사람'보다도 '힘센 사람'을 요구하였다.

스파르타의 교육목적은 군국주의의 과제를 수행하기 위하여 강한 힘 · 용기 · 복종력 · 인내력을 기르면서 또한 조국에 대한 애국정신을 함양하며 신체적인 활동에 의하여 강하고 민첩한 육체를 훈련시키는 것이었다.

스파르타인은 그저 자신들의 교육을 아고게(agoge), 즉 훈련이라고만 불렀다. 이 훈련은 스파르타의 다른 생활 방식과 마찬가지로 잘 훈련된 전사단의 유지라는 단 하나의 목적을 위해 바쳐졌다. 그럼으로써 내부의 반란을 진압하고, 외부의 적을 방어하기 위한 것이다. 특히, 내부의 반란 진압은 헤일로타이라는 독특한 피지배 계급의 성격 때문에 더욱 중요한 것이었다. 이에 따라 훈련과정에서는 육체적 훈련과 함께 국가에 대한 복종심과 충성심의 함양이 가장 중요한 것이었다.

(2) 교육방법

1 출생에서 7세까지의 교육

스파르타인의 모든 교육은 국가적 통제하에 행해졌으며, 심지어는 출생에서 사망에 이르기까지 국가의 구속 아래 있었다. 만약 신생아가 허약하면 들판에 버려서 죽게 하거나 공노(公奴) 중의 어떤 인정많은 사람이 데려다 키우게 내버려 두었다. 다만 건강한 아이만 부모에게 맡겨 7세까지 양육하도록 하였다.

2 7세에서 18세까지의 교육

훈련은 매우 이른 나이, 7세(만 6세)부터 시작되었다. 이로부터 6년간은 파이

디온(paidion)이라는 등급에 속해 있으며, 남아가 7세에 이르면 가정을 떠나 국가가 운영하는 공공교육장에 들어가 감독관에 의해 엄격한 훈련을 받았다. 교육의 이상은 고통과 결핍을 견디는, 용맹 · 인내 · 애국 · 복종과 강한 체력을 갖춘 군인을 양성하는 데 있었다.

달리기 · 뜀뛰기 · 검술 · 씨름 · 승마 · 투창 · 수영 · 수렵 등도 다만 전장(戰場)에서의 싸움을 승리로 이끄는 강한 체력을 연마하는 목적으로 가르쳤다. 무용도 자기를 방어하고 적을 공격하는 전투무용이 행해졌으며, 음악 역시 용기를 고무하고 애국의 정조(情操)를 높이기 위해서만 교수되었다. 독(讀) · 서(書) · 산(算)과 같은 교육은 일상 생활에 필요한 기초적인 것만을 가르쳤다. 그리고 13세가 되었을 때, 본격적인 훈련에 들어가게 된다. 이 시기부터 6년간은 해본(hebon: 청소년)으로 불렸었다. 머리는 짧게 잘라야 했고, 신발도 신지 못했으며, 단 한 겹의 옷만으로 사철을 견뎌내야만 했다. 잠자리는 에우로타스 강변에서 손으로 직접 뜯은 골풀로 마련해야 했고, 그리 많지 않은 식사량을 보충하기 위해 때로는 먹을 것을 훔쳐야만 했다. 그러다가 붙잡히면 심하게 얻어맞는 것은 예사였다. 훔치는 것이 나쁘다는 도덕적인 면에서의 처벌이 아니라, 단지 붙잡혔다는 이유에서였다.

3 18세에서 20세기까지의 교육

18세가 되면 에이렌(eiren) 등급이 되었다. 이 때부터는 전문적인 군사훈련을 받고 전투에 나가는 것이 가능했으며, 연소아동들로 이루어진 소대의 감독자, 즉 소대장이 되었다.

4 20세에서 30세까지의 교육

21~30세까지는 특별 병영생활을 시켰다. 여자교육도 남자와 같이 엄격하게 실시하였는데, 특히 건강한 아들의 출산과 양육을 천직으로 삼게 하고, 남편이 전장에 나가도 뒷일을 걱정하지 않게 하는 부인이 될 것을 강조하였다. 30세가

넘으면 시민권을 획득하게 된다. 그리고 이 나이가 되면 병영에서 벗어나 자신만의 가정을 꾸리게 된다.

2) 아테네의 교육

아테네는 그리스의 폴리스들 중에 가장 대표적인 국가로서 이오니아족(Ionia)이 세운 도시국가이다. 처음 아테네는 그리스 아티카(Attica) 반도의 조그마한 사회에 지나지 않았으나, B.C. 480년경 페르시아 전쟁이 끝날 무렵에는 그리스 도시국가들 중 가장 강력한 국가가 되었으며, 문화적으로나 경제적으로 그리스의 중심이 되었다.

아테네의 교육은 주로 솔론(Solon)의 헌법을 기초로 하여 형성되었으며, 이 법에 의하면 국민의 자유와 권리가 인정되어 있었고 부모에게는 자녀교육에 대한 의무가 규정되어 있었다. 솔론은 모든 남자 아이가 수영과 읽기를 배우도록 법으로 정하였고, 그 밖에도 기존의 학교와 소년 체육관(Palestra: 씨름장)의 운영에 관한 여러 규정을 제정하여 특별히 임명된 관리로 하여금 그것을 시행하도록 했다. 스파르타의 입법자와는 달리 솔론은 그 당시 학교에서 유행하고 있는 교과나 그 당시의 교육방법에 관해서는 전혀 간섭하지 않고, 다만 학생의 연령과 등급, 등하교 시간, 학교 구역 내의 성인의 출입금지 등등만을 법률로 제정하였는데, 이 모든 것들은 대체로 학생들에 대한 도덕적 영향을 염두에 둔 것이다.

(1) 교육목적

아테네의 교육은 스파르타와 같이 사회의 일원인 시민의 양성을 목표로 하고 교육이 국가를 위한 것이라는 생각에서는 같았으나, 국가의 통제가 없었고 학교가 모두 사립이었다는 점에서는 달랐다. 그러므로 아테네인들은 시민의 양성이라는 목표를 가진 동시에 인간성의 조화로운 발전과 풍부한 교양을 지닌 자유인의 양성이라는 관점을 강조한 점에서 스파르타와 대조를 이루었다. 그들의 학교(schole)라는 말의 어원도 교양을 위한 여가라는 뜻이다.

전기 아테네의 교육목적은 국가와 사회에 유용한 개인으로서 양심이 조화적으로 발달된 인간양성이었다. 심신의 균형, 도덕적 교양, 시민적 책임 등이 자유인의 자질로서 중시되었고 이것이 바로 교육적 인간상이기도 하였다.

(2) 교육방법

1 교복의 지도

지혜로운 인간, 자유인 등이 목표였던 아테네의 교육은 스파르타와는 달리 아동 초기부터 즐겁고 안락한 가정교육으로 시작되었다. 남자 아이가 태어나면 7세까지 가정에서 교육을 받는데, 주로 노예인 교복에 의해서 양육되었다. 7세가 되면 비로소 학교교육이 시작되었는데, 소년들을 학교에 데리고 다니는 것은 노예인 교복(教僕, Paidagogos)이었다. 교복은 노예 중에서 교양이 있고 총명한 늙은 남자로 선정되며, 소년이 가는 곳은 어디든지 수행하고 소년에게 예절이나 소행을 지도하기도 했다.

2 7세에서 13세까지의 교육

7세부터 다니는 학교로서는 음악학교(Didascaleum)와 체육학교(Palaistra)가 있었는데, 음악학교에서는 독 · 서 · 산 · 서사적 시와 7개의 줄로 된 현악기를 배웠으며 주로 오전에 출석하였다. 체육학교는 달리기, 뛰기, 씨름, 창던지기 등의 육체훈련을 받는 곳으로 주로 오후에 출석하였다. 이들 학교는 모두 사립이었으며 학자금을 내고 다니게 되어 있었으나 국가의 법에 의해 통제되지는 않았다. 대부분의 자유민들은 아들을 학교에 보내었다. 학교의 연한이 정확하게 규정되어 있지는 않았으며 부유한 집 자제는 더 긴 기간 동안 교복의 보호를 받으며 취학할 수 있었다.

3 13세부터 16세까지의 교육

13세부터는 문법학교에서 3학(문법, 수사학, 변증법)과 4과(산수, 기하, 음악, 천문학)라고 하는 소위 7자유과(seven liberal arts)의 교육이 성행하게 되었다.

4 16세부터 18세까지의 교육

16세가 되면 교복의 보호에서 벗어나 김나지움(Gymnasium)이라는 공립체육학교에 들어가 체육감독관(gymnasiarch)의 지도하에 2년 간 높은 수준의 훈련과 생활습관, 애국사상의 교육을 받았다.

5 18세부터 20세까지의 교육

18세에 이르면 20세까지 부모의 보호에서 벗어나 에페베(Ephebe)에 가서 군사훈련을 받았다. 이들이 시민으로서의 신체적 · 도덕적 자질을 갖춘 것이 증명되면 자유시민의 명부에 등록되고 공공석상에서 군장을 받아 국가와 신과 민족의 도덕적 전통에 대하여 충성을 맹세하는 이른바 "에페베 선서(Ephebe Oath)"를 하고, 2년 동안 전선에 배치되는 것이었다. 20세가 되면 비로소 시민권을 얻고 자유인의 생활을 누리게 되었다. 이 에페베 선서식은 일종의 성인식과 같은 성격을 지니고 있었던 것이다.

(3) 아테네 교육의 특색

아테네 교육에서 특기할 만한 사항은 '음악'과 '체육'교육의 강조이다. 그리스어의 음악이란 말은 현재의 우리가 쓰는 개념보다 넓은 의미로 쓰였다. 즉 읽기, 쓰기를 포함한 문학 및 모든 지적인 공부를 전부 음악의 형태로 보았으며, 음악교육의 목적은 도덕교육에 있었다. 음악이 성격형성과 도덕적 · 종교적 품성을 도야하기 위한 중요한 교육과정이었던 것처럼, 체육도 같은 도덕적 목적으로 용기를 가르쳐 품성을 도야하기 위해 과해졌다. 그러나, 음악과 체육

교육은 춤과 행진을 통해 종교교육과 군사교육에서 혼합되었으며, 이것을 통하여 품성을 도야하고자 하였다. 또한, 음악교육은 시(詩)와 분리해서 생각되지 않았으며 서사시(敍事詩)가 대상이 되었다.

(4) 스파르타와 아테네의 교육제 비교

위에서 알아본 스파르타와 아테네의 교육제도는 많은 면에서 큰 차이를 보여주고 있다. 이러한 차이를 다시 정리해 보는 의미에서 다음의 표로 정리하였다.

비교 기준	스파르타 교육	아테네 교육
교육사상	군국주의, 군사주의 교육	개인주의, 자연주의 교육
교육근거	Lycurgus 법전	Solon 헌법
교육목적	국가에 충성하는 무사 양성	심신 조화된 자유시민 양성
교육내용	체육, 군사훈련 지식	자유 교양
교육방법	국가중심, 통제적	개성중심, 진보적
교육결과	군인 양성	철학자, 시인, 학자 양성

3) 소피스트의 교육

소피스트는 B.C. 5세기 후반에 지자(知者)를 뜻하며, 웅변 · 수사학 등 기타 백과전서적인 여러 가지 지식을 교수하는 직업적인 교육자 · 철학자를 총칭해서 부른 것이다.

(1) 돈 받고 가르치는 황금시장

기원전 5세기 후반에서 4세기 초에 여러 곳을 돌아다니던 수사학 교사(소피스트, Sophist)들이 본격적으로 돈을 받고 가르치는 일을 시작했다. 사실 수사학이란 민주적인 체제 하에서는 공적인 행사에 적극적으로 참여하려는 사람에게는 큰 힘을 줄 수 있는 학문으로서 당시 민주정치를 채택한 폴리스들, 그 중에서도 그리스 전체에 영향력을 행사하고 있으며, 경제적으로도 한창 번영했던 아테네에서 크게 소용이 되었다.

공적인 자리에서의 연설과 글에서의 수사법은 민주정 아래서의 정치적 기관들과 법정, 여러 종류의 제전과 시합에서 필수적인 기술이었기 때문이다. 이로 인해 당시 여러 곳에서 공부했던 수사학 교사 소피스트(Sophist)들에게 아테네는 최고의 직장을 제공해 주는 황금시장이 되었다. 이곳에서 교사들은 수사학을 배우는데 돈을 아끼지 않았던 부유한 제자들을 찾을 수 있었기 때문이다. 그들이 가르쳤던 수업의 내용은 부유층의 자제들에게 다른 사람을 접할 때 매우 유리한 상황을 만들어 주었다.

(2) 소피스트가 가르친 교육내용

그리고 소피스트들은 수사학 이외에도 국가와 사회, 언어와 인간 행동의 기준 같은 문제들에도 깊이 생각하여, 예전과는 사뭇 다른 인문학 체계의 기초를 쌓아올리게 되었다. 그리고 그들이 쌓아올린 기초 위에서 아테네를 중심으로 그리스 전체(스파르타 제외)에 교육을 위한 체계가 발전되어 퍼져 나갔다. 이에 따라 새로운 시대의 교육목적은 개인적 발전에 대한 준비였다. 다시 말하면, 아테네 청소년들의 목적은 개인적 성공이었다. 초기 아테네에 있어서 선량한 시민의 훈련과 사회적 봉사에 두었던 목적은 자기중심과 개인주의로 변하였다. 그리하여 교육은 개인적 진보와 정치적 출세에 유용한 기능을 발달시키는데 목적을 두게 된 것이다.

부유층의 아이들은 8세와 12세 사이에 자신의 집이나 교사의 집으로 가서 읽고 쓰는 법, 간단한 계산 등을 배우는 가장 기초적인 과정을 거쳤다. 그 다음으로 대개 3년 정도의 시간 동안 고전 그리스의 문학 작품들, 특히 호메로스에 대해 집중적으로 가르침을 받았다. 그리고 난 후에야 대개 학교를 세워 제자들을 가르치고 있는 수사학자들에게 가서 웅변술을 배우게 되었다.

(3) 대표적인 소피스트

기원전 4세기에 아테네에서 가장 인기가 있고 잘 알려진 수사학자는 페르시아의 위협에 대응해 그리스 전체가 힘을 모아야 한다고 주장했던 Isokrates로 그는 웅변가이자 정치평론가이기도 했다. 한편 법률과 법칙들이 절대적인 것이 아니라고 생각했던 일부 소피스트와는 달리 법률은 절대적 윤리 기준에서 나왔다고 생각한 철학자 Socrates와 그의 수제자 Platon이 있다. 흥미로운 것은 당시의 아테네 사람들이 Socrates가 소피스트 중에서 돈을 받지 않고 가르치는 유일한 사람이며 가장 심오한 주장을 펴는 사람이라고 생각했다는 점이다.

한편 Platon은 제자들과 함께 자신의 이론을 토론하는 학교인 Akademeia, 즉 아카데미를 세웠고, 이 학교는 서기 529년까지 플라톤 철학의 중심지로 남아 있었다. 그래서 Platon의 추종자들은 뒤에 아카데미 학파라고도 불리게 되었다. 그리고 Platon의 제자인 Aristoteles 역시 Lykaion이라고 불리는 학교를 세웠다. 당시의 '아카데메이아'나 'Lykaion'이라는 단어는 아테네에 있는 건물이나 장소들을 말하는 것이었다.

4) 그리스의 교육사상가

(1) Socrates

Socrates(B.C. 469~399)도 당시 소피스트의 한 사람이다. 그러나 Socrates가

다른 소피스트와 다른 점은, 그의 고결한 인격과 국가에 대한 충성심으로 성실한 인간이 걸어야 할 전형을 제시해 준데 있다. 그러므로 그의 인간됨이 단순히 지식을 파는 소피스트와는 달랐던 것이다.

그는 Platon의 스승으로서 그를 8년간 지도했으나, 소피스트와는 달리 한 푼의 보수를 받지 않고, 오로지 한 인간으로서 철인의 덕으로 가르쳤다.

Socrates도 다른 소피스트들과 마찬가지로 프로타고라스가 말한 "인간은 만물의 척도"라는 말을 가지고 사색의 출발점으로 삼았다. 그에 의하면, 인간이 만물의 척도라면 무엇보다도 자기 자신을 알아야 한다고 하였다.

1 지행합일설

Socrates에 의하면, 자신이 하려는 행동의 본질적 관념이 무엇인지를 제대로 알지 못하고 행동하기 때문에 혼란이 온다. 따라서 선의 본질은 지식이다. 이것이 있으면 선한 행위가 나온다. 즉 지행합일이다. 이러한 덕은 가르쳐질 수가 있다고 보았다.

2 교육목적론

Socrates에 의하면, 참된 것을 알면 도덕에 이를 수 있다고 한다. 그리하여 그는 지식의 보편 타당성을 주장하여 '지식은 덕이고, 덕은 지식'이라고 하였다. 즉 지식의 본질에 관한 것(진리)을 깨닫게 하고 이것을 통해 선행(도덕적 행위)을 나오게 하는 것이 교육임을 강조하였다. 따라서 Socrates가 말하는 교육목적은 진리를 인식하게 해서 도덕적 삶을 영위하게 하는데 있다.

3 교육방법론

Socrates는 진리를 발견하는 방법론을 발전시키고 있다. 즉 무지를 자각하게 하는 방법이 반어법(反語法: 상대방이 사용하는 개념이 명료하지 못하고, 그들의 주장이 논리적으로 일관성이 없도록 깨닫게 하는 것)이었고, 이 무지의 자각으로부터 출발하여 새로이 진리를 파악하는 과정이 산파술(상대방이 이미 가지고 있는 개념이나 지식을 토대로 보다 정확한 개념 정의에 이르도록 하는 도와주는 방법)이라고 하는 것이니, 이 반어법과 산파술의 양자가 곧 유명한 문답법(대화법)을 형성하게 되는 것이다.

그에 의하면, 모든 진리는 명백한 개념에 의하여 파악되어야 하는데, 그 일을 위하여서는 바른 문답법이 요구되었다. 이것은 아래와 같이 두 단계로 나누어진다. 즉

① 학습자의 무의식적 무지에서 의식적인 무지까지 이끈다.

② 의식적인 무지에서 합리적 진리로 인도하는 것이다.

이것이 오늘날도 아주 효과적인 교수법으로 사용하고 있는 유명한 '소크라테스적 방법'인 것이다.

4 교사의 역할론

Socrates가 강조한 교사의 가장 중요한 역할은 산파역할이다. 즉, 문답법을 통해 학생의 결함과 한계에 대해 질문을 함으로써 학생들이 반성적 사고를 통해 지식이 한계를 인식하고, 더 나아가 올바른 지식을 만들도록 도와주는 역할을 중요시한 것이다. 따지고 보면 교사는 학생과의 상호작용을 통해서 학생들이 진리를 정확하게 파악하게끔 산파역할을 해야 한다는 것이다.

(2) Platon

Platon(B.C. 427~347)은 젊은 청년기에 자작의 시를 가지고 경연에 출장하는 도중 Socrates를 만나 그의 간언에 따라 그 제자가 되었다. Socrates는 그를 8년간 가르쳤으나, 당대 직업적인 소피스트와는 달리 한 푼의 보수도 받지 아니하고, 오로지 한 인간으로서 철인의 덕으로 가르쳤다. Platon이 얼마나 그의 스승을 앙모하였는가 하면, 그는 "소크라테스와 같은 시대에 태어난 것을 특히 신에게 감사드린다"고까지 하였다.

그리하여 Platon은 Pythagoras학파의 수학 존중의 사상을 지니고, 그가 아카데미아를 설립했을 때도 그 입구에 "기하학을 모르는 자는 들어오지 말라"는 제명을 붙였다. 수학이 모든 학문의 기본원리가 되어야 한다는 것은 그의 『국가론』에도 나타나 있다. 그러나 피타고라스학파가 우주의 실재를 수(數)로 보았으나, Platon은 그것을 이른바 이데아(idea)에서 찾았다.

1 교육목적론

Platon은 이상국가의 건설과 정의로운 사람을 기르는데 교육의 목적이 있다. Platon의 『국가편』(Politeia)은 이상적 인간상에서 이상적 국가상을 풀어내고 있다. 이상적 인간이란 어떤 인간인가? Platon에 의하면, 그것은 이성 · 기개 · 정욕이란 3요소가 그의 인격 속에 잘 조화되어 제각기의 역할을 다하고 있는 그러한 인간이다. 이성이 그 사람의 생활 전체를 잘 조정하고 있을 때, 우리는 그를 지혜로운 사람이라고 한다. 기개가 이성을 도와서 정욕을 잘 통제하고 있을 때 우리는 그를 용기있는 사람이라고 한다. 정욕이 이성을 방해하지 않고 조용히 그 기능을 다할 때, 우리는 그를 절제있는 사람이라고 한다. 이렇게 해서 지 · 정 · 의의 조화가 잘 되고 있는 사람을 우리는 정의로운 사람이라고 말할 수 있다는 것이다.

Platon에 의하면 우주는 이데아계와 현상계가 따로 존재하며, 인간은 영혼과 육체로 되어 있다고 한다. 즉 영혼은 이성(이데아에서 옴), 육체는 기개, 욕망으로 되어 있다는 것이다.

Socrates와는 다르게 유전의 힘이 크게 작용한다고 보았다. 아동들은 출생시 부모의 계급을 그대로 물려받는데, 태어날 때부터 욕망이 큰 사람은 생산자 계급이며 기개가 강한 사람은 군인 계급, 이성의 부분이 강한 사람은 철인 계급에 속한다고 보고 있다.

그래서 욕망을 다스리는데 '절제'의 덕이 필요하고 기개를 높이려면 '용기'가 요구되고, 이성을 계발하려면 '지혜'가 필요하다고 보았다.

국가는 인간의 확대판으로 영혼에 3부분이 있듯이, 국가를 구성하는 계급 또한 3부분(생산자, 군인, 철인)이 있다. 생산자 계급은 '절제', 군인 계급은 '용기', 철인(통치자) 계급은 '지혜'가 필요하며 이러한 세 계급의 조화는 철인(지배계급)에 달려 있다는 것이다.

따라서 정치는 이상국가를 건설하기 위해서 어느 누구보다도 이성으로 무장된 철학자가 맡아야 한다는 것이다. 이것이 이른바 Platon의 철인정치이다.

이에 따라 그의 교육목적은 이상국가를 실현시키기 위해 사회 각 계급에 맞는 개인적인 능력과 자격을 발견하고 발전시키는데 있었다.

2 교육방법론

Platon은 아동들이 아직 보다 높은 수준의 이성적 삶을 위한 준비가 되어 있지 않을 때, 즉 습관의 형성을 통한 낮은 수준의 선을 형성할 필요가 있을 때 적용할 수 있는 보기를 스파르타 교육에서 찾고, 청년기의 지적 교육을 위한 보기를 아테네에서 찾아서, 이 둘을 결합함이 Platon 교육방법의 특징이다.

이상국가의 교육체제는 귀족계급에 한하였다. 생산자 계급, 즉 일반시민은 절제만 배우면 되기 때문에 교육이 필요 없다. 지배계급은 한 곳에 모아 놓고서 교육시킬 것을 강조하였다.

Platon은 그의 대표작 『공화국』과 『법률』에서 이상적 인간상을 기르기 위한 교육방법을 논하고 있으며, 이것은 근세에 이르기까지 교육과정의 원전이 되었다. Platon은 인간교육을 7단계로 나누어, 그 각 단계에서 다루어야 할 교육내용을 세밀하게 제시하고 있다.

① 첫 단계는 태교이며, 좋은 아이를 낳기 위해서는 결혼은 사회적으로 제한·통제되어야 하며, 임신 후에는 태아를 위하여 동침이 금지되어야 하며, 영양공급을 충분히 함과 동시에 음악·문학감상도 꾸준히 해야 한다고 역설하고 있다.

② 출생에서 17세까지의 제2단계는 기초 도야기이며, 따라서 독·서·산·

음악 및 체육이 주된 교육내용이 된다.

③ 17세에서 20세까지의 3단계는 체육수련 기간이며, 체육 군사학을 전수함으로써 건강한 신체를 단련하여 국가의 수호자를 만들어야 한다.

④ 20세에서 30세까지 4단계는 과학적 도야 기간인데 산수 · 기하 · 천문학 · 음악의 4학과로 대표되는 과학적 교과를 이수함으로써 철학교육의 기반을 굳혀야 한다.

⑤ 30세에서 35세까지 5단계는 철학적 도야 기간인데 문법 · 수사학 · 변증법으로 대표되는 3학과를 배움으로써 이데아 자체를 파악하게 해야 한다.

⑥ 35세에서 50세까지 6단계는 실천 · 연구 기간인데 교육 · 군사 · 정치실무에 종사함으로써 국가에 봉사해야 한다.

⑦ 50세에서부터는 은퇴 기간인데 이 때부터 비로소 공무에서 해방되어 사생활을 즐길 수 있으며, 뛰어난 자는 정치가나 원로 의원이 되어 활약하다가 은퇴하고, 이 중 국가에 공적이 많은 자는 기념비가 세워져야 한다고 논한다.

(3) Aristoteles

Aristoteles(B.C. 384~322)는 학문 전반에 걸친 백과전사적 학자로서 과학 제부분의 기초를 쌓고 논리학을 창건하기도 하였다. 트라키아의 스타게이로스에서 출생하여 Platon의 학교에서 수학하고, 왕자 시절의 알렉산더 대왕의 교육을 담당하였다.

B.C. 335년에 자신의 학교를 아테네 동부의 리케이온에 세웠는데, 이것이 페리파토스 학파(peripatetics: 소요학파 逍遙學派)의 기원이 된다. 그는 Platon의 비물체적인 이데아의 견해를 비판하고 독자적인 입장을 취하였지만, Platon의 관념론에서 완전히 벗어나지는 못하고 관념론과 유물론 사이에서 동요하였다.

1 교육목적론

Aristoteles는 교육의 목적이 행복한 생활(Eudaimonia)에 있다고 하였다. 즉 교육은 인간의 행복 증진을 그 목적으로 삼아야 한다는 것이다. 따라서 교육은 인간에게 행복을 갖게 하는 기술이라 생각하고, 교육을 통하여 모든 인간이 행복을 누릴 수 있게 될 때, 국가도 좋아질 수 있다는 귀결이 뒤따르게 된다.

그리고 그는 또한 교육은 모든 국민에게 동일한 것이어야 한다고 하였다. 그 까닭은, 한 국가의 목적은 그 정체에 따라 단일하다. 즉, 어떤 국가의 체제가 민주적이면, 그 국가의 목적 역시 민주적이다. 그러므로 민주적 정신을 함양하기 위하여는 교육 또한 민주적인 것으로 통일되어야 할 것이다. 이러한 국가적 목적 달성의 수단으로서의 "교육은 반드시 국가적 사업이어야 한다."는 것이다.

그런데 여기서 Aristoteles가 말하는 행복이란 단순히 신체적 쾌락이 아니다. 인간이 행복을 추구하는 삶의 형태에는, 첫째 쾌락을 추구하는 삶, 둘째 명예와 평판을 추구하는 삶, 셋째 선과 지혜의 삶 등 세 가지 유형이 있는데, 그에 의하면 쾌락이나, 명예와 평판보다, 선과 지혜를 추구하는 삶이 진정한 행복인 것이다. 결국 최고의 선은 우리가 추구하는 '목적'이고 또한 그것은 '유덕한' 삶이요 '이성'의 삶이요, '관조'의 삶인 것이다. 이들의 관계를 모두 동일한 것으로 규정하는 Aristoteles는 참된 행복은 곧 관조의 생활(contemplative life)에 있는 것이라고 하였다. 왜냐하면, 사색이야말로 행동의 최고의 형태이며, 어떤 행동보다도 자족적이고 영속적인 것이기 때문이다.

2 교육방법론

육체와 정신이 둘인 것처럼 정신도 비이성적 정신과 이성적 정신으로 구분된다. 발생학적으로 볼 때 육체가 정신에 선행되는 것처럼 비이성적 정신이 정신에 선행한다. 따라서 육체에 대한 훈련이 정신에 대한 교육보다 앞서고

습관에 의한 교육이 이성에 의한 교육보다 앞서야 한다는 것이 Aristoteles의 일관된 지론이다.

이런 원칙 하에서 구성된 Aristoteles의 교육 순서는 먼저 신체의 단련에서 출발하여 좋은 습관 형성 단계를 거쳐 결국 지성의 도야에 이르게 된다. 즉 처음에는 신체적 발육에서 시작하여, 다음에 습관 형성의 단계로, 그리고 마지막으로 이성의 도야 단계로 차례차례 진행된다고 보았다. 다시 말하자면 그는 7세, 14세, 21세를 심신 발육상의 변화기로 보고 이에 준하여 교육방법을 논하고 있다.

- 출생 후 7세까지는 가정교육기로서 신체적 발육에 중점을 둔 건강교육에 주력한다.
- 7세부터 14세까지는 공공교육기로서 건전한 사회 생활을 위한 습관 및 정서의 훈련을 실시한다.
- 15세에서 21세까지는 공공교육기의 계속으로서의 시민적 훈련과 이성의 도야에 중점을 둔다.

이러한 그의 단계적 교육을 학교 교육기관에 적용하여 보면 다음과 같다.

① Aristoteles는 초등학교에 있어서는 육체적 · 도덕적 습관의 훈련을, 중등학교에 있어서는 체육 · 음악 · 회화(drawing)를 통하여 정서를 도야시키도록 하고 그리고 고등교육에 있어서는 시민적 훈련과 수학 · 논리학 · 과학 등을 통해서 이성과 시민적 자질을 계발시킬 것을 주장하였다.

② Aristoteles의 교육과정을 보다 더 구체적으로 살펴보면 그는 교육의 조직이나 교육과정은 아동의 발달단계와 일치하여야 한다고 하였다.

- 가정교육기에는 동물놀이, 신체적 활동, 이야기 등으로 교육한다.
- 7세 초등학교에 입학한 이후의 아동은 14세가 될 때까지 도덕적 · 신체적 교육을 중시하여 독서, 쓰기, 체육, 음악 등을 가르치되 이론이나 법칙의 교실을 통해서가 아니라 오직 행동의 안정적인 습관을 확립함으로써만 가르쳐야 한다고 하였다.

• 15세에서 21세에 도달하기까지의 청소년들은 수학, 문학, 천문학, 음악, 문법, 시, 수사학, 윤리학, 정치학 등의 지적인 학습을 시켜야 한다고 하였다.
• 21세 이상의 청년들에게는 과학(물리학, 우주론, 생물학, 심리학), 철학(논리학과 형이상학)을 가르쳐야 한다고 하였다.

③ 학습방법으로는 직접적인 관찰법을 강조하였고 특히 경험을 중시하였으며 실제적인 지식과 원리서 도달하는 데에 귀납법을 강조하였다. 또한 그는 집단적인 교육보다 개별적인 교육이 더 좋다고 하였다. 마치 의료의 경우에도 개별적인 의료가 더 좋으며, 권투 코치가 모든 제자들에게 같은 방식으로 가르쳐 주는 법이 없듯이 교육에 있어서도 획일적인 집단교육보다 개인차 있는 개별교육의 필요성을 역설하였던 것이다.

2. 고대 로마의 교육

1) 로마문화의 특성

로마는 서양 고대사의 집약적 대성을 이룸으로써 지중해 연안의 세계 문화를 완성한 문화사적인 의의를 지니고 있다.

종전에는 로마의 문화를 그리스 문화의 단순한 모방으로 보는 경향이 강하였으나, 지금은 로마 문화에 보다 더 넓은 문화사적 의미를 부여하고 있다.

로마 문화의 전체적 특성으로 꼽을 수 있는 것은 첫째 절충적 성격인데, 로마인들은 선진 문화권이던 에트루리아인의 문화에 그리스 문화를 받아들이는 등 선행하는 모든 문화를 거의 다 흡수하여 폭과 깊이를 부여하였다.

둘째, 실용적, 실제적인 성격을 들 수 있다.

로마인들은 추상적이고 명상적인 면보다는 실용적인 토목 공법이나 의학을, 창작과 미학적인 면보다는 현실적인 과학기술과 법률을 발달시켰다.

예컨대, 로마의 외과의들은 정교한 핀셋과 수술용 기구를 사용하고, 갑상선 종양, 편도선, 결석 등의 치료에 상당한 성과를 보였으며, 제왕절개 수술도 개발하였다.

세 번째는 로마 문화의 교량적 역할을 들 수 있다. 로마에 의해 그리스 및 그 이전의 고전 문명의 '유럽화'가 달성되었다.

철학은 그리스 철학을 보존하였으며, 법개념은 오늘날까지 통용된다. 또한 라틴어는 많은 유럽 언어의 모태가 되었는데, 직접적으로 영향을 받은 이탈리아어나 프랑스어 등은 말할 것도 없고, 앵글로색슨어에서 유래된 영어도 라틴어와 깊은 관련을 갖는다.

로마의 문화유산 가운데서도, 로마의 정치제도와 로마법은 오늘날의 유럽의 정치체제에 많은 영향을 미쳤다.

또한 사회계약설, 인민 주권 개념 및 견제와 균형을 내용으로 하는 삼권분립의 원리, 법치주의 등 후세에 확립된 정치사상의 기저는 로마의 유산이다.

특히 로마의 법률은 미, 영국을 제외한 이탈리아, 프랑스, 스페인, 그리스, 일본, 스코틀랜드, 남아메리카 제국, 그리고 우리나라 등 여러 근대 국가의 법률적 기저가 되었다.

로마 문화의 특색을 대표하는 또 하나의 분야는 건축이다.

로마의 건축은 국가 생활의 표현으로서 확고한 특징을 가지고 있다.

로마는 정복자로서 그리스와 소아시아 지역으로부터 수많은 조각, 구조물, 대리석 기둥 등을 약탈하여 그들의 호화스러운 저택을 장식하였다.

공화정 초기에 제국을 에워싸고 있던 국가적 영광의 분위기 속에서, 건축 분야는 비약적인 성장과 함께 라틴적인 특징을 발전시키게 되었다.

이리하여 로마의 권력과 영광을 기념하기 위한 거대한 구조물들이 주를 이루었다.

또한 로마인들이 대규모의 토목 건축, 예컨대 도로, 교량, 댐, 저수지, 항만, 상하수도 시설 등을 축조하게 된 동기는 광범한 제국의 통치상 필요한 실용성이다.

이상과 같이 로마 문화는 정치제도, 법률, 의학, 건축 등 현실적 실용성 그리고 유용성 측면에서 그 특성을 찾아볼 수 있다.

2) 전기 공화정시대의 교육

일반적으로 로마의 교육은 B.C. 146년에 그리스 정복을 기점으로 하여, 그 이전의 교육을 공화시대의 교육, 그 이후를 제정시대의 교육이라 일컫는다. 공화시대의 교육은 로마인의 성격 그대로 나타나고 있으나, 제정시대의 교육은 그리스화한 교육으로 절충적인 교육이 되었다. 공화정시대의 교육은 전후기로 나누어 생각할 수 있다. 전기는 로마가 이태리를 평정하고 공화정부를 수립하는 시기이다.

(1) 교육목적

로마를 둘러싼 사방 산악의 약탈적인 부족들에 대한 국방상 약점이 많았기 때문에, 그들의 교육도 스파르타처럼 군사적인 면에 주력하지 않을 수 없었다. 이에 따라서 교육의 목적은 용감한 병사, 의무관념이 강한 국민을 만드는데 두었다. 이러한 사람을 그들은 좋은 사람(선인, vir bonus)이라고 불렀다.

(2) 교육내용

① 이 시기엔 십이동판법이 제정되어 가정에서 교육하는 가장 중요한 교육

내용이었다. 십이동판법(the laws of twelve tables)은 서민의 권리를 옹호하기 위해 기원전 451년에 제정되어 국민생활 전반을 규제하였다. 이 법은 부친(父親)의 권리(權利), 재산권(財産權), 종교의식, 정치적 · 군사적 의무를 규정한 로마사회의 골격이라고 할 수 있다. 이것을 광장에 게재함으로써 모든 청소년의 학습내용이 되었다.

가부장권(家父長權)에 따라 자녀의 교육 지도 · 감독 · 매각 등의 권리도 있었다. 그와 반면에 자녀교육이나 훈련에 관한 의무도 명백히 부여되어 있다. 아버지는 가정, 공공장소에서의 신이나 조상의 제사에 자녀를 동반하였고, 옛날 영웅 정치가의 찬미가를 어린이에게 들려주었고, 경작에도 어린이를 참여시켰으며 무술도 시범을 보이고 연습시켰다. 그리고 독서 · 습자 · 계산 및 법률 등 생활에 필요한 지식은 아버지가 가르쳤으며, 모방(模倣)이 중요한 방법이었고, 장래의 유능한 공민, 전사 등의 교육을 가정에 맡겼던 것이다.

② 가정교육 외에도 기원전 449년경부터 Ludus라고 부르는 초등학교가 나타나 독 · 서 · 산의 초보를 가르쳤다. 이 학교는 완전한 사립교육기관이며 가정, 시장의 네거리 등에 있는 개인의 작은 집에 설립되었다.

3) 후기 공화정시대의 교육

이 시기에는 포에니전쟁 이후 그리스적 풍습과 사상의 도입이 활발히 이루어졌다. 전쟁에서 붙잡혀온 노예들은 교사, 음악가로서 귀족가정에서 맞이하였고 그리스 문화를 로마에 전하는 중요한 역할을 하였다. 이 시기는 그리스화라는 시대의 대세를 역행할 수는 없었다. 무력으로 정복된 그리스가 그 강력한 로마를 문화적으로 정복하는 현상이 일어난 것이다.

로마시대는 공화정시대의 초기부터 있었던 Ludus라고 하는 초등학교는 이 시기에 접어들어서는 10배 정도나 많아졌으며, 교육내용은 3R'S 및 십이동판법(十二銅版法)의 암송(暗誦)이 중요시되었고, 그것을 가르치는 교사를 독서교사

(literator 또는 ludimagister)라고 불렀다. 이 시기에는 특히 산술을 중요시하여 상당히 성장한 어린이도 특별히 산술교사(calculator)에게 통학하면서 배우게 하였다.

그리이스 문화의 도입과 함께 초등교육의 교과목에도 그리스 시인의 작품이 채용되었고, 그것을 가르치기 위하여서 grammaticus 또는 literatus라고 불리는 문법교사(文法教師)가 상류 가정의 교사로서, 또는 학교교사로서 나타났다. 호메로스의 시편은 로마에 있어서도 오랫동안 중심적 교재가 되었다. 공화정 말기에 가서 종래의 초등학교 외에, 보다 정도가 높은 '문법학교'가 출현하였으며, 여기에서는 그리스 문법과 로마문법 및 그리스 · 로마의 작품이 문법교사에 의하여 교수되었다.

4) 제정시대의 교육

본래 로마는 원로원과 국민회에 의하여 유지되어 왔는데 원로원은 점점 족벌(族閥)의 독점물이 되었고, 이에 반해 국민민회를 근거로 한 자유농민이 반대세력으로서 크게 대립하였다. 몰락한 귀족은 족벌에게 매수되어 그들의 과두정치를 조장하게 되고, 그 위에 노예의 반란이 빈번하여 사회정세는 악화일로를 걸어, 드디어 Jullius Caesar(100-44 B.C.)의 군인독재를 초래하고 기원전 27년 Octabianus(63 B.C.-A.D. 14)에 의해 대제국시대로 들어갔다.

(1) 초등교육-Ludus

로마제 정당시의 교육은 중등교육 이상의 학교교육에만 치중하였기 때문에 초등교육은 공화정시대와 별 차이가 없었다. 6~7세 어린이가 입학하여 3R's와 12동판법을 주요내용으로 배웠다. 물론 이 학교는 사립임으로 학교의 유지는 수업료에 의존하였다.

(2) 중등교육-문법학교

이 학교는 Ludus를 이수한 12~14 · 5세의 소년들이 '문법학교'에 입학, 주로 문법 · 문학을 비롯하여 고등교육의 예비과정으로서 중세의 7자유과(Seven Liberal Arts)의 기초가 될 수 있는 수사학 · 산수 · 기하 · 천문학 · 음악 등 다채로운 내용을 고수하였다. '문법학교'는 그리스어 문법학교, 라틴어 문법학교로 나누어지고, 그리스어 문법학교는 동방에서, 라틴어 문법학교는 서방에서 각각 교육을 담당하였다. 이 문법학교도 사립이었으나 정부의 보조가 있었다. 이것은 당시의 정부가 문법학교를 중시하였다는 증거인 것이다.

(3) 고등교육

7자유과에 의한 예비적 교양을 거친 후 상류계급의 자제가 고등교육을 받았는데 특히 정치가를 지망한 자는 '수사학교'에서 배웠다. 교수는 이론과 실제로 나누어지고 이론교육은 유명한 시인, 역사가, 철학자의 작품을 가르치고 실제적인 면의 교수는 문학적 표현에 있었다.

수사학교 과정을 이수한 사람은 '철학학교(哲學學校)'에 진학한다. 교과목은 논리학 · 변증법 · 수학 · 물리학을 포함하고 있으며, 그 중에서도 중요한 것은 윤리학이며 스토아학파의 사상이 우세하였다.

(4) 도서관 건립

초기 도서관은 그리스에서 약탈해 온 것이었는데, 기원전 167년에 설립되었고, 그 후 라틴문예의 황금시대를 맞이하여 많은 도서관이 건립되었다. 서기 4세기 무렵에는 로마시내에만 28개의 공립도서관이 생겼다.

5) 로마시대의 교육사상가

(1) Cato

Marcus Porcius Cato(234~149 B.C.)는 국수적 반그리스주의자였으며 정치의 최고 지도자인 그는 가정교육의 중요성을 가장 강력하게 주장한 사람이었다. 당시 로마 사람은 자녀 교육을 우수한 노예인 가정교사에게 맡겼지만, 그는 노예에 아들을 맡기지 않고 스스로가 교사가 되어 독서 · 법률 · 체육을 지도하였다. 그는 위대한 로마정신의 전통을 가르치기 위하여 자신이 로마사인 『기원론』을 써서 아들에게 읽게 하였다. 그리고 그리스 학예의 감염을 막기 위하여 라틴어로 『동자훈』(童子訓)을 써서 건강, 변론, 군사, 법률 등 여러 가지 것을 간결하게 수록하여 그의 아들을 가르쳤다.

이처럼 Cato는 정치가로서, 정치와 교육에 정력적인 활동을 계속했음에도 불구하고 그리스적인 문화와 가치관은 점점 사람들의 마음 속에 스며 들어갔다. 소박하고 건전한 로마문화일지라도 매력을 주는 강력한 외래문화를 저지한다는 것은 헛수고가 되고 말았던 것이다.

(2) Cicero

Marcus Jullius Cicero(106-43 B.C.)는 로마적 성격을 그리스적 교양으로 잘 세련되게 하고자, 그리스의 학예를 전문교사에게서 배워 그 자신 속에 로마적 실천과 그리스적 이론이 잘 조화 통일되어 있었다.

그는 교육의 본질을 인간의 천부적 소질의 완성이라고 보고, 인간정신의 최고 기능은 이성에 있으며 이성의 완전한 실현이 덕(德)이라고 생각하였다. 그리하여 교육이란 이 이성을 깊이 발전시키는데 근본목적이 있다고 주장하였다.

그는 『웅변교수론』(de Institutione Oratoria)을 저술하여 웅변교육 전반을 체계적으로 설명하였다. 완전한 변론가는 동시에 선인이 되어야 하고, 다만 변론상의 특수한 재능만 지녀서는 안 되며, 인간으로서 공(公)·사(私)의 상황에서 모든 아름다움을 발휘하는 사람이 되어야 한다. 참된 변론가는 인심의 동향을 정확히 파악하여 민중을 선도하는 지식과 기능을 지녀야 한다고 그는 말하였다.

그는 조기교육론을 지지하면서 특히 강제적 방법을 금해야 하고 흥미위주로 유희적으로 배우게 하고 때로는 경쟁심, 부러워하는 마음 등을 자극하여 상을 주어 격려할 필요가 있다고 하였다. 그는 가정교육보다 학교교육을 강조하여 학교는 공동생활과 우정을 배우며 변론가의 거쳐야 할 과정으로 보았다. 그리고 사립보다 공립학교를 더 중시하고 완전한 공립학교의 체계확립을 주장하였다.

(3) Quintilian

Marcus Fabius Quintilian(35~100)은 학교의 필요성, 교사 선발의 문제, 교수의 개별화, 학습의 흥미화 등을 자세히 논하여 후세의 인문주의자(人文主義者)에게 영향을 크게 주었다.

그는 제정시대 제일가는 교육사상가이자 교육실천가로 로마 최초의 관립수사학교의 수석교사였으며 인간은 선천적으로 스스로 학습할 수 있는 능력을 타고 났으며, 이와 같은 선천적 능력을 계발하는 것을 교육으로 보았다.

그 역시 Cicero처럼 공립학교 교육과 조기교육론을 강조하였으며 가정교육보다 학교교육을 중시했다. 그리고 웅변가를 이상적으로 교육된 사람이라고 규정하였으며 연설훈련에 필요한 요소로써 ① 사물의 지식, ② 좋은 용어를 쓰고 말을 선택하는 능력, ③ 태도의 우아, ④ 역사와 법률의 지식, ⑤ 좋은 기억력, ⑥ 좋은 담화법을 구비하도록 요구했다.

3. 고대 유대인 사회의 교육

B.C. 12세기의 팔레스타인에 정착하여 사울을 초대왕으로 삼고 군주제가 시작되었으나 앗시리아에 의해 이스라엘 왕국이 멸망(B.C. 722~720)하고 유대인들이 바빌론에 포로로 잡혀간(B.C. 586) 이래 나라다운 나라를 건설하지 못하였다(그 동안 페르시아, 그리스, 로마, 아랍, 터키오스만제국, 영국 등의 지배하에 있다가 1948년 5월 14일 이스라엘 건국 선포).

바빌론에 잡혀가 있는 동안엔 정규 학교라고는 아무것도 없었으나, 예루살렘으로 귀환한 후로는 Beth Hasepher라고 불리운 초등학교를 세워 종교교육을 강조하였다(B.C. 75에서 A.D. 64 사이). 이 학교는 6세에서 10세 사이의 소년들을 교육하는 기관이었으며, 히브리 성경과 기도문 등을 가르쳤다. 성경 가운데 레위기를 맨 먼저 교과과정으로 택했었다.

법으로 각 지방, 도성에다 이러한 학교와 교사를 배치하도록 규정하였으니, 이것이 역사에 처음 보는 국민개학(國民皆學) 조치인 것이다. 그들의 목표는 회당이 있는 곳마다 학교를 세우는 것이었다. Beth Hamidrash라고 불리운 중등학교에선 율법 주석을 가르쳤으며, 이 주석은 유대 사람의 일상 생활을 규정하는 것이다. 히브리 역사와 히브리 종교의 신앙원리도 이 학교의 교과과정에 포함되어 있었다. 일반 교과과정으로 3R'S(쓰기, 읽기, 셈하기)를 가르쳤으며, 히브리 역사와 유대 율법을 가르쳤던 것이다.

유대인 회당(Synagogue)의 기원은 바빌론 포로시대로 소급한다. 이방에 포로가 되어 갔으므로 성전이 있을 리 없었다. 다만, 그들의 신앙과 도덕 생활을 지속하기 위하여 회당을 지었던 것이다. 여기서 그들은 주로 율법의 강해와 예배하는 장소로 썼으나 포로된 유대인들끼리 회합하는 공회당으로 사용되었다.

유대인의 교육은 가정교육이 터전이었으나, 공식교육은 회당에서 행하였던 것이다. 남자뿐만 아니라, 여자까지 종교적 교육과 훈련을 받아야 했으므로 역사에 처음보는 국민개학 운동이다. 회당예배는 기도, 성경읽기, 성경강해를 포함한 것이었으며, 저녁 식사를 함께 하면서 장년들을 위한 성경 공부반도 있었다. 청소년들을 위한 이 모임은 매우 중요시되었으며, 부모들은 Rabbi의 권고로 자녀들을 이 모임에 참석하도록 권유하였다. 이렇게 하여 '팔레스티나' 온 지방에 회당이 설립되어 유대 사람들의 종교와 교육활동의 중심이 되었으며, 마침내 로마제국 판도 내에도 많은 회당의 설립을 보았다.

1) 교육목적

유대인의 교육에 있어선 율법을 가르치며 율법을 준수하게 하는 것을 으뜸가는 교육목적으로 삼았다. 율법을 기초로 한 유대인의 종교교육은 그들의 생활 내용에 파고 들었으며, 어린이부터 성인에 이르기까지 일정한 방법으로 율법을 실천하였다.

2) 교육방법

(1) 율법통독

가정과 회당, 성전 등에서 율법을 낭독하는 것으로 낭독은 암기의 기초인 동시에 음률을 조정하며 종교적 감화의 첫 단계이다.

(2) 율법강해

율법을 해석해서 가르치며 그 명령에 복종할 것을 강조한다.

(3) 요절암송

중요한 절귀를 암송하게 하여 일상생활 사고에 직접 영향을 주게 한다.

(4) 율법교독

회중 일동이 중요한 절귀를 교대로 낭독한다.

(5) 문답법

교리 문답 방식으로 교수하여 기억을 돕고 생각하게 한다.

(6) 의유법

비유와 상징으로 교수한다.

제2장

중세의 교육

1. 중세교육의 사상적 배경

중세란 서로마제국이 멸망한 476년부터 동로마제국이 멸망한 1453년까지의 약 1,000년의 시기이다. 서로마제국이 게르만 민족의 대이동에 의해 멸망한 이후 유럽의 역사는 새로운 국면을 맞이하게 되었다. 이전의 로마의 통일성은 사라졌지만 민족의 대이동으로부터 내외적 통일성이 재건되었다. 이러한 문화 재건에서 기독교와 고대 그리스·로마의 문화가 중추적인 역할을 하였다. 거대하고 통일된 규범과 질서에 의해 모든 현상들이 하나의 큰 전체 속으로 편입되면서 중세의 시대적 통일성이 형성되었다. 로마의 제국적인 사상, 기독교적인 동기, 게르만 민족으로부터 전래된 관습 등에서 엄격한 계급 규정을 지닌 봉건국가가 출현하였다.

중세는 고대의 문화와 사상을 바탕으로 기독교 사상에 의해 시대적 통일성이 형성된 시기로, 모든 분야에서 단결된 요소가 등장하였다. 이러한 중세의 종교적 통일성은 교육이념과 내용의 통일성을 가져왔으며, 단일한 교육제도의 형성을 가능하게 하였다. 그리하여 중세 전반에는 기독교 교화를 목적으로 한 기독교 학교제도가 발달하였다.

중세 중반기로 접어들면서 세속적 교육이 성장하였다. 게르만 민족의 교화책으로서 Carolus대제를 중심으로 한 교육사업이 전개되었고 봉건제도와 함께 기사교육이 정비되었다. 농민계급을 위한 특별한 학교가 설립되지는 않았다. 농민계급의 자녀들은 가정 안에서 생활과업을 배웠기 때문이다. 중세 후반에 이르러 봉건제도가 붕괴되어 도시가 발달함에 따라 시민사회가 성립되었다. 이에 따라 세속 교육기관으로서 시민학교와 대학이 출현하였다.

이와 같이 중세에는 기독교가 통일성을 이룸으로써 주로 기독교적 교육이 실시되었지만, 기독교적 교육과 함께 세속적 교육도 존재했던 것이다. 물론 세속적 교육도 어느 정도까지는 기독교의 영향을 받았다고 볼 수 있다.

2. 문답학교

문답학교(Catechumental School)는 이교도의 자제가 기독교에 입교하는데 필요한 기독교 교리를 가르치는 것을 목적으로 하여 서기 2세기경 교회의 소재지에 세워진 것이다. 이 학교교육은 하나님과 예수에 대한 기초적인 교리와 기독교적 도덕의 근면과 더불어 성서 낭독, 성구필기 또는 암기와 찬송가의 초보적 연습이 행하여졌다. 이 학교의 교육방법은 문답식으로 아동을 가르쳤기 때문에 문답학교라고 한 것이다.

3. 고급문답학교

고급문답학교(Catechetical School)는 처음에는 문답학교의 교사양성학교로 출발하였으나 나중에는 신학교의 기능도 지니고 있었다. 서기 2~3세기에 걸쳐서 Alexandria나 Antiock 등지에서 설립된 바, 기독교적 입장에서 이교주의(異教主義) 문화를 포섭, 교육하였으며, 기독교도 이외의 사람에게도 문호를 개방하는 한편 신도에게 수준 높은 종합교양, 즉 그리스 철학 · 문법 · 문학 · 물리 · 지리 · 해부학 등 자연과학도 가르쳤다. 교회정치가 시작될 무렵에는 고도의 지적 훈련을 받은 성직자의 양성기관으로써 또 기독교신학, 교부철학(教父哲學)의 온상으로써 중요한 역할을 5세기 전후까지 수행하였다.

4. 본산학교

본산학교(Cathedral School, 사원학교, 감독학교로도 불리움)는 교회의 각 교구의 본산 소재지에 설립되었다. 본산학교는 4~5세기경에 발생하기 시작하여 8세기에 Karl대제의 장려로 크게 발전하였으며, 11~12세기경에 전성을 이루었으며 중세 기독교 교육기관 중에서 가장 수준이 높은 고등교육기관이었다. 교육은 성직자의 양성과 일반 귀족 자제의 교양교육에 목적이 있었다. 교육내용으로는 성경, 신학, 문법, 철학, 과학, 그리스 문예 등과 같은 고등과목이 있었다. 그런데 교부철학의 발전이 고급문답학교의 교장, 즉 교부들에 의해 이루어졌다면, 스콜라철학은 이 본산학교의 교사들에 의해 발전되었다고 볼 수 있다. 다시 말하면 이 본산학교 교사들이 기독교 교리의 이론적 기초를 마련하기 위해 성경과 그리스 철학 등을 심도 있게 연구한 결과가 스콜라 철학으로 나타났다.

중세사상의 근간이 되는 중세철학을 구분하면 교부철학과 스콜라철학으로 나누어진다. 전자는 기독교 신학의 형성시대에 교회를 육성한 아버지 역할을 한 소위 '교부'들에 의해서 논의된 철학으로서 2세기부터 7세기까지에 수립된 것이다.

기독교리의 확립은 교부 시대에 끝나고, 그 후는 주로 교리의 철학적인 체계화가 문제된다. 여기에서 스콜라철학은 교회의 교리를 합리화하는 운동으로써 시작하였다. 이에 본산학교와 수도원에서는 신학을 연구하게 되었다. 즉 성서의 내용을 학문화하여 교리를 이성적인 견해에서 체계화한 본산학교에서 주로 이루어졌다.

5. 수도원학교

1) 수도원의 생활

수도원 생활이란 홀로(alone)를 뜻하지만 그리스어의 monos에서 온 말이다. 수도원은 동방에 그의 기원이 있지만 서방에서는 529년 남이탈리아 Monte Casino 수도원장 성 Benedict(480~543)가 73개조의 법전을 제정한데서 비로소 제도화되었다. 베네딕트법전 48조에는 한가한 시간은 영혼생활의 크나 큰 적이다. 그러므로 수도승들은 수공노동이나 성경독서를 하지 않으면 안 되었다.

그 규칙은 매일 기도 7시간, 노동(농경 · 방직 · 수공 등) 7시간, 수면 7시간, 교회의 성서문학 2시간, 식사 1시간으로 규정되어 있다. Benedict 수도원 생활의 기초로서 정한 계율을 보면 다음과 같다.

> "수도승으로서 가져야 할 겸허한 몸가짐은, 마음에서 뿐만 아니라 온몸을 가지고, 그를 보는 모든 사람에게, 즉 수도원 안에서나, 정원에서나, 노상에서 혹은 전야(田野)에서 일하거나, 기도 드릴 때, 겸허함을 보여주는 것이니라……나태는 영혼의 적인 것이다. 이 때문에 수도승은 지정된 시간에 손수 노동을 해야 하며, 다른 시간에 성경을 읽어야 하느니라……"

그의 계율은 "기도하며 노동하라!(Ora et labora)"는 것으로, 이는 인류 역사상 처음으로 노동신성의 정신을 강조하는 것이었다. 또 베네딕트법전 72조에는 자기에게 제일 이롭다고 생각하는 바를 쫓지 말고 차라리 남에게 제일 좋은 일을 하라. 그들로 하여금 순진한 사랑으로, 형제다운 사랑으로 자비를 베풀도록 하라고 하고 있다. 그리하여 중세수도원은 학교 · 도서관 · 공회소 · 문학의 중심지 · 병원 등의 기관까지 담당하였다. 특히 수도원은 의료사업과 자선사업을 많이 하였으며, 또 학예의 중심이 되어 많은 학자를 낳았다.

2) 수도원학교의 교육

수도원학교는 성직자 교육에서 시작되었다. Karl대제의 교육진흥책에 의해 성황을 이루었다.

(1) 교육목적

수도원학교(Monastic School)의 교육목적은 우리의 마음과 영혼이 더 높은 생활을 하기 위하여 금욕주의 생활을 하는데 두었다. 이를 위하여 수도승들은 육체의 주장과 욕망을 부정하고, 또 현세를 부인하였다. 즉 우리의 아름다운 가정과 경제 및 정치적 국가를 부정하였다. 그래서 수도원의 교육은 이 세상에 대한 준비가 아니고 미래를 위한 준비였다. 이에 따라 수도원의 이념에는 가끔 신비주의나 초월주의의 요소가 있기도 하였다.

(2) 교육내용과 방법

학교생활은 엄격했으며 초등교과목은 라틴어의 읽기 · 쓰기 · 라틴어에 의한 기도, 사도신경암송, 필사(筆寫), 산수, 성가(聖歌)인데 특히 성가를 중시하였다. 고등교과로서는 7자유학과(3학: 문법 · 수사학 · 변증법, 4학: 산수 · 기하 · 천문학 · 음악) 외에 신학을 배우고 교수법은 훈화, 암기 등 전통적 방법에 의존하였다. 그리고 수도원학교나 사원학교는 기숙제학교(寄宿制學校)로서 교사와 학생의 직접적인 접촉을 통하여 전인격적 교육의 측면을 발견할 수 있으며, 특히 복사실을 두어 이교문화를 담고 있는 고전의 필사(筆寫)에 힘을 씀으로써 고대문화를 보존하는 데 기여를 했다고 볼 수 있다.

6. 기사의 교육

로마제국이 무너진 연후에 봉건영주의 출현으로 그의 사병으로서 기사 계급이 생겨 영주-가신-기사-농노의 4계급을 형성하였다. 기사도교육은 야만적인 기사에게 기독교 정신으로 순치시켜 기독교적 기사로서의 역할을 수행하는데 있었다.

1) 기사의 교육목적

(1) 기독교적인 무인양성

야만적 무사로 하여금 기독교적인 정신을 습득시키는데 있었다. 중세사회에 있어서 교회 밖에는 식자가 드물었다. 따라서 무사들은 문맹이고 무식하기 짝이 없었다. 이에 기사교육은 무지하고 야만적인 무사로 하여금 기독교적인 정신을 가지도록 교육하였다. 그것은 기독교적인 성자와 야만적인 무사와의 결합을 구하는 것이기도 했다.

그러나 기사의 궁극적인 교육목적은 기독교적인 무인을 양성하는데 두었음을 알 수 있다. 이 시대의 유일한 덕행은 용감이었다. 그리하여 기사의 군사적인 세 가지 미덕은 용기 · 충성 · 관용이었으며, 대사회적 미덕은 예의 · 공손 · 자비에 두었다. 이런 점에서 기사는 기독교적 무인이라고 불리운다.

(2) 봉사정신 배양

교회와 영주(군주)와 부녀자와 약자를 보호할 것을 교육하였다. 중세 무사들은 정열에 사로잡혀서 사람을 죽이고 여자를 농락하는 등 기독교적인 계율의 대부분을 범하였다. 이에 기사의 교육은 약자와 숙녀에 대한 보호와 만사에 정직할 것을 가르치고, 교회 영주(군주) 및 상사에 봉사하는 정신을 가르쳤다. 그리하여 사랑은 우선 약자와 부녀자에 대한 봉사로부터, 전쟁은 정의에 대한 능력을 중심으로 종교는 기독교에 대한 경건을 중심으로 수행되도록 했다.

2) 기사교육의 방법

(1) 가정교육

출생해서 7세까지의 교육은 가정에서 행해졌다. 이들의 가정교육은 순종의 미덕, 쾌활한 성격, 경건한 신앙심과 예의의 훈련이었다.

(2) 시동생활

7세에서 14세까지의 교육은 시동(page)으로서 궁정이나 영주 저택에 보내어져 다른 시동들과 생활하게 하였다. 때로는 영주를 모시고 여행 · 사냥 · 무술 등의 종자가 되며, 귀부인을 모시고 예절을 배워 장래에 기사가 될 기초적 훈련을 받았다.

특히 여기서는 귀부인에게 시중을 들면서 궁정 생활의 예법과 충성심 · 노래 · 무용 · 종교예식과 읽기 · 쓰기 등을 배웠다. 그 밖에 신체적 훈련으로 달리기 · 권투 · 씨름 · 말타기 · 수영 및 간단한 무기사용법을 배우도록 하였다.

(3) 시생생활

14세에서 21세까지는 시생(squire)으로 장래 기사의 경험을 쌓는다. 이 시기에는 특히 군주(영주)의 좌우에 시립하여 모든 일을 보살피는 동시에 경호를 담당하며 무사적 훈련에 정진했다. 때로는 기사의 식탁에서 봉사하고, 기사의 잠자리를 만들고, 무기를 손질하고 방패를 운반하였다.

시생으로서의 교육내용은 앞으로 기사로서 필요한 7예인 말타기 · 수영 · 활쏘기 · 검술 · 수렵 · 서양장기 · 시를 쓰고 읊는 것 그리고 음악 · 무용 등도 배웠다. 이 시기는 무술을 연마하되 거칠어서는 안 되며, 온화한 몸가짐, 부드러운 말씨에 춤을 잘 추는 수행을 쌓아야 했다. 그러나 문자교육의 학습 이외에는 지육은 거의 고려되지 않았다.

(4) 무사의 입문식

21세가 되면 예의와 전투와 경기훈련의 실력여하를 보이기 위하여 군주 혹은 교회의 지도자들 앞에서 무사입문식을 거행한다. 이런 식을 준비하기 위하여 기사후보자는 고백과 단식을 하고서 첫째로 여자와 고아를 보호할 것, 둘째로 거짓이나 남을 비방하지 않을 것, 그리고 셋째로 교회를 보호할 것을 맹세한다.

그때 군주는 엄숙한 태도로 장검을 세 번 기사의 어깨에 대고 용감한 기사가 되라고 격려해 준다. 그러면 각 교회의 종소리는 높이 울리고 나팔 소리가 들려오며, 군중의 환호성 속에 축복을 받으면서 식이 끝난다.

7. 시민계급의 교육

1) 조합제도의 발달

고대도시가 정치적 성격을 지닌데 반해서, 중세도시는 상공업을 영위하는 경제도시이며 또한 중세도시의 시민은 경제인이었다. 즉, 상인계급이 상행위를 하는 곳에는 이 상업에 필요한 부속품을 제조하는 수공업자가 모이고 또한 상인들이 모여든 곳에는 대금결재를 위하여 환전업무와 어음발행 등 초보적인 금융업도 발달되었다. 이러한 상 · 공 · 은행업자를 시민계급(Bourgeoisie) 또는 중산계급(Middle class)이라고 부르게 된다.

이들 시민계급은 자신들이 주거하는 도시의 자유와 자치권 쟁취에 앞장섬으로써 도시행정권을 장악하게 되고, 12세기 중엽에는 자치권을 획득하여 교회법에서 벗어나 독자적인 재판권(사법권)을 장악하고, 시민군을 유지하는 자치제의 기능을 수행함으로써 이른바 국가 안의 제2국가로 칭할만큼 반독립의 국가적 존재가 되었다.

그리고 이들은 동업자끼리 조합(Guild)을 만들어 그들의 이익보호와 공영을 도모했는데 이들 조합은 상인조합(Merchant Guild), 수공업조합(Craft Guild) 등이 있었다.

그리하여 신흥시민들이 원하는 교육은 종래의 수도승이나 기사들의 교육과는 다른 직업적이고 생산적인 교육을 요구하였다. 즉 길드(Guild)교육의 목적은 실사회 생활에 적용할 수 있는 교육을 목적으로 하는 직업교육이었다.

이들 시민계급의 교육은 그들의 직업을 후세대에 전수하는 데 목적을 두고 그 교육은 형식적인 학교교육과 비형식적인 도제교육(徒弟教育)으로 나누어 볼 수 있다.

① 초등수준의 학교는 영국의 조합학교(Guild School), 독일의 독일어학교(Deutsche Schule), 습자학교(Schreib Schule), 그리고 교구학교(Pfarr Schule) 등이 있어, 초보적인 3R's와 습자학교는 상업상의 편지쓰기를 배웠다.

② 중등수준의 학교는 독일의 의원학교(Rat Schule)가 있어 시의원의 예비학교이고, 영국의 대학예비학교로서 문법학교(Grammar School)와 공중학교(Public School), 그리고 독일의 라틴어학교(Latin Schule) 등이 있다.

2) 도제교육제도의 발달

13세기에서 15세기까지는 도시 상공업자들이 자제들을 위한 비형식적인 교육기관으로서 도제교육제도(apprenticeship system)가 있었다. 이 제도는 도제(견습공, apprentice) · 직공(journeyman) · 마스터(주인, master)의 세 가지 단계로 분류된다.

첫째, 10세 전후의 도제(徒弟)들은 자기가 배우고자 하는 부분의 마스터를 찾아간다. 그러면 도제는 연기봉공(年期奉公) 기간 중 그 곳에 동거하며 마스터에게 충성은 물론 기간이 끝날 때까지 봉사를 해야 한다. 그 기간 중 마스터는 그에게 기술을 가르쳐 준다. 교육기간은 구라파 각 도시가 일정치 않았으나, 영국의 경우를 보면 보통 7년이었다. 이 때에 고된 정신과 육체의 단련을 필요로 하였다.

둘째, 연기봉공을 마친 도제는 직공으로 승격한다. 이 때는 마스터에게 구속되지 아니하고, 그가 원하는 대로 이 마스터로부터 다른 마스터에게 갈 수가 있었다. 그리고 임금도 받고 자기 가정에서 다닐 수도 있었다.

때로는 직공으로서 여러 곳을 여행하면서 더 높은 기술을 습득할 뿐 아니라 앞으로 마스터가 되어 도제를 지도하는데 필요한 교양을 쌓기도 하였다. 특히 독일에서는 수년 간 각지를 편력하여 수업할 의무가 있었다.

셋째, 각 직공은 자기가 속한 마스터나 조합에 자신 있는 작품을 제출하여 마스터나 조합의 심사를 받은 다음 정식조합원으로서 마스터가 되는 것이다. 그리하여 자본을 충분히 모으면 즉시 그 자신이 걸어온 길과 같이 도제도 가르치고 직공도 둘 수 있는 사업을 시작하는 것이다.

처음에는 직공의 수도 적어서 머지 않아 마스터로서 독립할 수 있었지만 14~15세기부터 직공의 수가 늘어나고, 한편 조합의 입회조건도 엄해져, 40~50세가 되어도 마스터가 될 수 없는 직공도 적지 않았다.

이와 같이 길드사회의 성립에 따라 생긴 시민교육은 세속적 사상을 지니고 도시민들의 실생활을 위한 교육으로 실천되었다. 이에 따라 시민정신이 생기고 시민문화가 발생하게 되었다. 이러한 중세 시민사회의 도제교육은 오늘날에도 가끔 상공업 및 기술교육에서 행하여지고 있다.

8. 대학의 기원과 발달

1) 대학의 기원

대학은 중세의 본산학교(schola)에 그 기원을 두고 있다. 처음에는 이곳에서 사제 지망생들에게 교회 기도문을 읽을 수 있을 정도의 초보적인 교육을 실시했다.

1100년경의 본산학교는 스승 한 명에 10~12명 정도의 제자로 구성된 아주 작은 규모였다. 1200년쯤에 이르게 되면 학생 수와 규모가 엄청나게 성장해서 파리, 볼로냐, 옥스퍼드 등에서는 수백 명의 학생을 갖춘 학교가 생겨났다.

규모가 커지면서 학교들은 특권과 법적 보호를 보장받기 위한 제도적 장치가 필요해졌고, 이에 따라 상인과 수공업자 조합 조직을 본딴 자발적인 길드적 조직이 만들어졌다.

즉, 배우려는 학생과 가르치려는 교수들이 모여서 하나의 길드—동업조합 혹은 학교조합—를 형성하였다. 이러한 의미에서 대학의 성립은 내적으로나 외적으로 길드사회의 성립과 밀접한 관계를 가지고 있다. 이는 오늘날 우리가 쓰는 대학이란 말, 영어로 유니버시티(university)라는 말은 라틴어의 유니버시타스(universitas)에서 유래한 것을 보아도 알 수 있다. 따라서 대학의 원의는 universitas=corporation=Guild로 통한다.

이를테면, 신학이나 법학이나 의학을 가르치는 선생이 있는 곳에 학생들이 모이게 되면, 자기들의 공동 생활을 영위하기 위하여 협동체 혹은 조합을 형성하였다. 이와 같은 조합은 학생들만이 아니라 선생들도 조합을 형성하였고, 또 때로는 선생과 학생이 연합해서 하나의 조합을 형성한 일도 있다. 대학이라는 조합도 다른 길드처럼 공동 생활과 공동정신이 필요했기 때문이다.

그리하여 12~13세기에는 각 도시에 경쟁적으로 조합이 설립되고, 난립함에 따라 교황 혹은 영주들은 그 가운데서 몇 개의 길드 조직에 자치권을 부여하면서 공식화해 주었고, 이에 따라 몇몇 학교들이 '대학'(Universitas)의 지위를 얻게 되었다.

대략 볼로냐 대학은 1150년경에 대학의 지위를 얻게 되었고, 파리 대학은 1200년경, 옥스퍼드 대학은 1220년경까지 대학의 지위를 얻게 된다.

초기의 대표적인 대학 가운데 볼로냐 대학은 법학과 의학이 유명했고, 파리 대학과 옥스퍼드 대학에서는 철학 및 과학 분야에서 명성이 높았다.

중세 대학에는 신학, 법학, 의학 등 3개의 전공 학부가 있었는데, 과학은 이들 높은 전공으로 들어가기 전에 이수하는 교양학부(Arts Faculty)에서 다루어졌다.

2) 교육내용과 방법

중세대학의 일반적인 강의 용어는 라틴어였고, 교과목은 자유 7학과로서 산수 · 기하 · 음악 · 천문학 · 문법 · 수사학 · 논리학 등 교양과목을 가르쳤다. 이 자유 7학과는 오늘날 대학의 교양과목의 초석을 놓은 셈이다. 중세대학은 이와 같은 자유 7학과의 기초를 쌓은 후에 진정한 학문적 직업, 즉 법률이나 의학이나 신학(철학) 중 하나를 택하여 연구할 수 있었다.

각 학부의 수업연한은 일정치 않았으나, 대체적으로 보아 4~7, 8년이었다. 옥스퍼드대학은 4년간의 기본적인 과정(문법 · 산수 · 수사학 · 음악 등)을 마치고 적절한 시험을 거쳐서 학사학위(B.A.)를 수여하였다. 이로부터 3년간 다시 인문학 · 기하학 · 천문학 · Aristoteles의 철학(윤리학 · 형이상학 · 자연과학)을 공부함으로써 석사학위(M.A.)를 받게 되었는데, 이것도 적절한 시험을 거쳐야 하였다. 석사학위는 지적 직업에 종사할 자격을 부여하는 것이었다. 그 후 곧 박사학위가 생겼다.

그런데 중세대학은 건물이 없었다. 물론 도서관도, 실험실도, 카탈로그도 없었다. 또 건물이 없었으므로 이동에 편하였으며, 이 도시에서 저 도시로 대학을 이사하곤 하다가 점차 정주하는 대학으로 발전하였다. 이렇게 정주하게 된 데는 콜레기움(collegium), 즉 빈곤한 학생을 돕기 위한 기숙사가 생겨진 데 있다. 콜레기움이라는 말은 라틴어인데, 이는 특수한 유지가 돈을 내서 가난한 학생을 위하여 지어 놓은 무료 기숙사를 의미한다. 그러므로 학생들의 합숙소(collegium)가 현재 단과대학(collage)의 명칭이 된 것이다.

9. 중세의 교육사상가

1) Karl대제의 교육사업

Karl대제는 게르만 민족이 건설한 프랑크왕국의 황제이다. 이 프랑크왕국은 구로마제국 내의 일각에 독립된 사회조직을 구축한 것인데, 서기 800년 로마 교황 레오 Ⅲ세로부터 Karl이 왕관을 수여받고 서방과 완전히 손을 잡았다는 것은 Karl대제가 그 후 그의 위업달성을 용이하게 할 뿐만 아니라, 로마교회, 특히 그 교육문화에 있어서 바야흐로 일대 약진의 계기가 된 것이다.

Karl대제는 서기 773년 이래 그가 종종 로마를 방문할 수 있는 기회를 가질 수 있어, 장엄하고 화려한 그 문화에 매료되어 학예에 대한 열의를 갖게 되었고, 역대의 영웅으로서만이 아니고 문교의 옹호 · 장려자로서 후세에 그 이름을 떨치게 될 큰 꿈을 안게 되었다.

그는 영국으로부터는 Alcuinus를, 스페인에서는 시인 Theodulphus를 각각 초청하여 종래의 궁정학교의 철저한 개혁을 시도하고, 기존의 사원학교, 수도원학교를 강화 · 발전시켰다. 특히 Alcuinus를 성 · 마르틴 수도원장에 임명하고 기독교문화와 교육을 진작시켰으며 후에 수도원학교를 경영하게 하여 미증유의 대규모 교육활동을 전개하였다. 이 수도원의 특징은 광대한 문고를 마련 영국으로부터 많은 서적을 수집하였다. 그러므로 수도원이 고전보전의 역할을 수행하는 역사적 의의를 지니게 된 것이다.

중세사회가 폐쇄성을 면하고 지방의 특성을 유지하면서도 국제성을 유지한 것은 Karl대제의 위업 중의 하나이다. 그것은 곧 중세 사람들이 여행에 불편이 없이 지역간 이동이 왕성하였다는 것이다. 대학 발생의 전제로서 각지에서 모여든 유학생들과 도제교육에서 직인(職人)의 자유로운 여행 가능성이 그 좋은 예인 것이다.

Karl대제의 수도원장에게 보낸 「승령법규(Capituarity, 787)」는 중세의 게르만 사회에 있어서 최초의 교육령인데 그것은 곧 학문의 발전으로 문화국가 건설이라는 원대한 목적을 성취하고자 한 것이다.

대제는 서기 789년에 다시 교육을 강조하는 제2의 지시를 내렸고, 서기 800년에는 "모든 사람은 그 자제를 학교에 입학시키지 않으면 안 된다"란 포고를 발하게 되었다. 이 포고를 교육사가는 세계 최초의 보통의무교육령(普通義務教育令)으로 높이 평가하고 있다.

2) Thomas Aquinas의 교육사상

Thomas Aquinas(1225-1274)는 파리대학에서 공부하고 그 대학의 교수로서 신학을 강의한 스콜라철학자이다. 그의 대표적인 저서는 『신학대전』(Summa Theologiae)인데 이 책을 통하여 이성과 신앙의 차이를 분명히 밝히고 또한 이것을 조화시킨데 있었다.

Aquinas는 신에 대한 기독교적인 개념과 인간과 우주의 본질, 인간과 신의 관계를 다루는 기초적인 물음에 답하고자 신앙과 이성을 함께 수용하였다. 철학자요 신학자인 그는 기독교 교리와 아리스토텔레스의 철학을 이해하였고, 서양의 지성과 교육전통의 두 중요한 자원을 조화된 세계관으로 종합시키고자 시도하였다. Aquinas에 따르면 인간은 육체와 정신적 영혼을 지니고 있고, 지상에 잠깐 머무르고 있는 동안에 그들의 궁극적인 목적은 하늘에 있는 하나님과 영생의 경험을 갖는데 있다. 그는 아리스토텔레스와 같이 세계에 대한 인간의 지식은 감각에서 오며, 그것은 추리에 의하거나 개념의 형식에 의하여 완성된다고 강조하였다.

지식은 믿음과 이성이라는 두 가지 보완적인 상호작용 관계에 있다. 교육은 형식 · 비형식적인 교육이 공존하는데 비형식적 교육은 가정을 위시한 제반 기관이 담당하고, 형식적인 교육은 학교가 맡을 것으로 주장한다. 학교교육의 방법은 3단논법을 적용하여 연역적 지식을 체계적으로 축적하고 기본원리를 이해하고 적용하도록 도와 준다.

그는 『교사에 관하여』(De Magistro)란 책에서 믿음 · 사랑 · 학문과 연관된 교사의 직업을 논하고 교사는 명상적 학자, 학문의 능동적 탐구자, 자기 학문의 전문가, 인간애의 소유자가 되어야 한다고 하였다. 이것은 곧 교사는 자신의 전공교과에 능통해야 하고, 그것의 교수방법에 능하여야 한다는 것이다. 따라서 교사의 연구활동과 교수간에는 모순이 있을 수 없는 것으로 보고 있는 것이다.

제3장

근세의 교육

1. 르네상스 운동과 인문주의 교육
2. 종교개혁과 교육
3. 17세기 실학주의 교육

1. 르네상스운동과 인문주의 교육

1) 르네상스운동

14세기에서 16세기에 걸쳐 유럽사회에서는 중세사회와는 색다른 근대사회가 시작되었다. 이 새로운 시대에 크나큰 정신운동이 여러 도시에서 일어났는데, 이것을 우리는 문예부흥운동 또는 르네상스(renaissance)라고 부른다. 이 말은 본래 종교용어로서 '죽은 자의 재생(rebirth)' 또는 '부활'을 의미한다. 유럽인은 중세 1000년간의 속박에서 인간정신을 해방하여 자유로이 삶을 누리려는 것이었다.

14, 5세기경에 유럽에서는 봉건사회가 붕괴하고, 또 교회의 세력이 쇠퇴함에 따라 시민계급이 대두하였다. 이러한 시기에 새로운 문화가 일어나는 것은 당연한 일이다. 이에 이탈리아에서나 프랑스에서는 중세의 낡은 문화를 의심하고 새로운 것을 찾으려고 했다. 그것이 곧 인간개성의 자유로운 발휘와 인간정신을 해방하려는 것이었다.

이들은 중세의 중심개념을 신중심주의(thezentrismus)라 보고, 르네상스의 중심개념을 인간중심주의(homogentrism)라고 하여 중세의 봉건적 · 교권적 속박에서 벗어나 고대 그리스 · 로마의 인생관을 부활시키려고 하였다. 그리하여 이들은 중세의 신앙에서 이성, 초자연에서 자연, 신학에서 과학을 연구하는 그리스 · 로마의 모든 문화를 부흥하려 하였다.

그러므로 르네상스는 인간중심의 문화, 곧 휴머니즘(humanism)의 문화라 할 수 있다. 휴머니즘이란 '인간적인 것'을 의미한 그리스어의 'humanitas'에서 나온 말이다. 이는 인간을 궁극의 목적으로 보며, 최고의 가치라고 생각하는 이론이기도 하다. 이에 따라 르네상스 시대의 사람이 추구했던 인간관은 현실

긍정의 이념인 현세인의 긍정이었다.

2) 인문주의

르네상스운동은 인간성의 발견에 있다. 중세적 속박에서 인간정신을 해방하려는 것이었다. 이에 따라 이 시기의 교육자들도 인문주의를 적극적으로 제창하고 나섰다. 그들은 초자연보다는 인간과 세계와 자연의 심미(審美)를 예찬했다. 그리하여 그리스 사람과 로마 사람들이 부르짖은 자유교육이 부활되고 중세인들이 도외시했던 체육도 새로운 관점에서 고려되었다. 즉 "육체와 정신을 조화있게 발달시켜야 된다"는 새로운 사상이 교육에 반영되었다. 이에 따라 르네상스의 교육은 "원만한 인격을 지닌 교육인"을 만드는데 두었다.

이런 점에서 르네상스 시대의 교육을 인문주의 교육이라 부른다.

(1) 개인적 인문주의

1 교육목적

중세의 교육은 비개성적이었다. 이에 대하여 개인적 인문주의 교육은 지·덕·체의 조화적 발달에 역점을 둔 개성의 완성과 자유교육을 실시함을 교육목적으로 삼았다.

2 교육내용

- 중세학문을 지배하였던 신학 대신에 과학과 인문학과에 치중했다.
- 다방면의 흥미를 중요시하여 효과를 넓게 구성했다.

3 교육방법

- 중세와는 달리 교과서나 문헌 등이 학습경험의 유일한 자원이 되었다.

• 중세학교에서 사용하던 구두논의 대신에 논문을 쓰게 하였다.
• 교수는 주로 어학능력을 발달시키는 것을 목적으로 하여, 라틴어 · 그리스어는 산 언어(living language)로서 취급되었다.
• 억압과 체벌 대신에 개성과 흥미를 중시하였다.

(2) 사회적 인문주의

개인적 인문주의의 개인중심 교육에 비해 사회적 인문주의의 교육목적은 사회 · 종교 · 도덕의 개혁과 인간관계의 개선에 있다고 볼 수 있다. Agricola는 사회적으로 도덕적 행위를 실천하는데 교육의 목적을 두었고, Erasmus 역시 학문보다 경건을 중시하였다. 이처럼 사회적 인문주의는 도덕과 종교를 중시하여, 때로는 교회의 도덕적 부패를 통박하였기 때문에, 이것이 종교개혁의 기본동기가 되었다. 특히 Erasmus는 종교개혁의 선구자로서의 역할을 하였다.

사회적 인문주의의 교육내용은 고전과 성서문학과 어학교육에 치중했다. 어학교육으로는 그리스어 · 라틴어 · 히브리어를 중시했기 때문에, 1458년에 Paris대학에 그리스어 강좌가, 그 후에는 다시 라틴어와 히브리어 강좌도 설치되었다. 교육방법은 학습자의 흥미와 필요와 능력을 중히 여기고, 어학교육은 이중번역 방법을 사용하도록 했다.

(3) 인문주의의 공헌점

인문주의 교육의 공헌점은 중등학교를 중심으로 하는 자유교육, 즉 교양교육에 기여하였다는 것이며, 인무주의 교육을 대표하는 중등학교는 이태리의 궁정학교, 독일의 김나지움, 영국의 문법학교, 공중학교 등을 들 수 있다. 그러나 대학에서의 인문주의 교육은 17세기 무렵부터 나타났다.

3) Erasmus의 교육사상

Erasmus(1466~1536)는 사회적 인문주의의 대표적 교육사상가일 뿐 아니라, 16세기 대표적 인문주의자이다.

(1) 교육목적론

그의 아동교육의 목적은 도덕정신의 함양과 선한 생활을 하는데 두었으며 르네상스 시대에 있어서 도덕교육의 건설자이었다. 그러므로 그의 아동교육은 일찍부터 아이들을 건전한 도덕 속에서 훈련하는 일에 중점을 둔 것이라 볼 수 있다.

(2) 교육방법론

Erasmus의 교육방법은 그의 『아동의 자유교육(The Liberal Education of Children, 1592)』에서 찾아볼 수 있다.

① 체벌은 학습에 대한 동기로써 필요하지 않고, "자유인에게는 자유스러운 교육"을 해야 한다고 하였다. 그리하여 그는 회초리없는 자유교육이 참된 교육임을 주장하였다.

② 아동의 성격을 면밀히 조사 · 연구하여 개별적으로 학습을 지도할 것을 요구하였다.

③ 아동의 정신발달과 흥미에 따라 그 가르치는 교재의 분량을 정하여야 한다고 했다.

④ 서둘지 마라, 때가 오면 깨우쳐진다고 하고, 어려운 것을 꼭 다루어야 할 때에는 될 수 있는 대로 점진적으로 가능한 한 흥미있게, 다시 말해서

자연에 따르라고 했다.

⑤ 운동 · 유회 · 체조의 중요성을 강조하였다. 그리고 조기교육을 주장하면서 아동에게 미치는 교사의 영향을 생각하였다. 그에 의하면 훌륭한 교사는 순수한 책임감이 넘쳐 흐를 뿐 아니라, 아동의 개성과 특기를 살려 주어야 하는 것이었다.

2. 종교개혁과 교육

1) Luther의 종교개혁과 교육

이탈리아에서 르네상스가 일어나 학문 · 예술 · 교육 등에 새로운 기운을 불러일으키고 있었을 때, 독일에서는 또 다른 새로운 정신운동이 일어나 유럽 사람의 정신을 뒤흔들었다. 이것은 종교개혁이다. 종교개혁과 르네상스는 다 같이 중세 가톨릭교회의 권위와 속박으로부터 이탈을 지향하여 근대의 여명을 알리는 것이었다.

종교개혁의 역사학적 계기는 1517년 10월 31일 M. Luther(1483~1546)에 의해 독일 Wittenberg사원 정문에 게시된 95개 조항의 항의문이 그 발단이 되었다. 로마교회의 세속적 부패, 경제적 착취 등에 대한 Luther의 이 항의문은 삽시간에 개혁운동으로 전유럽에 퍼지게 되었다.

교황 레오 X세(Leo x)는 성 피터(St. Petter)사원 개축에 소요되는 막대한 경비조달 방책으로 면죄부(Indulgence)를 발행한 것이 직접적인 종교개혁의 도화선이 된 것이다.

Luther에 의하여 이루어진 종교개혁은 종교운동인 동시에 교육운동이기도

하였다. 이에 따라 종교개혁을 통하여 교회 자체가 교육기관으로 화하였다.

(1) 교육목적론

교육의 목적은 항상 내세의 영광에 빛나는 생활의 보증으로서 현재 생활을 경건하고 가치있게 하는데 있었다. 그러기 위해선 첫째로 가정과 교회와 국가에서의 그의 위치를 정하고, 자기가 맡은 사명을 담당할 수 있는 유용한 인간으로 개개학생을 부양하고 훈련시키기 위한 일과, 둘째로 성품을 도야하는 일과 가정과 교회와 국가를 위하여 각자가 지닌 상이한 기능을 활용하는데 있다고 보았다.

(2) 교육방법론

1 의무교육 강조

Luther는 전국민 취학을 실현시키기 위하여 모든 도시와 농촌에 훌륭한 초등학교를 세우도록 국가로 하여금 강제성을 발표할 것을 강조하였다.

그러므로 Luther는 의무교육을 주장한 최초의 현대교육 개혁자로서 인정을 받아야 할 것이다.

2 근로교육 강조

Luther는 노동 또는 직업교육 등 근로교육을 중시하고 학습과 실습은 병행해야 한다고 하였다. 그래서 아이들로 하여금 매일 한두 시간 학교에서 공부를 하고 나머지는 집에 돌아가서 장사나 가사를 도와주는 것을 이상으로 삼았다.

3 체벌반대

그는 신앙의 자유에 따라서 인간의 자유를 중요시한 결과, 엄격한 체벌과 훈련을 배제하고, 학생들로 하여금 즐거운 분위기에서 공부하도록 하였다.

- 체벌을 삼가야 한다.
- 교실은 매력이 있고 공부를 유쾌히 하도록 마련되어야 한다.
- 실례와 본보기의 모범은 어떤 언어나 권고보다도 훌륭하다. 따라서 부모나 교사들은 이와 같은 원리를 명심해야 한다.

4 음악교육 중시

Luther는 라틴어 · 그리스어 · 히브리어 · 수사학 · 문법 · 변증법(논리학) · 역사 · 과학 · 수학 · 음악 · 문학 · 체조 등을 강조했다. 이 중에서도 그는 교양과목으로써 문법 · 수사학 · 논리학 · 수학 · 음악을 중히 여겼다.

특히 Luther의 음악에 대한 열성은 종교음악을 학교의 중요한 흥미있는 과목으로 만들었다. 그러므로 독일국민의 음악 애호에 대한 공적은 마땅히 Luther에게 돌아가야 할 것이다.

2) 가톨릭의 교육운동

종교개혁 이후 신교(개신교)가 날로 그 세력을 확충해 나간 것을 본 Catholic은 이와 경쟁하여 가톨릭의 교세를 키워 나가기 위하여 가톨릭의 교단들이 교육운동에 착수하게 되었는데 이를 뒷받침해 주었던 것이 1545년 교황이 주재한 트린트(Trient) 종교회의이다.

트린트회의는 가톨릭교회의 자성과 신교에 대처할 길을 모색한 나머지 반종교개혁 운동의 일환으로서 교육사업을 전개하기로 합의를 보았다. 그 대표적인 교단의 교육사업은 다음과 같다.

(1) Jesuit교단의 교육

Jesuit교단은 1534년 Loyola신부에 의해 설립되었다.

1 교육목적

제슈잇교단의 교육목적은 중등 이상의 교육을 통하여 가톨릭교회의 신앙심을 발달시키는 지도자를 양성하는 것을 목적으로 하였다.

2 교육제도와 교육내용

교육제도는 하급과(Studio Inferiora)와 상급과(Studio Superiora)로 구분하고, 하급과는 5~6년간의 중등과정이고 상급과는 대학으로서 7~9년간이 소요된다.

하급과에서 라틴어 · 그리스어 · 역사 · 고전문학 · 수사학을 이수하여 상급과의 철학부에 입학하여, 논리학 · 형이상학 · 심리학 · 수학 · 기하학 · 미적분 · 자연과학(천문학 · 지질학 · 생리학 등)을 3년간 배워 석사학위(Master of Arts)를 얻어 중등교사 자격을 갖게 된다.

철학부를 이수한 사람은 신학부에서 4년간 신 · 구약, 히브리어 · 교회사 · 교회법 · 동양어 등을 배우고 2년간의 신학박사과정을 이수한 후, 연구논문을 제출하고 공개시험에 합격하면 신학박사(Doctor of Divinity) 학위를 얻게 된다.

3 교육방법

교육방법 역시 여러 가지 점에서 신교의 학교에서 사용된 것보다 우수하였다. 그것은 그 시대 어떤 교수법보다도 월등한 것이었으며, 현대 교수방법에서도 주목할 가치가 있다.

첫째, 강의와 반복연습의 두 단계를 실시하였다. 강의는 사실상 학과수업 할당이었다. 그 단계적인 과정은 다음과 같다.

① 학과의 일반적인 의의 설명
② 문장론과 문법 설명
③ 역사적 · 지리적 · 문화적 기타 인유법 설명
④ 수사법 요지 설명

⑤ 도덕적 교훈 설명

그리고서는 반복연습을 하고 매주 · 매월 · 매년 시험을 시행하였다. “복습은 공부의 어머니”라는 것이 그들의 표어였다.

둘째, 훌륭한 태도교육을 실시하기 위하여 기사도적인 운동 · 게임 및 연주를 시켰다.

셋째, 학생의 개인적 능력을 존중하면서 군대교육과 같이 상벌제를 만들어 학생들에게 고도의 경쟁심을 불어넣어 주었다. 이것은 학생간의 경쟁은 물론이고, 학급은 학급대로 다른 학급과 경쟁을 시켰다.

Royola도 역시 그 나름대로의 교육방법을 전개하고 있다.

첫째로 자발성과 훈련을 강조하고,

둘째로 학습에 있어서 실습 · 효력의 지속 · 반복을 주장하였다. 이 원리는 주요한 학습경험을 계속적으로 반복함으로써 그 효과를 얻자는 것이다.

셋째로 그는 학문적 논쟁을 기르기 위하여 Socrates의 대화법을 중시하였다.

넷째로 학생들에게 표현력을 향상시키기 위하여 유희나 극이 필요하다고 하였다.

제슈잇교단은 이러한 교육목적과 제도와 내용과 방법을 가지고 가톨릭 국가의 어느 곳에도 교육의 위대한 지배자가 되었다. 스페인 · 오스트리아 · 남부 독일에 있어서도 그들은 중등교육을 지배하였다. 또 17세기 및 18세기 전반의 프랑스에 있어서도 교육은 그들이 지배하는 바가 되었다. 그리고 교단의 신부들은 아시아 · 아프리카 · 아메리카 여러 나라에서 우수한 선교사로 활동하였다.

그들은 인문학이나 자연과학의 어떤 방면 특히 천문학에 관심을 가지고 있었으므로 학문에 대해서도 공헌한 바가 컸다. 교단의 교육활동이 18세기 초두에는 그 절정에 달했다.

(2) 기독교형제단의 교육

기독교형제단(The Christian Brethren)은 La Salle에 의하여 1684년에 창설되었으며, 빈민교육이나 초등교육에 역점을 두었다. 이 학교에선 수업료를 받지 않았으며 능력별 학급편성, 국어교수, 일제학습 등을 그 특색으로 하였다. 이 학교는 프랑스 혁명 당시까지 550교에 학생은 36,000명에 달하였다. 그리고 1685년에는 교사양성소를 세워 교원양성에도 힘을 기울였다.

(3) 잔센교단(Jansenists)

Jansen에 의하여 창설된 이 학교는 합리주의 철학에 따라 이성을 존중하고, 교육내용은 신학상의 자유와 융통성을 인정하였고, 라틴어보다 국어 · 근대외국어 · 역사 · 지리 · 물리 · 화학 등을 우선하였으며 미술 · 음악 · 승마 · 무용 등도 가르쳤다.

교육방법은 학급담임제와, 개성에 따른 자유방임인정, 체벌금지, 흥미환기, 상벌에 의한 훈련으로 학습의 효과를 거두었다. 이 교단도 프랑스 중등교육을 지배하다가 혁명당시엔 해체되었다가 1854년에 재개되었다.

Jansen파는 성서 및 St. Augustinus에 의한 원죄와 구원설에 따라서 인간을 악으로부터 도덕적 · 종교적 환경에 의해 보호할 것을 주장하였다. 그리고 사랑의 원리에 의하여 벌을 금지하고 훈계를 적게 하며 관용의 정신에 따라 기도를 많이 할 것을 교육의 격률로 삼았다. Descartes 철학에 따라 이성을 존중하고 국어 및 고전의 주석을 고전어보다 우선하였다.

3. 17세기 실학주의 교육

1) 실학주의 교육의 배경과 특색

(1) 실학주의의 사상적 배경

'과학의 세기'라고 불리워지는 17세기에 처음으로 참다운 과학적 방법이 수립되었는데, 그 이론적 기초를 제공했던 것은 F. Bacon과 Descartes였다. Bacon에 의하면 진리를 탐구하고 발견하는 데는 오직 두 가지 방법이 있고 또한 가능할 뿐이다. 연역법은 감각과 특수한 것을 무시하고 가장 일반적인 공리에 집착하여 그 진실성을 고정된 부동의 것이라고 생각하는 원리로부터 출발하여 단정을 내리고 중간적인 공리를 발견하려고 한다. 현재 유행되고 있는 것은 바로 이 방법이다. 귀납법은 감각과 특수한 것으로부터 공리를 끄집어 내며, 점차적인 중단되지 않는 상승의 길을 걸어 맨 마지막에 가장 일반적인 공리에 도달한다. 이것이 진정한 방법이나 아직 사용되지 않고 있다(the great instauration)고 하였다.

Bacon의 귀납법의 강조는 근대과학을 발전의 궤도에 올려놓은데 커다란 도움이 되었다. 이 방법에 따라 17세기는 새로운 도구의 발명은 물론이고, 물리학과 수학이 커다란 진보를 하였다.

(2) 실학주의 교육의 특색

실학주의의 교육철학을 살펴보면 경험적 사물을 중히 여김과 동시에 자국어를 존중하는 기운이 생겨서 라틴어 대신에 국어를 많이 사용하였다. 이것은 16세기 인문주의자들의 언어주의 폐해에 대한 수정이기도 하였다. 실학주의교육의 특색을 들면 다음과 같다.

첫째, 실용성 · 실천성을 교육의 궁극적인 목표로 삼았다. 이에 따라 구체적 사물과 실용적 지식을 존중하였다.

둘째, 16세기까지의 신학과 고전어 및 고전중심의 교육과정에서 자연과학 · 근대외국어 · 모국어 등의 교육과정을 중시하였다.

셋째, 교육방법으로서는 암기나 기억보다 이해와 경험을 요구하였고, 새 교수법으로 시청각교육이 중시되었다. 즉 모든 지식은 우리의 오관을 통해야만 된다고 보았다.

위에서 보는 바와 같이 실학주의(realism)의 표어는 "언어 이전에 사물(things before words)"이다. 따라서 교육의 궁극적인 목적도 실생활이나 사물을 통하여 우리에게 필요한 지식을 가르침으로써 유능한 인물을 양성하려고 하였다.

2) 인문적 실학주의 교육

(1) 교육목적론

인문적 실학주의 교육의 목적은 미래 생활에 대한 준비가 아니라 현세계의 실제 생활을 준비하는데 있다. 즉 이 사상은 고전작품에서 실제생활에 필요한 지식을 배우자는 입장이다. 스페인의 Vives는 인간복리를 위해 지식을 사용하는 인간을, 프랑스의 Rabelais는 기예와 산업에 능한 인간을, 영국의 J. Milton은 평화시대나 전시에 모든 공사의 직무를 정당하고 올바르게 수행하는 인간을 배양하는데 교육목적을 두고 있다.

(2) 교육내용

인문적 실학주의의 교육내용은 그리스 · 로마의 고전을 중요시한 점에 있어서는 르네상스의 인문주의와 같았다. 그러나 이들 인문적 실학주의 교육은 낡은 문법적 · 형식적 언어교육에만 사로잡히지 않고, 고전의 중심사상을 그 내용으로 삼아, 이것을 배워서는 다시 우리 실생활에 사용코자 하였다.

이 인문적 실학주의는 실학주의 교육의 효시 역할을 하였다고 볼 수 있다. 그러나 그들의 교육은 교육내용과 방법에 있어서 인문주의적이지만 목적은 실학적이었다.

3) 사회적 실학주의 교육

(1) 교육목적론

사회적 실학주의(social realism)는 고전을 통한 교육을 경시하고 사회생활의 경험을 중시하였다. 이에 따라 교육적 효과로 사교나 여행을 강조하였는데, 대표적인 교육사상가로는 Michel de Montaigne(1533~1592)를 들 수 있다. 사회적 실학주의자들에게 있어선 소위 '현실적 인간'의 이상은 '신사'란 명칭으로 상징되었다.

신사, 즉 '세정에 뛰어난 인간(man of the world)'을 발달시킨 데서 교육의 목적을 찾았다. 그들에 의하면, 이러한 교육은 서적에 의하기보다 인간과 직접 접촉함으로써 사회적 활동에 의하여 얻을 수 있다고 한다.

이에 따라 사회적 실학주의의 교육목적은 학자 양성을 위함도 아니고, 도덕가 훈련을 위함도 아니고, 직업인을 만드는 것도 아니었다. 오로지 귀족청년들로 하여금 세상에서 신사의 생활을 준비하도록 하는데 있었다. 다시 말하면 현실세계에서 처신할 줄 아는 신사를 만드는데 두었다.

그들에 의하면 교육이란 전문가를 양성하기보다는 인간을 도야하는 것이었다. 특히 Montaigne는 교육이라는 것은 전문가보다 인간을 만드는 기술이라고 하였다.

(2) 교육내용 및 방법론

사회적 실학주의의 교육내용은 고전학습보다 현대학습을 중히 여겼다. 특히 Montaigne는 신사를 양성하는데, 어학 · 현대어 · 역사 · 철학 · 여행 · 사회접촉 · 체육이 중요하다고 하였다. 그에 의하면 체육은 건전한 정신의 기초라고 믿었고, 역사는 과거 타인의 경험의 연구로써 공부해야 하며, 철학은 인간행위와 인간의 임무를 연구하는 것으로 필요하다고 하였다. 어학에 있어서는 고전어보다 현대어를 요구하였고, 그리고 여행은 신사, 즉 '세정(世情)에 뛰어난 인간'을 만드는데 필요하다고 하였다.

이와 같이 Montaigne는 언어주의의 맹점을 피할 뿐 아니라 교육목표로서 여행이나 사회적인 접촉을 추가함으로써 교육의 목적을 보다 현실화하려고 했다.

Montaigne는 단순한 기억중심의 학습보다 이해와 판단중심의 학습을 강조하였으며 교육현장에서의 강제와 폭력을 배격하였다.

4) 감각적 실학주의 교육

감각적 실학주의(sense or scientific realism)는 앞서 말한 과학자들이 만들어 놓은 자연과학의 지식과 연구방법을 교육에 도입하였다. 그러므로 교육에 있어서의 실학주의 운동의 결정이 감각적 실학주의자의 사상에서 발견되는 것이다. 이들은 감각적 지각을 자극하는 구체적인 사물은 물론이고, 때로는 자연과학의 지식과 연구방법을 교육에 도입하여 인간생활의 향상을 꾀하고자 하였다.

이런 면에서 감각적 실학주의를 과학적 실학주의(scientific realism)라고도 부른다. 이것이 교육에 있어서 과학운동의 시작이다. 어떤 의미에서 감각적 실학주의는 19세기와 20세기의 과학시대를 예견하였던 것이다. 그 대표적인 교육사상가로 F. Bacon(1561~1626), R. Mulcaster(1531~1611), Wolfgang Ratke (1571~1635), J. A. Comenius(1592~1670) 등이다.

(1) 교육목적론

교육은 인간이 사물의 지배력을 가지도록 하고 과학적 지식의 이용에 의한 인간의 힘을 증진시키는데 목적이 있다. 즉, 감각적 실학주의는 자연에서 생활의 실제를 배우고자 하는 사상으로서, 자연과학적 지식과 연구방법을 교육에 도입, 과학적 지식을 배워 인력을 증진하고 나아가서 모든 진리의 교수로 합리적인 사회 건설에 교육목적을 두고 있다.

(2) 교육내용

감각적 실학주의의 교육내용도 스콜라주의 · 인문주의 교육의 비현실적인 개념이나 관념 대신에 자국어 · 자연과학 · 사회과학의 실제적인 부분을 중시했다. 자연과학에 관해서 Bacon은 자연에 관한 지식만이 참다운 지식이며, 이 지식만을 학교에서 가르칠 가치가 있다고 하였다.

따라서 그에게 교육의 가장 중요한 학과목은 과학이었다.

(3) 교육방법

감각적 실학주의의 교육방법은 심리학적 · 과학적인 토대 위에 감각을 통한 학습을 제창하였다. 즉 동물원 · 식물원 · 표본 · 그림 · 사진 · 지도 · 지구의 등의 새로운 도구가 교육방법에 이용되었다. 즉, 참지식은 실물과 그림과 표본에서 얻을 수 있다고 하였다.

① John Locke는 감각 인상이 학문의 기초를 형성하는 것이므로, 감각적 훈련이 중요한 것이라고 하였다.
② Comenius는 직관의 원리에 의하여 그림을 삽입한 교과서로 『세계도회(Orbis Sensualum Pictus)』를 저술하여 실물관찰주의의 학습을 중시했다.
③ Bacon는 귀납법(Induction)을 매우 중시했다.

5) Ratke의 교육방법론

① 먼저 사물의 형체를 알린 후에 사물에 대한 지식을 가르쳐야 한다(직관의 원리: 언어 이전에 사물, things before words).
② 교수는 자연법칙에 합치되어야 하기 때문에, 인간의 교육도 자연의 순서에 따라 학습하지 않으면 안 된다.
③ 한번에 많은 것을 교수하지 말고, 한 가지씩 가르쳐야 한다.
④ 한번 가르친 것을 반복 연습시켜야 한다.
⑤ 모든 지식은 감각을 통하여 습득되어야 한다.
⑥ 학습은 우선 자국어로 해야 한다.
⑦ 교재를 이해하기 전에 암기를 시켜서는 안 된다.
⑧ 교재는 쉬운 것부터 어려운 순서로 다루어야 한다.
⑨ 유사한 학과는 동일한 방법으로 가르쳐야 한다.
⑩ 강제적인 교수는 피하여야 한다.
⑪ 정의 · 법칙은 개개의 예를 들어 설명해야 한다.
⑫ 남학생의 교육은 남자교사가 좋으며, 여학생의 교육은 여자교사가 담당해야 한다.
⑬ 학습은 귀납법과 실험을 통해서 하는 것이 좋다고 하였다.

6) Comenius의 교육사상

(1) 교육목적론

Comenius는 그의 저서 『대교수학(Didactia Magna)』에서 박식하고 유덕하며 또한 경건한 인간상을 인간으로 보고, 교육의 목적을 이러한 지덕신이 조화가 된 인간을 기르는데 있다고 하였다.

(2) 교육제도와 교육내용론

1 영아기를 위한 어머니의 무릎학교(school of the mother knee)

교육은 출생과 동시에 시작하는 것이므로, 최초의 6년은 가정 또는 어머니의 무릎에서 시작한다. 어머니의 무릎학교에서는 건강의 양호, 일상의 언어 · 도덕 및 신앙의 기초, 자연계의 사실과 진리를 배운다.

2 아동기를 위한 자국어 학교(vernacular elementary school, 6~12세)

그는 모든 아동들에게 자국어의 교육을 시킬 것을 주장하였다. Erasmus는 국어를 멸시했지만, Comenius는 국어의 가치를 확신하였다. 자국어 다음으로 종교 · 산수 · 역사 · 지리 · 미술 · 물리를 가르치도록 하였다.

3 소년기를 위한 라틴어학교(latin school, 12~18세)

라틴어학교의 목적은 고대에서 수집한 지식을 이해 판단하도록 소년을 훈련시키는 것이었다. 그리하여 어학교육으로 자국어 · 라틴어 · 그리스어 · 히브리어를 가르쳤다. 그리고는 교육과정에 7자유학과(문법 · 수사학 · 변증법 · 산수 · 기하 · 천문학 · 음악)와 물리학 · 지리학 · 역사학 · 도덕 · 종교를 두었다.

4 **청년기를 위한 대학**(university, 18~24세)

각 도(province)에 설립되는 것이었다. 대학은 자기의 전공분야인 신학 · 철학 · 법학 · 의학 뿐만 아니라, 모든 방면의 지식을 제공하도록 했다. 특히 여행과 고전을 중시했다.

이외에도 Comenius는 각급학교에 수공 · 공업기술 · 유희활동을 교육과정에 넣을 것을 주장하였다. 그러므로 위에서 말한 Comenius의 교육내용을 요약하면, 언어 · 종교 · 도덕 · 자연과학 · 기예 등의 다섯 가지 영역으로 분류할 수 있다. 그리하여 그는 백과전서적인 입장에서 이 광범한 지식의 내용을 전부 가르치려고 하였다.

(3) 교육방법론

Comenius는 『대교수학』이란 책을 저작함으로써 교육방법의 쇄신에 크게 공헌한 사람이다. 그에 의하면, 교재는 연령에 맞추어 배열하고, 아동의 이해력을 무시하지 않도록 개개 사물의 지식을 먼저, 체계는 나중에, 일정시간에는 한 가지 교과만을 배우도록, 교재는 학년별 · 월별 · 일별 · 시간별로 구분지우고, 쉬운 것에서 어려운 것으로 점진적으로 교재를 배열해야 한다는 것이다.

이를 정리하기 위해서는, ① 커리큘럼 편성의 계획화의 요청, ② 교재의 선택과 배열의 원리, ③ 방법의 원리 등의 3단계로 나눈다.

방법의 원리에 있어서는 ⓐ 방법의 통일성 필요, ⓑ 자발성의 원리, ⓒ 직관의 원리, ⓓ 이행선행의 원리 등이 주요 원리가 된다.

자발성의 원리에 있어서는 "무엇이든지 권위에 의해서 가르쳐서는 안 된다"라고 했으며, 직관의 원리에 있어서도 "모든 것을 감각의 실증에 의해서 가르쳐라"라고 하였다. 이 원리에 의해서 저작된 책이 『세계도회(Orbius Pictus)』이다. 이 책은 책 속에 그림이 처음 삽입되었다고 해서 시청각 교육의 효시라고도 평가된다.

제4장

근대의 교육

1. 18세기 계몽주의 교육
2. 18세기 자연주의 교육
3. 19세기 국가주의 교육
4. 산업혁명기의 영국의 교육
5. 19세기의 계발주의 교육
6. 19세기에서 주목해야 할 교육사상가

1. 18세기의 계몽주의 교육

1) 계몽주의의 사상적 배경

전통의 속박으로부터 벗어나 자유로운 지식을 보급시키고, 사회를 무지한 상태로부터 탈각시키려 했던 합리주의적인 근세 유럽사상을 우리는 계몽사상 또는 계몽사조라고 부른다.

따라서 모든 전통이나 구속에서 벗어나 편견이나 미신 등의 선입관념에 사로잡히지 않는, 자유로운 지식을 중시하는 사조는 일반적으로 개인의 자연적 이성을 존중한다. 그러기에 편견이나 미신과 같은 타율적 지식을 타도하는 것은 자율적인 이성의 힘으로 해야 한다. 그러므로 18세기는 모든 것을 이성에 비추어 판단하려고 하는 합리주의적인 경향을 갖고 있다.

그것은 이성의 빛에 비추어, 모든 제도 및 관습 안에 있는 비합리적인 것, 몽매한 것을 철저하게 비판하며, 그들을 배제하려는 비판적 정신이었다. 또한 그것은 인간이성에 절대의 신뢰를 두고, 인간의 미래의 진보에 대해서 낙천적 견해를 갖는 진보의 사상이었다.

이 사조는 18세기의 유럽을 지배한 사상으로, 자유롭게 자각된 개인과 이성 및 지성존중의 정신을 전제조건으로 했고, 지식의 근원을 "책에서가 아니라 자연에서, 전통에서가 아니라 경험을 통해서, 고전에서가 아니라 관찰과 실험을 통해서" 구해야 한다고 주장한 F. Bacon으로 발단, J. Locke에 의해서 배양되어 유럽 각국에 퍼져, 18세기에 절정을 이루었던 광범한 사상적 운동이며 사회운동이었다.

2) 계몽주의 교육의 목적과 내용

계몽사조의 주류는 합리주의 정신과 인간의 이성에 두었기 때문에 교육의 목적 역시 여기에 부합된 것이었다.

첫째, 인간이성의 자유를 속박하는 종교 · 정치 · 사회의 모든 권위적 구속을 제거하는데 그 목적을 두었다. 다시 말하면 인간이 스스로 생각하고 모든 사물을 그들 자신의 이성의 힘으로 판단할 수 있게 하는데 목적을 둔 것이다.

둘째, 개인의 입장을 주로 하여 개성을 존중하는 풍조가 생겼고, 경험을 존중하고 사실에 입각하는 교육을 중히 여겼다. 그리하여 교사의 계몽사조에 의한 자각이 촉구되었고, 아동의 개성을 존중하고, 초자연적으로 교육할 것이 요구되었다.

이러한 목적을 달성하기 위한 교육내용은 합리적인 것만으로 구성하여 철학이 가장 가치 있는 교과목으로 인정되었다. 즉 철학 · 자연과학 · 정치 · 경제 · 미술 · 문학 · 사교상의 예법 등에 치중했다. 특히 대학에서는 철학과 자연과학적 지식이 중요한 위치를 차지하게 되었다.

이와 같이 18세기의 계몽사조는 영국의 Locke에 시작되어 G. Berkeley, D. Hume의 경험론적 사조로서 발달되었는데, 그것이 대륙에 전파되어 합리론과 결탁되어 발전하였다.

3) Locke의 계몽주의 교육사상

John Locke(1632~1704)는 영국의 경험주의 철학자 · 정치학자 · 경제학자 · 의사이면서 또한 교육철학자이다.

그는 1693년 『교육에 대한 고찰(Some Thoughts Concerning Education)』이란 저서를 낸 바, 이 책의 내용은 체육론 · 덕육론 · 지육론 · 속지육론의 4부로 구성되어 있다.

(1) 교육목적론

Locke의 교육목적은 영국의 전통에 따라 유용한 신사를 양성함에 두었다. 신사가 구비해야 할 기본적인 요소는 그의 『교육에 대한 고찰』의 순서에 따라 ① 신체적, ② 도덕적, ③ 지적인 여러 면을 갖추는 것이었다. 그가 체육을 제일 먼저 제기한 것은 어려서 어머니를 잃고, 그 후 30세에 아버지와 하나 밖에 없는 동생마저 잃었으며, 그 자신도 일생동안 몸이 무척 약하였기 때문이다. 또 다른 하나의 이유는 그가 의사였기 때문이기도 하다.

첫째, 체육론을 살펴보면 그의 표어는 “건전한 신체에 건전한 정신(sound mind a sound body)”에 있었다.

둘째, 덕육론(德育論)을 살펴보면 덕육의 목적은 자신의 욕망을 억제하고 이성에 따라 행동해야 하는데 있다. 즉 의지의 도야에 중점을 두어 정욕을 억제하고 아동에게 자연으로부터 주어진 도리에 합치되는 행동을 할 수 있도록 하는데 두었다.

셋째, 지육론을 살펴보면 위에 말한 이러한 마음의 단련이 이루어진 뒤에 지식교육을 주는 것이 옳다고 했다. 지식의 교육도 재래와 같이 고전에 편중됨을 배척했다. 그리하여 그는 주지주의(主知主義)에 대하여 경멸하는 태도를 보이고 서적의 학습을 거부하였다. 왜냐하면 학식이 풍부한 사람이라도 덕이 없으면 사회적으로 존경을 받지 못하기 때문이다.

Locke에 의하면 지육의 목적은 다만 신사에 필요한 교양을 의미한다. 즉 미덕(virtue) · 지혜(wisdom) · 품행(breeding) 정도를 말한다. 그러므로 그에 있어서의 지식은 오직 덕을 높일 수 있는 수단에 지나지 못하였다.

(2) 지식교육론

지육일반에 대한 교육내용을 보면 모국어인 영어를 읽고, 쓸 수 있는 가치를 강조하였다. 그 다음으로는 프랑스어 · 라틴어 · 미술 · 지리 · 역사 · 수학 · 박물 · 자연철학 · 의학 · 수사학 · 논리학, 그리고 무용 · 취미 · 오락 · 여행 등과 같은 실제적 학과목을 부과할 것을 시사하였다. 그에 의하면 이와 같은 백과전서적인 학과목은 모두가 신사를 양성하는 데 필요한 것이라 하였다.

(3) 심의론(心意論)

그는 『인간오성론(An Essay Concerning Human Understanding, 1690)』에서 선천적 관념의 존재를 부인하고 있다. 그는 아동의 마음은 출생시의 백지(tabula rasa)와 같다는 것을 믿었다. 즉 마음의 본래 상태는 아무 성질도 관념도 없는, 또 아무것도 쓰여 있지 않는 석판(石版)과 같은 것이라고 보았다.

그러면 마음이란 아무것도 씌어 있지 않고, 어떠한 생각도 들어 있지 않는 백지라고 하자. 어떻게 하여 이 백지에 글자가 쓰여지고 생각이 들어 가게 되는가. 그는 이에 대답을 한 마디로 경험으로부터라고 한다. 모든 경험은 그 백지 위에 기록을 남긴다. 그리고 모든 지식이나 경험은 감각에서 온다.

그에 의하면 감각을 통하여 지식이 생기고, 바른 지식이 쌓여지면 이성이 형성되고, 이 이성이 훈련을 통하여 마음이나 성품이 착해진다는 것이다. 다시 말하면 경험이 좋거나 자기환경에 적응하면 성품이 좋아지고 그렇지 못하면 나빠진다.

이러한 그의 교육철학은 그의 경험론과 아울러 18세기의 교육에 큰 영향을 끼쳤으며, 특히 계몽주의 교육철학에 미친 영향은 컸다.

2. 18세기의 자연주의 교육

1) 자연주의의 사상적 배경

한편으로, 또 18세기에 가장 유력한 교육운동은 자연주의 교육철학이다. 이 자연에 일치하는 교육사상은 현대교육의 특징인 심리학적 · 과학적 · 사회학적 기저가 되는 학설로서, 다른 어떤 교육운동보다도 인간교육의 실제의 정신과 목적과 성격에 많은 영향을 끼쳤다.

일반적으로 교육에 있어서 자연주의는 17세기의 감각적 실학주의를 모체로 한다. 그러나 Ratke나 Comenius가 주관적 자연주의(subjective naturalism)를 제기하며, 외계자연에 순종하는 교육을 주장한 것에 반하여 Rousseau는 주관적 자연주의를 내세우면서도 그는 당시의 프랑스 사회가 몹시 인위적이고 기교적인 생활에 충만되어 있음을 반대하여 '자연적 사회'를 그리워했다.

결론적으로 Rousseau의 자연주의는 그로 하여금 교육의 반사회이론을 지니게 하였다. 인위적이고 타락된 인습들에 의해서 지배당하고 있는 시민들이 인간의 교육을 왜곡하게 되자, Rousseau는 자연의 완전한 순수한 상태에서의 교육의 이상화에 경주했던 것이다.

동시에 그는 아동의 자연적 발달단계에 착안하여 개성을 존중하는 일 이외에 교육의 목적이나 방법이 있을 수 없다고 생각하였다. 그렇기 때문에 자연주의는 실학주의의 계승임과 동시에 19세기의 심리적 계발주의의 선구가 되었고, 또 현대에 있어서 개인주의와 개인의 권리를 강조하는 정치적 · 경제적 조직의 기초가 되는 것이다.

2) 자연주의 교육의 목적

그리하여 자연주의는 인간의 선량한 천성과 덕성을 잘 보전하고, 본래의 개인의 권리를 인정하는 사회를 형성함을 목표로 하여 자연적 · 기본적 미덕인 자유 · 평등 · 박애를 모든 사람이 누릴 수 있는 사회를 건설하는 것을 교육의 궁극목적으로 삼았다.

또 자연주의 교육은 아동에게 방임과 불간섭으로 해야 한다고 하여 인위적인 사회의 모든 죄악을 방어할 아동의 선량한 천성이 자유롭게 발전되도록 할 것을 목적으로 삼았다. 그러기에 자연주의자에 의하면 교육은 생활을 위한 준비가 아니라 생활 그 자체이며, 외부에서의 강제가 아니라 자연적 발달인 성장의 과정 그 자체이다.

3) 자연주의 교육의 특성

일반적으로 18세기에 전개된 자연주의 교육철학은 아래와 같은 특성을 지니고 있다.

첫째, 자연이라는 것은 자연에 일치하는 교육을 뜻한다. 자연에 일치하는 교육을 한다는 것은 교육과정에 대한 자연법칙의 발전 · 형성 · 응용을 의미하는 것이다.

둘째, 자연에 일치하는 교육을 한다는 것은 인간발달이 자연적 법칙에 일치하는 교육을 의미한다. 후일에 계발주의자들은 이 점에 있어서 자연주의자들의 혜택을 많이 받고 있다.

셋째, 자연에 일치한 교육을 한다는 것은 모든 인위적인 것에 반대하여 자연에 돌아간다는 것을 의미한다. 그리하여 자연주의자들은 아동에 대한 인위적인 환경과 훈련을 공격하고, 아동의 자연스러운 자발성을 억압하고 아동을 인형과 같이 다루는 모든 인위적인 것을 반대했다. 이것이 바로 자연주의가 현대교육에 미친 가장 큰 공헌이다.

모든 문화는 언제나 인간의 삶을 자연대로 내버려 두지 아니하고 일정한 규범의 굴레를 씌운다. 그런데 이 인위적인 규범의 굴레가 경화되면 인간의 삶을 억압한다. 이럴 때 인간은 문화나 규범에 반발하고 자연으로 돌아가기를 원한다. 18세기의 Rousseau가 "자연으로 돌아가라"고 말함으로써 큰 반응을 불러일으킨 것은 바로 이 때문이다. 자연주의 교육의 대표자는 Rousseau · Basedow · Salzmann 등이다.

4) Rousseau의 자연주의 교육사상

J. J. Rousseau(1712~1778)의 교육철학은 자연주의 · 합리주의 · 자유주의에 그 기반을 두고 있다. 그가 인간의 자연권에 의거해서 당시의 부패한 관습과 문화의 타락을 주장하면서 "자연으로 돌아가라"고 하는 복음은 주로 두 가지 그의 저서에서 찾아볼 수 있다. 하나는 정치적인 담론으로서 이것은 『사회계약론(Du Contrat Social, 1762)』으로서 완성되었고, 다른 하나는 교육적인 방법론인 『에밀』이다.

자유의 보장을 법의 지배에서 찾으려던 C. Montesquieu와는 달리 Rousseau의 경우, 사회계약 개념이 그의 질서모색의 해결책으로 나타나고 있다. 즉 그가 지향하려던 질서란 인간과 인간의 상호의존 관계가 부의 권력을 둘러싼 불평등과 인간의 심리적 도착(倒錯)에 의하여 자유를 부정하려는 상태를 어떻게 하면 자유와 양립될 수 있는 관계로 지양시키느냐 하는 문제로 파악되었고, 그 해결책은 인간과 인간의 의존관계를 내포하면서 자유가 보장될 수 있는 질서를 창조하는 데서 찾고자 했다.

그러한 질서는 동시에 그것을 지탱해 주는 새로운 인간을 요청한다. 인간이 타락하여 무질서한 의존관계에 빠져 있는 것은, 직접적으로는 정치에 원인이 있지만, 그러한 정치를 받들고 있는 것은 심리적 도착, 또한 자기소외에 빠진 인간 때문이라는 것이 Rousseau의 기본입장이었다. 인간의 질적 변화 없이는 새로운 정치사회의 성립은 기대할 수 없다고 본 것이다. 그러므로 그의 『사회계약론』은 그러한 질서 창조의 방법을 제시하고자 하였다.

그에 의하면, 교육은 성장하여 가는 아동의 여러 단계와 부합되어야 한다. 따라서 그의 교육철학을 한 마디로 표현한다면 "자연으로 돌아가라"는 것이다.

이에 그의 교육소설 『에밀』의 첫구절에

> "인간은 조물주의 손을 나올 때는 모든 것이 선하지만, 인간의 손에 옮겨지면 모든 것이 악하게 되어 버린다."

고 개탄하였다. 그는 성선설을 주장하면서, 자연을 하나의 가치개념으로 보았다. 그리하여 그의 신념에 의하면, 인간의 자연은 본래 선한 것이다. 인간의 자연성을 자유롭게 발전시켜라. 그렇게 하면 인간 본래의 선이 증명된다는 것이다.

다시 말하면, 그의 사상은 인간본래의 기본적인 미덕인 자유 · 평등 · 박애를 모든 사람에 의해서 실현될 수 있는 사회를 건설하는데 있다. 그러므로 Rousseau의 교육은 인간본래의 개인의 권리를 인정하는데 기초를 두는 사회를 육성하는 것을 목표한 것이다.

(1) 교육의 목적과 방법론

Rousseau는 인간을 교육하는 주체로 '자연'과 '인간'과 '사물'의 삼자를 들고 있다. 즉 사람의 능력을 내부로부터 발전시키는 것은 자연의 교육이고, 이 교육을 어떻게 이용할 것인가를 가르치는 것은 인간의 교육이며, 우리가 접촉하는 주위의 사물에 관하여 경험을 얻는 것은 사물의 교육이다. 이 세 가지 중에서 인간과 사물은 의식적으로 조절이 되지만, 자연은 독립적인 하나의 기준점이며 주어지는 것이다. 그러므로 자연은 다른 두 요소가 완전한 교육을 위해서 종속되어져야만 하는 통제요인인 것이다. "우리의 신체조직과 신체기능의 자발적인 발전은 자연의 교육을 구성한다."고 Rousseau는 말했다. 자연은 자유롭게 활동하는 것이며, 그의 활동은 억제받지 않은 것으로 되어 있다.

따라서 Rousseau의 교육목적은 자연의 목적 그 자체 이외에 있을 수 없으며, 세 가지의 교육이 다같이 자연의 목적에 통일될 때에 완전한 교육이 이루어지는 것이다. 다시 말하면 자연에 쫓아서 인간성을 발전시켜야 한다는 것이다. 그리고 Rousseau의 교육방법은

첫째, 경험과 감각을 통한 학습을 중시했다.

둘째, 아동은 아동의 수준으로 가르쳐야 한다(아동중심주의 교육).

셋째, 전통적 교육이 경쟁의식을 학습의 동기로 삼았던 데 반하여, 경쟁의 해독을 지적했다. 그러나 자기를 자기에게 비교하는 것은 좋다고 했다.

넷째, 교사는 간단하고 정확한 말을 사용해야 한다고 지적했다.

이상과 같이 Rousseau의 교육철학과 『에밀』을 개관하였는데, "자연으로 돌아가라"는 말에 대해서는 여러 가지 구구한 의견이 많다. Hegel은 "자연으로부터 문화에로 돌아가라"고 하고 있다.

(2) Emile의 교육론

그의 유명한 교육소설 『에밀』에서 에밀이라는 나이어린 중심인물을 사회에 공헌하도록 교육하기 위하여 어떻게 하였느냐를 개괄하여 보면 다음과 같다.

1 제1기[출생~5세]

첫째, 유아의 운동을 구속하지 아니하고, 방임함으로써 신체적인 발달을 할 수 있게 해야 한다.

둘째, 주위의 나쁜 영향으로부터 유아를 보호하는 것은 어머니의 책임이다.

특히 유아를 친모가 아닌 유모에게 맡기는 것은 자연을 배반하는 것이라고 하며, 유아의 양육은 반드시 어머니의 손으로 기르지 아니하면 안 된다.

2 제2기[5세~12세]

Rousseau에 의하면 12세까지의 교육은 소극적이다. 다만 자연성이 자유로이 발휘되도록 고려되지 않으면 아니 된다.

첫째, 5~12세까지는 언어의 습득과 오관의 연습이 주목적이어야 한다.

둘째, 사물은 경험을 통하여 배우게 된다.

셋째, 명령 · 복종 · 의무 등의 외부적인 권위는 일체 없애는 것이 좋다.

넷째, 서적은 자주 줄 필요가 없다. 오히려 피하는 것이 좋다.

3 제3기[12~15세]

첫째, 천문학 · 물리 · 지리 등의 자연과학 그리고 수공을 중시해서 가르친다.

둘째, 과학은 교사가 가르치는 것이 아니고, 아동 자신이 발견해야만 한다.

셋째, 학행일치(學行一致)하는 교육을 해야 한다.

4 제4기[15~20세]

에밀은 15세에 비로소 실사회에 접근하기 시작한다. 그리하여 이 때부터 인간관계와 사회제도에 관한 지식을 배운다.

첫째, 에밀로 하여금 발달된 이성으로 성의 충동을 억제한다.

둘째, 복잡한 사회관계를 바로 이해하기 위하여 사회학 · 심리학 · 윤리학 · 정치학을 연구하게 해야 한다.

셋째, 이 때는 도덕교육과 종교교육의 시기이다. 그러므로 내적 정신 생활의 충실을 위해 도덕 · 미술 · 종교 · 철학 등의 세계를 알도록 해야 한다.

5 제5기[여자교육론]

에밀은 25세에 이르러서, 자연에 따라 그의 이상의 여성인 Sophy와 결혼한다. 이에 Rousseau는 『에밀』 제5편에서 여자교육론을 설명하고 있다.

Rousseau에 의하면, 에밀이 남자인 것과 같이 Sophy도 진정으로 여자답지 않으면 안 된다. 즉 그 여자는 자기의 몸과 마음을 함께 활동시키는 데 필요한 여성의 모든 성격을 소유하지 않으면 안 된다고 하고 있다.

실로 Rousseau의 교육철학이 근세의 교육사상에 끼친 공적은 크다. 특히 아동중심 · 개성존중 · 생활중심 등의 교육은 교육방법과 교육개혁에 커다란 진보적인 변화를 주었다. 그리하여 Rousseau의 교육철학에 공명한 사람이 많이 나타나게 되었는데, Pestalozzi · Fröbel · Herbart · Key 등이 그들이다.

이들의 교육철학은 모두 Rousseau의 "자연으로 돌아가라"는 논제로부터 전개되고 있는데, 특히 독일에서 Rousseau의 교육이상을 실현하기 위하여 일어난 교육개혁의 운동을 범애(汎愛)학파라고 하며, 그 대표자는 Basedow와 Salzmann이다.

5) Basedow의 범애주의 교육사상

Johann Berhard Basedow(1724~1790)는 1774년에 범애학교(philanthropinum)를 세워 자연주의 교육사상을 실천해 보았다. 그리고 이 범애학교를 위하여 그는 동년에 그림이 삽입된 교과서 『초보독본(Elemenratwerke)』을 출판하고, 1776년에는 공개수업을 실시하여 그 교육적 효과는 독일은 물론이고 구라파 각국의 주목을 끌게 되었다. 이 저서 역시도 Rousseau의 『에밀』과 더불어 자연주의 교육발전에 기초를 이루었기 때문에 한때는 Wolke · Salzmann 등 우수한 교육자들이 모이기도 하였다이 범애학교는 종교적 분위기에 차 있었으나, 종파적으로는 중립이었고 그의 사상에 입각한 일종의 실험학교이었다. 이 학교는 6세에서 18세까지를 수용하는 김나지움의 형태이고, 학급은 4학급으로 편성하였다. 학생의 일부를 교원양성의 목적에 두고 무료로 공부시켰다. 또한 이 학교는 기숙학교이었으며, 엄격한 자치제도를 취하였다. 교칙 19조에는 복장 · 식사 · 훈련 · 교수법 · 생활시간표 · 질병 · 운동 · 학습태도 등을 규정하고 있는데, 어린이를 어린이로서 취급하는 자연적 교육을 기본으로 하면서 훈육적으로는 대단히 엄격하였다.

(1) 교육목적론

범애학교에서의 Basedow의 교육목적은 아동들로 하여금 그 자신의 행복을 누릴 수 있게 함과 동시에 공공의 이익을 증진하고, 국가에 봉사할 수 있는 애국적인 생활을 준비시키는 데 두었다.

따라서 교육은 개인의 행복과 국가전체의 복지에 공헌하는 것이므로, 교육제도의 개혁은 국가사회 개혁의 본질적인 부분을 이루는 것이다. 개인의 행복이나 사회의 복지를 가져오는 교육은 반드시 국가적 제도의 학교교육에서만 가능하다고 하였다. 그러므로 학교는 종파를 떠나야 할 것이며, 공교육을 관리하는 국가교육평의회가 필요하다고 보았다.

(2) 교육내용론

Basedow의 교육내용은 발달단계에 따라 유아기에는 수면, 식사, 의복, 놀이, 간단한 도구의 사용법, 말하는 법, 기초적인 몸가짐 등을 배운다. 소년기에는 도덕의 기초, 산술, 지리, 기하, 역사, 박물, 해부, 물리, 목공, 체조를 배운다. 청년기에는 문법, 수사학, 수학, 박물 등의 학문을 배우는 한편 체육을 많이 시켰다. 체육으로는 검술, 승마, 무용, 수영 등과 야외의 노동, 소풍, 야영 등을 통해서 신체의 단련에 도움이 되도록 하였다. 그의 체육교육은 중세 기사도의 훈련방식에서 가져온 것이다.

또 Basedow의 교육내용에 의하면 실과교육이 언어과 교육보다 우위를 차지한다. 학생들은 실습을 위해 작업장 · 농장 · 공장 · 상점으로 나가야 했다. 그리고 그는 교육에 있어서 교과서의 중요성을 강조하고, 모든 단계의 교육에 있어서 교과서를 이용해야 한다고 했다. 그러나 그는 Rousseau처럼 동화를 교재로 쓰는 것에 극구 반대하였다.

(3) 교육방법론

Basedow의 교육방법론은 다음과 같다.

① 실제 생활상의 기능을 중시하고, 사회의 현실에 관련한 학습의 필요성을 강조하였다. 다시 말하면 모든 학습은 실생활에 유용해야 하며, 생활의 준비가 되어야 한다고 하였다.

② 그의 『가정의 부모와 일반민중을 위한 방법서』에서, 많이 가르치지 말고 쉬운 것으로부터 어려운 것으로 나아가는 기본적 순서에 따라서 가장 기본적인 문제에 결함과 약점을 남기지 않도록 학습시키라고 하였다. 그러므로 아동이 잘 알고 있는 것으로부터 시작하지 않으면 아니 된다.

③ 직관적, 자기활동적, 유희적이며 "양보다 기쁨을, 양보다 방법적 질서"를 소중히 여겼다.

④ 교육목적은 교수보다도 훈육에 의하여 이를 달성할 수 있다고 보았다. 훈육의 방법으로 Rousseau처럼 자유를 존중하면서도 극단에 흐르지 않고 순종을 존중하며, 12세까지는 절대 복종의 시기라고 하였다. 즉 충고와 명령을 구별하여 신뢰에 기초를 둔 복종의 심정을 형성할 것을 주장하였다. 상벌에 있어서도 벌보다 상을 많이 주고, 체벌은 엄금하고 선행을

장려하기 위하여 1주일에 2일은 선행일로 정하여 선행을 많이 한 학생을 상석으로 하였다. 그리고 매월 특정한 하루를 특별 일로 정하여 학생에게 단식을 시키거나 마루 또는 짚 위에서 자게 하였다.

6) Salzmann의 범애주의 교육사상

Christian Gottilf Salzmann(1744~1811)은 1781년에 Basedow가 창설한 데사우의 범애학교 설교교사로 초정되어 종교교육을 맡아 학생들로부터 크게 신뢰를 받았다. 그러나 그는 데사우의 범애학교가 그의 교육사상과 맞지 않고 불편한 것이 많다고 생각하여 스스로 학교를 하나 세울 결심하고 1784년 3월 아동교육소(knabenerziehungsanstalt)를 설립하였다. 그는 이 학교에서 일생동안 학교장으로 활동하게 되었는데, 이 학교의 특징은 다음과 같다.

첫째, 도회지로부터 적당한 거리에 있는 것

둘째, 한 사람의 교장에 의해서 통일적으로 감독을 받는 것

셋째, 학생은 될 수 있는 대로 가족적으로 대접한다는 것이었다.

이 학교의 특징은 범애주의의 원칙에 일관되어 있었다.

(1) 교육목적론

Salzmann의 교육목적은 건강하고 합리적인 정신을 가지면서 착하고 쾌활한 사람을 도야하는 것, 그리고 그에 의해서 그 자신을 행복하게 하고, 또 그 동포의 복지의 증진을 위하여 적극적으로 협력하는 능력을 양성하는 것에 두었다.

(2) 교육방법론

① 자연의 순서에 따르는 것이다. 유아가 기어다니지도 못하는데, 걸음을

가르치면 자연의 순서를 무시한 결과가 되므로 어린이의 발육을 저해한다고 하였다. 또한 정신의 발달도 체력이 그 기초를 이루는 것이므로 먼저 체육에 주의하고, 신체를 건강하게 한 후에 감각 · 기억 · 상상 · 사고의 심적 활동에 종사시켜야 한다고 주장하였다. 그가 세운 '아동교육소' 입구 정면에 새겨진 "생각하고, 참고 그리고 행동하라"(denken, dulden, handeln!)는 표어도 사고와 행동과의 일치를 꾀한 것이라고 하겠다.

② 교수의 출발을 실물의 관찰에 두었다. 그리하여 사물과 언어의 학습은 병행시키는 것이 올바른 방법이라고 했다. 사물을 제시할 수 없을 때에는 야외나 공장 그리고 현장에 가서 그것을 관찰하도록 하였다. 그리고 그는 언제나 학생들에게 여행할 것을 권고했고, 그 자신도 학생들과 더불어 여행을 하면서 자연물 · 하천 · 산악 · 삼림 · 촌락 · 경작상황 · 생활 양식 등을 보여주면서 가르치기도 하였다.

③ 아동은 식물과 같은 상태로부터 분리하여 동물의 세계에 들어가면 모든 역량은 노작에 의해 얻게 된다고 보았다. 그리하여 그는 노작(勞作)을 통한 학문과 기술의 습득을 할 수 있는 학습경험의 기회를 마련하도록 했다.

④ 교사는 언제나 아동에게 진리를 말해 주어야 하고, 그들의 의무에 대하여 올바르게 말해 주어야 한다고 했다. 또한 그는 아동은 진실에 대하여 세밀한 감각을 갖고 있기 때문에 진실하지 못한 말로 훈계하면 오히려 역효과가 나타난다고 하였다. 그러므로 교사가 아동에게 훈계할 때는 감정을 배제하고 늘 진심을 가지고 말해 주어야 하는 것이다.

(3) 교사론

교사의 중요성과 천직(天職)에 관하여 말하기를 교육의 효과는 교사의 사명에 있다고 하였다. 그렇기 때문에 그는 인류를 위해서 공헌하려는 자에게 교육자가 되기를 권하였다. 즉, 인류의 행복을 증진시키는 길은 여러 가지가 있으나,

인간의 상태를 개선하고 인간 그 자체를 고상하게 할 수 있는 것은 오직 교육뿐이라고 하면서 교육의 효과는 교사의 적 · 부적(適 · 不適)에 달려 있다고 생각하였다.

3. 19세기의 국가주의 교육

1) 국가주의 교육의 사상적 배경

18세기의 사조가 '합리화'(rationalisieren)라면, 19세기의 그것은 '국민화'(nationalisieren)이다.

즉, 18세기의 세계주의적 세계에서 19세기는 민족국가적 세계로 진전하였다.

교육상의 국가주의는 교육상의 국민주의와 동의어이다. 국가는 국민전체에 의해서 형성되고 운영되는 것으로서 국가가 행하는 교육은 국민 전체가 행하는 교육이 아니면 아니 된다. 교육의 주체는 국가라고도 할 수 있으며, 동시에 국민 전체에 있다고도 말할 수 있다.

주지 하다시피 근대를 특징지우는 커다란 현상은 민족단위의 독립국가가 형성된 점이다. 즉 17, 18세기에는 확연한 영토와 경제적 · 군사적 자원을 가진 국가가 일반적 형태를 갖추게 되어 유럽의 국가주의가 성취되었다.

그리하여 이들 민족국가들은 군사적 · 경제적으로 치열한 경쟁을 벌였고 모든 국가에서는 학교를 설립하여 국가에 충성스러운 봉사를 할 수 있는 국민을 양성하고자 하였다. 그리고 학교를 국가의 목적과 이상을 실현하는 기관으로 삼게 되었다.

그러던 중 19세기에 이르러 Napoleon의 침략주의에 부딪치게 되어, 각국에서는 국가적 · 국민적 사상이 대두하여 국민교육의 필요성을 더욱 고조시켰다. 그리하여 국가주의는 교육의 국가관리, 국가적 교육제도의 조직, 그리고 의무교육제도의 발달과 촉진 등 주로 교육체제에 많은 영향을 주게 된 것이다. 그 결과 19세기 이후 세계각국은 국체의 여하를 막론하고 국가와 관련이 있는 공교육기관을 가지게 되었으며, 그 기관을 통해서 국가의 보전과 번영을 꾀하였다. 국가주의에 입각하여 교육면에 있어서 선구적 역할을 한 국가는 프랑스 · 독일 및 미국이다.

이러한 국가교육은 자국의 독자성을 강조하고, 국가적 정신을 길러서 국가의 발전과 사명을 달성하는데 매진하는 인간을 양성하려고 한다. 그렇기 때문에 국가주의 교육론자들은 국가가 그 국가에 속하는 국민에 대한 교육적 책임을 져야 하고, 이를 위해 교육비를 국가가 부담하는 의무교육제도를 주장했다.

그들은 교육은 보편적이어야 한다는 신념하에 초등교육 뿐만 아니라, 전문적 직업교육 · 성인교육까지도 국가부담으로 할 것을 주장하였다. 그리고 국가주의 교육의 방법은 국어 · 역사 · 도덕에 의하여 전통적 정신을 기르고 미래를 믿게 하는데 두었다.

국가주의 교육사상가로는 프랑스의 Roland(1734~1793) · LaChalotais(1701~1785) · Condorcet(1743~1794), 독일의 Fichte(1762~1814) · Schleiermacher(1768~1834), 영국의 Lancaster(1778~1838) · Owen(1771~1858), 그리고 미국의 Jefferson(1743~1826) · Mann(1796~1859) 등을 들 수 있다.

2) Fichte의 국민교육사상

J. G. Fichte(1762~1814)의 「독일국민에게 고함(Reden an die Deutsche Nation, 1808)」의 작품은 1807년 말부터 1808년 초에 이르기까지 베를린 학사원에서 학자 · 교육자, 그 밖에 여러 청중을 모아 놓고 14회에 걸쳐서 행한 강연집이다. 그 당시의 독일은 Napoleon군의 점령하에 있었기 때문에, 그가 강연하는

강당 주위에는 프랑스 순라병들이 배회 · 감시하고 있었다고 한다.

Fichte는 처음에 극단적인 세계주의자였으나, 베를린이 프랑스 군대에 점령되면서부터 점차 민족주의로 사상 전환을 하게 되었다. 그는 이 강연에서 독일이 패망하게 된 것은 국민 모두가 예외없이 이기적으로 되고, 진리에 대하여 냉담하고, 죄악에 지배되어 도덕적으로 파멸에 빠졌기 때문이라고 보았다. 즉 Fichte는 Napoleon군과의 전쟁에서 독일이 패망한 이유를 다음 세 가지로 들었다.

첫째, 독일인의 개인주의적 이기심

둘째, 독일인의 진리에 대한 냉담한 무관심

셋째, 독일인의 도덕적 파멸

이와 같이 그에 의하면, 독일국민은 도덕적으로 여러 가지 결함을 가지고 있는데, 이것을 근본적으로 시정하기 위해 무엇보다도 먼저 요청되는 것이 교육의 개혁이라고 보았다. 그는 오직 국민교육의 근본적인 개혁을 통해서만 윤리적으로 새로운 시대의 형성이 가능하다고 했다. 그의 독일 중흥을 위한 교육개조론은 첫째, 독일인의 민족공통체 의식의 개발, 둘째, 독일인의 도덕적 심정의 순수한 함양, 셋째, 독일인의 개인주의적 이해관계의 경쟁을 지양하고, 독일 전체의 유기체 형성의 강화 등이다.

이러한 교육개조론은 개인적인 자아를 초월하여 전체적 자아 또는 사회적 자아에 도달하게 하는 교육을 말하는 것으로, 종래의 교육을 전적으로 개혁하는 것만이 독일국민의 생존을 유지하는 수단이라고 보았다.

Fichte의 교육목적은 국민의 감정에 호소하여 교육에 의한 독일 민족의 중흥을 도모한 것이다.

그리하여 그는 국가만이 개인과 가족의 자유와 권리를 수호할 수 있다는 이념, 이 이념을 실천에 옮겨야 하는 것은 국민교육 뿐이라고 하였다. 그래서 학교교육에서는 조국애가 국가를 지배하도록 가르쳐야 한다고 했다.

그러면 국민교육에 의해서 양성될 교육적 인간상은 어떤 사람인가?

Fichte에 의하면, 첫째, 정의와 덕망에 대한 취미에 의해서만 움직이고, 다른 어떤 것에 의해서도 움직이지 않는 사람, 둘째, 항상 확실히 선을 인식하는 힘을 갖춘 사람, 셋째, 자기가 결심한 일을 언제나 관철할 만한 모든 정신력과 체력을 구비한 사람이다.

4. 산업혁명기의 영국의 교육

1) 산업혁명의 순기능과 역기능

(1) 순기능

산업혁명은 석기시대 이래의 인간문명의 일대변혁이다. 즉 산업혁명을 계기로 하여 인간문명은 기구문명과 기계문명의 두 단계로 구분할 수가 있게 되었다. 또 산업혁명은 종래 봉건적 생산관계를 파괴하고 자본주의적 생산관계를 가지고 왔다. 다시 말하면 산업혁명을 계기로 하여 자본주의가 세계사적인 제도로 출현하여 생산력의 위대한 향상, 부의 무한한 축적, 공업의 고도화를 일으켰다.

(2) 역기능

다른 한편으로 산업혁명은 빈부 두 계급의 발생을, 또한 주기적인 공황 · 실업 · 빈곤을 초래하였다. 사회적으로는 공장이 기계화되어 특수한 기능직 · 숙련직 노동자가 필요없게 됨에 저렴한 노동력을 필요로 하는 산업자본가는 서로 다투어 아동과 여자들을 고용하게 되었다. 종래 노동력 자체로서는 성인의 보조에 지나지 아니했던 아동이 새로운 기계화된 공장에 노동력의 기간이 되기에 이르렀다.

아동들은 보통 5, 6세에 양모 · 아마 · 견방직 공장 등에 고용되었는데, 노동시간은 하루에 14시간이나 되었다.

(3) 노동자 자녀 및 빈민아동의 교육

이와 같은 청소년에 대한 교육은 사회유지나 교회가 중심이 되어서 매우 단조로운 학교교육을 시작하였는데 그 대표적인 학교는 다음과 같다.

1 일요학교(Sunday School)

이 학교의 창시자는 영국인 R. Raikes(1735~1811)인데 1780년 공장지대에 있는 빈민가의 불량청소년과 성인을 대상으로 하여 시작되었고 일요일이면 성서, 3R'S를 가르쳐 청소년의 불량화를 예방코자 하였다. 후에 전국일요학교협회(1785)가 발족되었고 학교수는 1801년에 1516개교, 학생수는 1803년에는 100만 명에 이르렀다.

2 자선학교(Charity School)

이 학교는 17세기 말경에 세워졌는데 점차 각지의 교구마다 사원이나 유지의 성금에 의하여 재단이 마련되어 이 재단의 기금으로 세우게 된 것이다. 그 특색은 빈민의 자제만 수용하고 수업료는 무료일 뿐만 아니라 학용품, 의류(제복)까지도 무료로 제공하였다. 1698년에는 자산학교의 보급을 목적으로 하는 「기독교지식보급협회」의 설립을 보게 되었고, 1743년에는 영국에 협회소속의 자선학교가 1461개교, 학생수는 24,000여 명이 되었고, 1750년경에는 5만여 명에 육박하였다. 그런데 날로 늘어나는 학생들을 맞이하여 교육할 곳은 하나의 사원이나 자선단체의 힘으로는 어렵게 되었다. 그래서 그 대안으로서 A. Bell과 J. Lancaster에 의하여 조교제도(monitorial system)가 마련되었다. 두 사람의 이름을 따서 Bell-Lancaster System이라고 하였다. 이 방법은 한 교사가 상급생 가운데 나이가 많고 성적이 우수한 학생을 조교로 이용하는 것인데, 한 교사가 조교에게 강의를 하면 조교는 그것을 가지고 자신이 맡은 학생에게 그대로 전달하는 방법이다. 그러므로 한 교사가 수 백 명의 학생을 동시에 지도할 수 있다는 이점을 지니고 있는 것이다.

1798년 Lancaster는 South Work에 비종파적 빈민학교를 설립하여 조교법을 적용하였다. 그 후에 국왕의 하사금으로 이 학교가 전국에 보급되었고 1808년 「왕립 Lancaster협회」가 발족되었다.

3 유아학교(Infant School)

이 학교는 본래 R. Owen의 성격형성학원(노동자의 품성도야에 목적을 둔 학교)의 부속학교로서, 1816년에 세워졌던 것을 계기로 널리 보급될 수 있었다. Owen의 유아학교는 1~3세반과 4~6세반으로 운영하였다. 1~3세반은 보육에, 4~6세반은 보육시간의 절반은 3R'S의 지도와 나머지 절반은 자유로운 활동과 바람직한 습관형성에 있었다.

4 공장법

영국정부는 청소년 보호와 교육에 관한 하나의 제도를 수립하게 되었던 바 그것이 「도제의 보건과 도덕에 관한 법령」(1802)이다.

이 법령은 영국 최초의 「공장법」으로서 1802년 R. Peel경과 Owen에 의하여 제정되어 의회의 통과를 보았는데 그 내용은 ① 소년 노동자의 최저 연령은 9세로 하고, ② 16세 이하의 어린이의 노동시간은 1일 12시간 이하로 하고, ③ 최초 4년간은 이 노동시간의 일부를 띄어서 매일 3R'S를 공장에 고용된 교사가 지도하고, ④ 일요일에는 공장에서 고용한 사람에 의하여 기독교 교리를 가르쳐야 한다. 그 밖에 공장의 통풍, 환경의 개선에 관한 것이 포함되어 있었다. 그런데 이 모처럼의 법률도 면사공장에서만 적용되고 양모공장은 제외되었으며 면사공장에서도 이를 잘 지키지 않았다.

2) Owen의 교육사상

신흥공업도시의 빈민가에 자라나는 노동자계급의 아동은 공장에서 일을 하건 아니하건간에 무지와 도덕적 타락에 빠졌다.

이러한 하층 노동자계급의 아동노동의 성격과 아동의 도덕적 타락의 방지책을 교육적 측면에서 제일 먼저 관심을 가지고, 이를 타개해 보려고 노력한 사람이 다름 아닌 Robert Owen(1771-1858)이다.

방직공장을 직접 경영하고 있었던 Owen은 뉴 라나크(New Lanark) 지방의 무지하고 빈곤한 노동자와 그들의 자식들을 위해서 '성격형성학원'과 '유아학교'를 창설하였다.

(1) 교육목적론

Owen의 유아학교의 교육목적은 노동자계급의 어린이를 다른 계급의 어린이처럼 더 좋은 환경 가운데 두어서 합리적으로 생각하고 행동하게끔 훈련시키며, 그의 생애를 통해서 이바지할 수 있는 유익하고 실용적인 지식을 가르치는데 두었다.

(2) 교육방법론

첫째, 주입식교육 대신 계발교육을 주장했다. 그는 유아학교를 통하여 교사에게 수업은 항상 아동의 호기심을 불러일으키도록 하고, 아동과 교사간에 참된 대화를 창조하도록 하였다. 또, 교사는 아동의 질문에 대하여 항상 그 능력의 최선을 다하여 친절하게, 그리고 아동의 이해력을 충분히 고려하여 그들로 하여금 쉽게 알아듣도록, 명확한 설명을 해 주도록 하였다.

둘째, 징벌교육 대신 무징벌교육과 사랑의 교육을 주장했다. 즉

> "아동에게 손을 대지 말며, 또는 언어나 행동으로써 아이들을 위협하지 말고 사나운 말을 쓰지 말며, 언제나 즐거운 표정으로 그리고 친절한 태도와 부드러운 음성으로 대하라. 언제나 아동 상호간에 즐겁게 대하게 하고, 나이 든 아동이 자기보다 어린 아동들을 돌보아 주게 하라."

그는 또 "애정만 얻게 된다면 아이들은 언제나 그들의 타고난 능력을 즐겁게 그리고 자발적으로 최대한 발휘할 수 있다"고 하였다.

셋째, 서적중심주의 교육 대신 실물교육을 행했다. 그는 Rousseau의 『에밀』에 대한 자연주의 교육과 마찬가지로 책은 유아학교에서는 무익하다고 하기보다 오히려 유해하다고 하고, "아동들이 10세에 이르기 전부터 책을 사용할 것인가 어떤가에 대해서 나는 의문을 갖고 있다"고 하였다. 그리하여 그는 유아학교의 교실에 "지도, 여러 가지 그림(주로 동물), 전야나 숲에서 가져다 둔 자연물"을 가지고 실물교육을 행했다. 이러한 Owen의 교육방법은 Rousseau나 Pestalozzi의 직관교수법과도 합치되는 것이다.

넷째, 엄격한 교육 대신 개성존중의 자유교육을 주장하였다. 그는 아동의 모든 습관의 형성이나 그들의 태도·성질·상호행위에 대해 언제나 자유를 주라고 하고 있다. 그는 유아뿐 아니라 청년이나 노인의 교육에 있어서도 "한 규칙에 따른 또 다른 규칙"을 준다는 것은 비교적 효과가 없는 것이라고 했다.

다섯째, 실내교육 대신 자연과 맺어진 야외교육을 중시하였다. 그는

> "정원·과수원·논밭·숲 등의 생산물이나 가축, 자연과학 일반에 관한 취미를 갖도록 아동들을 집 밖으로 데리고 가는 것은 노동자의 아이들에게 베풀 수 있는 교육의 중요한 부분이다."

라고 하였다.

5. 19세기의 계발주의 교육

1) 계발주의 교육의 사상적 배경

계발주의의 주요한 특성에 의하면, 교육은 외부로부터 성인의 표준을 강제하는 대신에 내부로부터 아동의 발달을 조정하는 것이기 때문에 계발주의(啓發主義)라고도 부른다. Rousseau의 자연주의는 개인의 자연의 힘과 경향을 자유롭게 구속하지 않고 발달시키는 것이라는 것을 선언한 점에 있어서 계발주의의 선구가 된다.

그렇기 때문에 이 계발주의는 교육을 인간양육으로 보는 합리주의 또는 형식도야주의와, 자연 성장으로 보는 자연주의 교육사상을 종합·절충하려는 성격을 지니고 있다. 이것은 아동연구에서 얻은 심리학적 지식을 기초로 하여 아동내부의 여러 능력의 계발을 지도·조성하는 것을 강조하고 머리와 손과 마음 등의 제 능력의 조화적 계발, 도덕적 품성의 계발, 아동의 선천적 능력의 계발 등을 교육의 목적으로 한다.

교육내용으로는 활동중심의 교육과정을 요구하며 교과로는 독서·습자·산수·과학·지리·역사·어학·문학·유희·음악·작업·미술 등이 강조되고, 교육방법으로서는 아동활동의 원칙, 흥미의 원칙, 창작활동의 원칙 등에 주안점을 두었다. 계발주의자들의 교육목적·교육내용·교육방법은 그 강조점에 따라 다르나, 일반적으로 다음과 같은 점에 있어서는 공통된다.

첫째, 아동을 성인의 축소판으로 보지 않고, 아동은 충실히 도야되어야 할 존엄한 존재로 본다.

둘째, 아동들의 심리에 기준을 둔 교육을 역설하며, 도야 대상인 아동의 본성과 심의(心意)를 연구하여 그에 적합한 교육을 강조한다.

셋째, 자연주의 원리의 발전으로서, 앞서 말한 Comenius와 Rousseau의 교육사상을 아울러 발전시키고자 한다.

넷째, 노력할 때에 흥미 · 진보가 있고, 흥미가 있을 때 노력을 집중적으로 하게 된다고 하여 흥미와 노력을 아울러 강조한다.

다섯째, 교육은 발전의 과정이며, 그 발전에 있어서 중요한 것은 초등교육이라고 생각한다.

위에서 말한 계발주의 교육철학자로는 Pestalozzi · Herbart · Fröbel 등이 있다.

2) Pestalozzi의 계발주의 교육사상

(1) 교육목적론

J. H. Pestalozzi(1746~1827) 교육이론의 핵심을 이루고 있는 개념은 인간성이다. 그에 의하면 인간성은 모든 사람에게 한결같이 선천적으로 주어진 것이다. 따라서 Pestalozzi의 교육목적은 다음과 같다.

첫째, 인간이 본래 가진 지력 · 심성 · 기능 혹은 머리(head) · 가슴(heart) · 손(hand)의 삼자를 조화적으로 발전시키는 것이다(3H설).

둘째, 그의 교육목적은 인간의 사회적 갱생이었다. 그러므로 그는 인간의 비참한 상태를 개선하기 위하여 정치 · 경제에 의뢰하지 아니하고, 교육이라는 방법을 취하였다.

(2) 교육방법론

1 자발성의 원리

이것은 아동의 내부에 있는 자연의 힘을 자발적으로 발전시키는 작용이다.

이 원리를 교육방법에 적용하면 주입교육을 배척하고 계발교육을 주장하게 된다. 따라서 Pestalozzi는 자발성의 원리로서 사회계급의 모든 사람들이 그 인간성을 계발하지 않으면 아니 된다고 하였다.

2 조화의 원리

그에 의하면 참다운 인간을 만들려면 지력 · 심성 · 기능의 삼위일체적 조화가 이루어져야 한다. 이것은 Pestalozzi의 교육이상의 기초가 된 사상이며 또 교육방법을 지도하는 원리이다.

3 방법의 원리

여기서는 수(數) · 형(形) · 어(語)가 기본적 요소가 된다. 아동이 학습하는 교과목을 계산 · 산수 등 수에 관한 것, 도화 · 측량 등 형에 관한 것과 읽기 · 말하기 등 언어에 관한 것으로 구분하였다. 그리하여 그는 사물의 인식은 사물의 수와 종류를 식별하고, 다음으로 그 형태와 모습을 보고, 마지막으로 그 이름을 음과 말로 표현하는 방법을 취한다. 이것은 그의 직관의 기본이기도 하다.

4 직관의 원리

직관이란 일반적으로 사유의 작용없이 대상을 직접 파악하는 작용이다. 교수법상에서 직관이라는 말은 주로 감각기관을 통한 경험을 가리킨다. 즉 자연이라든가 사회사상에 대한 지식을 주는데 문자나 문장 또는 구술에 의하지 않고, 아동 · 학생들에게 실제의 현상을 관찰시키고, 그것이 불가능할 때에는 표본이나 그림 등을 이용하여 직접 관찰을 통해서 직접적 · 실증적 경험을 주는 것이다. 그의 수 · 형 · 어의 인식과 노작교육 등은 모두 이 원리로 이루어졌다.

5 사회화의 원리

그는 "환경은 사람을 만들고, 사람은 환경을 만든다"고 생각했다.

3) Herbart의 과학적 교육학

Johann Friedrich Herbart(1776~1841)는 과학적 교육학을 세우는데 있어서 교육의 목적은 윤리학을 기초로 도덕적 품성의 도야에 두었으며, 교육방법은 심리학에서 구하였다. Herbart의 저서로 『일반 교육학(Allgemeine Pädagogik, 1806)』, 『교육학 강의 요강(Umriss Pädagogischer Vorlesungen, 1835)』, 『과학으로서의 심리학(Psychologie als Wissinschaft, 1818)』 등이 있다.

Herbart는 교육목적 달성을 위한 방법으로서 관리(Regierung) → 교수(Unterricht) → 훈련(Zucht)의 셋으로 나누었다.

(1) 관리

관리는 교수의 예비적 단계로서 어린이의 신체적 · 감각적 욕망을 억제함으로써, 일시적인 외적 질서를 유지한 연후에 다음 단계인 교수, 훈련을 받을 수 있는 소지를 마련하는 단계이다. 즉 감시, 금지, 명령, 위협, 처벌 등의 외적 수단에 의하여 그 욕망적 충동을 억제하는 소극적인 방법의 단계이다.

(2) 교수

교수의 일차 목표는 다방면의 흥미를 유발하는 것인데 그 흥미는 직접적, 영속적, 다방면적이라야 한다.

1 6가지 흥미

이러한 흥미를 Herbart는 다음과 같이 여섯 가지로 분류하고 있다.

① 경험적 흥미(das empirische interesse) : 경험과 사물에 대한 흥미

② 사변적 흥미(das spekulative interesse) : 사물의 법칙에 대한 흥미

③ 미적 흥미(das ästhetische interesse) : 심미에 대한 흥미

④ 동정적 흥미(das sympathetische interesse) : 동정과 공감에의 흥미

⑤ 사회적 흥미(das gesellschaftliche interesse) : 사회에 대한 흥미

⑥ 종교적 흥미(das religiöse interesse) : 종교와 신에 대한 흥미

이 같이 Herbart는 다방면의 흥미로서 6개를 들었다. 그에 의하면 지식이 다양하나 사물로 향할 때에 경험적 흥미를 발하고, 사물의 관계법칙에 향할 때에 사변적 흥미를 발하며, 미적 관계로 향할 때에 미적 흥미가 생긴다. 이 세 가지 흥미는 경험에 의해서 얻어지는 인식적인 흥미의 방향이다.

그리고 교제에 의해서 얻어지는 동정적인 흥미의 방향으로서 동정이 개개인의 쾌고(快苦)에 향하게 될 때 동정적 흥미가 생기고, 널리 사회의 행 · 불행에 향하게 될 때 사회적 흥미를 발하며, 또 최고의 본체인 신에게 향할 때 종교적 흥미가 된다는 것이다.

2 4단계 교수법

그는 다시 이러한 다방면적인 흥미를 야기시키는 일은 교수의 주요한 사명이라고 했다. 그의 유명한 교수의 4단계설을 살펴보면 다음과 같다.

① 명료(klarheit) : 이것은 아동이 첫째로 문제를 분명하게 보는 것을 의미하며, 또한 새로운 문제를 동화하기 위한 전제조건이 된다.

② 연합(association) : 아동의 정신적인 통각군(統覺群) 가운데 이미 포함되어 있는 관념에 대하여 새로운 관념을 결합할 때 작용한다.

③ 조직(system) : 새로이 연합된 관념의 여러 가지 구성요소를 명료하게 판별

하는 것이다.

④ 방법(methode) : 새로 얻은 지식을 장래의 문제에 적당히 응용하는 것이다.

이와 같이 Herbart에 있어서 교수의 4단계설은 오랫동안 교육방법에 있어서 복음인 양 헤르바르트 주의자들로부터 찬양되었다. 다시 이것은 그의 제자들에 의하여 5단계로 수정되었다.

각 단계의 명칭을 예비(preparation) · 제시(presentation) · 비교(comparison) · 총괄(generalization) · 응용(application)이라고 하였다.

(3) 훈련

훈련은 교수와 같이 교재를 매개로 하지 않고 직접적으로 아동의 정서를 도야하여 도덕적 품성을 기르고자 하는 교육활동이다. 훈련도 4단계를 거치게 된다.

첫째, 보존적 훈련(Haltende Zucht)의 단계이다. 이 단계는 교사가 시종일관 동일 동작을 함으로써 아동의 의지를 일정한 방향으로 유지시켜 마음을 흩어지지 않게 하는 훈련이다.

둘째, 결정적 훈련(Bestimmende Zucht)의 단계이다. 이 단계에서는 교사가 아동의 심리상태를 알아서 미리 그 행동의 결과를 예측하여 아동으로 하여금 올바른 선택을 하도록 지도한다.

셋째, 규정적 훈련(Regelende Zucht)이다. 이 단계에서는 아동의 행위를 규제하여 일정한 표준에 따르게 하는 방법이다.

넷째, 조성적 훈련(Unterstützende Zucht)이다. 이 단계는 어린이가 일정한 행동원칙에 따라 행동하려고 하면서도 때로는 이성적 힘의 부족으로 자율적으로 행동을 하지 못할 때가 있다. 이 때에 교사는 아동의 자율적 행동을 조성하는 방법이다.

4) Fröbel의 유치원 교육

Friedrich Fröbel(1782~1852)은 1839년에 프랑크푸르트(Francfurt)에 「유아교육 지도자강습소」를 설립하여 강습생의 실습을 위하여 「유희 및 작업교육소(Spiel und Beschäftigung Anstalt)」를 병설하였다.

그러다가 1840년에는 이 교육소를 유치원(Kindergarten)으로 개칭하였다. 그리고 같은 해 6월 28일에는 독일 유지들의 후원으로 「일반독일유치원(Der Allgemine Deutsche Kindergarten)」의 창립기념식을 가졌다.

그래서 바로 이 날이 세계에 있어서의 「유치원 창설의 영구한 기념일」이 되었다.

(1) 교육목적론

그의 교육목적은 아동의 계발에 있다는 신념에서 보면 Pestalozzi · Herbart와 일치한다. 그러나 그는 이 계발의 내용과 의미에 있어서 그 개념을 달리하고 있다. 그에 의하면 교육의 목적은 아동의 선천적 능력, 즉 개인의 잠재력을 계발시키는 것이었다.

(2) 교육내용론

이러한 교육목적에 기초하여 Fröbel은 자기표현의 활동을 교육내용으로서 대단히 중시했다. 그가 교육에 공헌한 것 중에서 가장 중요한 것은 아동교육에 있어서 유희의 본질적 요소와 자기활동을 중시하도록 한 점이다.

그에 의하여 아동의 활동은 모두 창조적인 것이고, 창조적 활동은 내적인 자기표현인 것이므로, 교육의 과제는 이 같은 아동의 자기표현을 도와주는 것에 지나지 않는다. 자기표현은 자기활동이기도 하다. 그러기에 이것은 Fröbel 교육학의 기초적인 원리로 되어 있다.

그러므로 그는 언어 · 노래 · 표정 등을 아동 초기의 가장 기본적인 계발의 수단으로 생각하고 이를 장려하였다. 또 놀이 · 그림 · 율동도 중시했는데, 무엇보다도 Fröbel은 수공놀이와 유희를 자기표현의 가장 가치있는 교육으로 삼았다. 이에 필요한 교재를 Fröbel은 은물(恩物, Garben)이라고 칭하였다.

그런데 놀이에는 운동적 놀이와 작업적 놀이가 있다. 뛰기, 무용은 전자에 해당되고 은물을 가지고 여러 가지 모양을 구성하는 놀이는 후자에 속한다. 일종의 작업적 놀이라고 할 수 있다.

Fröbel은 이 은물의 종류를 다음과 같이 분류하고 있다.

제1은물 — 청 · 녹 · 동 · 황 · 홍 · 자색의 털실공을 말하고, 이 공은 천체 중 해, 달, 별을 상징하고 또 그것들은 만물의 중심, 만물의 원형을 나타내고, 완전성, 다양성, 간단성, 통일성, 운동, 힘의 발동을 상징한다.

제2은물 — 목제의 구체, 입방체, 원주로 구성되고, 공은 완전형, 운동, 통일을 나타내고 또 동물계를 상징하고 입방체는 안정성, 다양성, 직선을 나타내면서 또 광물계를 상징한다. 원주는 양자 대립의 조화를 그리고 식물계를 상징한다.

(3) 교육방법론

Fröbel의 교육방법을 살펴보면, 그는 아동의 내부에 있는 것을 외부로 끌어내는 창작활동과 더불어 노작교육에 입각한 유희와 작업을 기본원리로 하고 있는 바, 그 특징은 다음과 같다.

첫째, 그는 교육을 자기발전의 과정이라고 생각하였다. 그리하여 그의 주저서인 『인간의 교육(Die Menschen Erziehung, 1826)』에서는 인간의 발달이란 '내부에서 외부로 향하여 발달함으로써 도달되는 것이다. 따라서 교육과 교수의 목적은 인간의 속에 넣어 두는 것보다 인간의 밖으로 끌어 내주는 활동이라'고 하였다.

둘째, Fröbel은 Pestalozzi와 같이 아동은 일을 함으로써 배워야 한다는 행동교육을 주장하였다. 그리하여 유희와 작업은 그의 유치원의 기본원리가 되었다. 이것은 곧 현대교육의 원리에서 말하는 '행함으로써 배운다'는 뜻이다.

셋째, Fröbel은 사회화의 의의를 인정한 최초의 교육사상가이었다. 예컨대, 그의 유치원에서 교사와 아동이 손을 잡고 둘러 서서 노래를 하고 유희를 하는 것은 사회화의 한 방법이다. 특히 그는 아동의 내면성은 다른 아동과의 협동생활이 필요하다고 주장했다. '사회생활의 참여에 의한 자기생활'을 의미한다.

넷째, Fröbel에 있어서의 유희는 기분전환만의 한 수단만이 아니다. 그것은 아동의 자연적 발달의 가장 중요한 일면이다. 이는 유희를 할 때 아동은 지적 · 신체적으로 작용하게 하기 때문이다.

그러므로 이 방법은 심신의 조화적 발달에 크게 도움을 주는 방법이라 하겠다.

6. 19세기에서 주목해야 할 교육사상가

1) 공리주의적 교육사상가 Spencer

영국의 철학자인 H. Spencer(1820~1903)는 교육에 관한 논문 「교육론(Education; Intellectual, Moral and Physical, 1861)」에서 교육의 목적을 '완전한 생활에의 준비'로 보았다. 그와 같은 생각은 루소의 영향을 크게 받은 것으로 생각된다. 완전한 생활에의 준비란, 일면에 있어서는 개인 및 사회생활에의 순응에 적합한 지식을 습득하고, 또한 그와 같은 지식을 사용할 줄 아는 능력을 발달시키는 것이다. 이때 그 어떤 지식이 가장 가치있는 지식인가는 교육상 가장 중요한 문제가 된다.

Spencer가 든 완전한 생활을 준비시키기 위한 5대 교육영역은 다음과 같다.

① 생리 · 위생 · 물리 · 화학 등과 같은 자기보존에 직접적으로 쓰일 수 있는 지식

② 의식주의 획득에 관계있는 과학 · 기술 등 자기보존에 간접적으로 이용될 수 있는 지식

③ 자손의 양육에 관한 지식

④ 훌륭한 시민을 양성하는데 필요한 사회생활 · 정치생활에 관한 지식

⑤ 문학 · 미술 · 체육과 같은 여가생활에 관한 지식

2) 신루소주의자 Ellen Key

스웨덴의 여성해방론자이면서 아동해방론자인 Ellen Key(1849~1926)의 교육사상은 그의 저서인 『아동의 세기(Das Jahrhundert des Kindes, 1899)』에 잘 표명되어 있다. 그는 30세경부터 교육문제와 여성문제에 관해서 진보적인 사상을 발표했다.

교육목적에 관해서는 "어린이의 개성을 신장하고 그 인격을 인정하며, 어린이의 자연성에 입각해서 그들의 지적 · 도덕적 · 창작적 충동을 발달시키는 것"이라고 했다. 교육방법에 대해서도 "교사는 훈계나 간섭 또는 강요나 압력을 피하고 되도록 소극적인 역할에 그쳐야 한다"고 했다. 이는 루소의 자연주의적 중심사상과 동일하며, 따라서 Key를 신루소주의자라고 부른다.

학교교육에 관해서도 ① 학급수업을 폐지하고, ② 교과서를 획일적으로 제공하지 말 것이며, ③ 시험은 일체 폐지하고, ④ 회초리 등 체벌은 엄단해야

하며, ⑤ 도서관을 충분히 이용하게 하여 아동들의 능력을 충분히 발휘하도록 해야 한다는 등의 대단히 혁신적인 의견을 주장하고 있다. 그의 사상은 당시의 형식화되었던 교육계에 새로운 바람을 불러일으켰다.

3) 유아교육 개혁론자 Montessori

이탈리아의 유아교육개혁론자이며 여류교육가인 Maria Montessori(1870~1952)는 로마대학교에서 의학과 심리학을 공부한 이탈리아 최초의 여의사인 그는 백치아의 연구, 실험심리학 · 교육인류학 등을 연구한 후, 1907년 로마에 '어린이의 집(Case dei Bambini)'에서 3세부터 7세까지의 어린이에게 그의 교육사상의 표현인 「몬테소리법」을 철저하게 실시했다. 「몬테소리법(Montessori method)」에 의한 '어린이의 집'은 이탈리아 각지에 설립되어 소위 '몬테소리운동(Montessori Bewegung)'이 전개되었다.

「몬테소리법」의 근본원리는 ① 자유, ② 정돈된 환경, ③ 감각교육의 중시 등이다. 그에 의한 자유의 원리는 어린이의 자기발달에 적합한 환경을 전제로 한 어린이의 자율적 교육훈련을 실시하는 것이 주안점이었다.

정돈된 환경에 의한 교육에서는 근육의 교육, 감각의 교육, 예지의 교육 등이 중시되었다. 그 가운데서 감각의 교육은 「몬테소리법」의 특색으로서 감각기관의 연습을 중심요소로 하여 ① "감각교육으로부터 관념에 이르기까지 이끄는 것"이 「몬테소리법」의 일대목표였다. 감각교육을 위해서는 각종의 '몬테소리교구'가 사용되었다.

「몬테소리법」은 21세기에도 각국에서 유아교육에 이용되고 있고, 그가 설립한 '어린이집'은 한국에서도 크게 유행하고 있다. 네덜란드에는 「몬테소리세계연맹」의 본부가 있다.

제5장

20세기의 교육

1. 20세기 교육의 사상적 교육
2. 제2차 세계대전 이전의 교육
3. 제2차 세계대전 이후의 교육동향
4. 20세기에서 주목해야 할 교육사상가

1. 20세기의 교육의 사상적 배경

20세기 교육사의 사상적 배경을 요약해 보면 다음과 같다. ① 민족주의적 국가주의에 터해서 나타난 제국주의의 성립과 그것에서 연유된 제1차 세계대전(1914~1918), ② 세계자본주의가 내포한 모순과 관련해서 나타난 사회주의국가의 출현(1917), ③ 세계경제공황(World Depression, 1929)의 영향을 틈타 대두된 파시즘(Fascism)적 정치체제의 성립과 그 확립(1930년대), ④ 전체주의와 민주주의 세력과의 대결이었던 제2차 세계대전(1939~1945), ⑤ 제2차 세계대전의 종전과 더불어 사회주의 진영세력의 비약적 증대, ⑥ 증대된 사회주의 진영과 자유민주주의 세력과의 대결 내지 최근의 공존 분위기의 조성, ⑦ 세계평화와 국제협동을 위한 세계국가(World Society)의 형성에의 노력 등이다.

이들 제요인은 직접 · 간접으로 각국의 교육을 규제하여 그 변모와 발전에 크게 작용했다. 거시적으로 분류해 보면 다음과 같다.

① 제국주의는 국제적 경쟁에 대처하기 위해서 교육을 국민통일의 방책으로 삼는 한편, 생산경쟁의 기본수단으로 이용했다.

② 제1차세계대전 후, 선진자본주의 여러 나라는 식민지 진출의 지도적 인물의 양성과 산업진흥과 관련하여 중등교육의 제도와 내용을 개혁하는 한편, 역사상 최초의 사회주의 국가가 출현하여 생산노동과 교육과의 결합에 의한 인간의 전면적 발달을 도모함으로써 교육을 사회주의 사회건설의 바탕으로 이용하려 했다.

2. 제2차 세계대전 이전의 교육

1) 영국의 교육개혁

영국은 국민교육의 충실을 기하기 위한 법안을 검토하고, 1918년 「초등교육법(Fisher Act)」을 성립시켰다. 이 교육법에 의해서 영국의 초등교육의 국가체제가 촉진되었으며, 초등교육을 민중에게 완전무상제로 개방한 것은 1918년의 「초등교육법」이므로 영국의 초등교육제도는 이로써 일단락되었다.

그리고 모든 청소년에게 중등교육(secondary education for all youth)을 의무적으로 실시하기도 한 것은 「1944년의 교육법(The Education Act, 3rd August, 1944, 일명 버틀러법)」이다.

2) 프랑스의 교육개혁

19세기 이래 프랑스에는 ① 서민계급을 위한 모친학교(école maternelle) · 심상소학교(école primaire élémentaire) · 고등소학교(école primaire supérieure) · 보수과(cours complémentaire) 등의 계통과, ② 지도자 계급을 위한 유치원(jardin d'enfants) · 리쎄(lycée) · 꼴레주(collége)의 예과와 본과 · 대학(université) 등의 계통이 있어 양계통 사이에 연락과 연계가 되지 않은 전형적인 복선형의 학교제도가 구성되어 있었다.

이는 사회계급적 구성을 반영한 것이었기 때문에 프랑스 국민을 두 개의 사회집단으로 분열시킬 위험성을 내포하고 있었다.

그러한 상태에서 이 위험성을 근본적으로 해결하려던 것이 '통일학교(école

unique)'의 운동이다. 제1차 세계대전 중 조국을 위해 싸웠던 지식계급의 뜻있는 군인들은 조국의 장래를 교육에 의한 국민통일에 있다고 믿고 또한 기대를 걸고 참호 속에서 「신대학조합(les compagnons de l'université nouvelle)」을 결성했다. 그들은 "사상도, 학과내용도, 교수방법도, 학생모집의 방법도 근본적으로 개혁해야 한다."고 주장했다. 그리하여 당면목표를 통일학교의 실현에 두었다. 그들의 의견은 모든 국민에게 통일적이며 공통적인 기초교육을 실시하고, 그 후에 개인의 능력과 성향에 따라 교육과정을 분화시키려는 것이었다.

신대학조합파의 정치가가 정권을 담당한 다음부터 더욱 적극적으로 추진되었다. 1923년부터는 중등학교의 예과와 소학교와의 교육내용이 접근되어 갔고, 1930년 이후는 국 · 공립의 중등학교교육이 점진적으로 무상화되었다. 1936년 이후부터는 통일학교의 이념은 더욱 구체적으로 실현되어 갔다.

3) 미국의 교육개혁

진보주의자들은 전통적인 교육의 형식주의에 반대하고, 개혁운동 · 민주적 운동 · 과학적 운동으로서의 교육의 근대적 제 개념을 종합 · 구성하여, 그것을 교육의 실천장에서 실현시켜 보려 했다. 그들은 아동 · 학생의 자유스러운 활동을 존중하는 것을 기본으로 삼고, 아동중심주의 교육(child centered education)을 '새교육'이라고 불렀다.

그리하여 어린이의 자유, 어린이의 흥미의 존중, 자발학습에의 동기유발, 성장 · 발달의 과학적 연구 등을 주요강령으로 내세웠다. 진보주의 교육운동은 19세기 말부터 20세기 초에 나타났던 사회적 제 모순을 극복하는 것을 당면과제로 삼았다.

1912년을 전기로 하여 진보주의 교육은 급격히 발전했다. 1918년에는 「진보주의교육협회」가 결성되었고, 1924년에는 기관지인 「진보주의 교육」을 발간했다. 1918년 협회결성 당시에 그들의 취지에 찬동했던 학교는 불과 12개교였으나 1920년경에는 진보주의 교육의 의견이 크게 작용하여 55개교로 급증하면서 한때 미국교육계에 큰 영향을 끼쳤다. 그러나, 급진해 간 그들의 주장에 대한 반성과, 경제공황에서 비롯된 여러 측면에서의 공격에 부딪쳐 그들의 주장은 변경되지 않을 수 없었다. 즉, 사회적 관심을 반영시켜, 초기부터 지니고 있었던 Dewey식 활동학교(activity school)관 속에 1940년대부터는 E. G. Olsen의 지역사회학교관을 융합시켰던 것이다. 이 운동을 주도한 인사는 J. Dewey, W. H. Kilpatrick, B. H. Bode 등이다.

4) 독일의 교육개혁

제1차 세계대전과 제2차 세계대전 사이의 독일은 바이마르 공화국시대(1919~1933)와 나치스 시대(1933~1945)로 구분된다.

(1) 바이마르 공화국시대의 교육

제1차대전에 이르는 사이의 독일제국의 교육행정은 고도로 중앙집권화되어 있었고, 학교제도도 사회계급에 따라 구별된 복선형의 그것이었다. 내전 후에 성립한 바이마르 공화국은 종래의 중앙집권적, 귀족주의적 성격을 불식하고 민주적 교육건설에 노력했다.

공화국의 교육당국은 ① 학교교육으로부터 군국주의적 요인을 제거할 것과, ② 초등학교에 대한 교회의 감독권 부정과 종교교육을 폐지할 것 등을 지시하여, 그 동안 독일 국민교육의 발전을 저해했던 요인을 한꺼번에 제거하려 했다. 교육행정면으로 중앙에 있었던 권능을 대폭적으로 각 지방에 위양하고 획일주의 교육을 타파하기에 힘썼다. 학교제도면에서는 모든 아동이 취학할 수 있는 4년제의 '기초학교(Grundschule)'가 1920년에 공포된 「기초학교법」에 따라 설립되었다.

기초학교의 설립은 ① 초등교육제도의 단일화, ② 하층계급 자제의 중등학교 취학기회의 제공, ③ 계급간의 대립의 완화, ④ 긴밀한 사회적 유대 등의 정책적 효과를 노렸던 것이었다.

공화국시대의 교육개혁에서 주목할 것은 교육양성제도로서, 종래 사범학교(Lehrerseminar)에서 양성하던 초등학교 교원을 1925년 이후는 교육대학(Pädagogische Akademie)에서 양성하도록 했고, 중등학교 교원은 모두 일반대학에서 양성했다.

(2) 나치스의 교육

나치스 정부는 1933년 바이마르헌법에 따라 정해진 「국민교육에 관한 훈령」은 모두 폐지되고, 나치즘(Nazism)에 반대하는 교원에게는 강압이 가해졌다. 이후 그들의 교육개혁은 전면적으로 강행되었다. 1934년에 신설된 교육부에 의해서 맹목적 · 침략적 국가주의를 강화하는데 힘을 기울였다.

교육개혁의 일환으로서 민족적 세계관을 강조하고, 유태인을 배척하면서, 독일인의 우수성을 선전하고, 국가주의적 역사교육 · 종교개혁 · 체육 등을 특히 중시했다. E. Kriek(1882~1947)와 같은 지성적인 교육학자도 이에 호응하여 이론적인 지주가 되었다. 그들의 국가사상을 기르는 교육은 유아에서부터 성인에 이르는 모든 영역에서 시행되었으나, 특히 학교교육과 사회교육, 그리고 군대교육을 나치스적인 유형적 인간형성의 최종단계로 삼았던 것이다.

그들이 내세운 나치스적 인간의 덕목은 ① 독일민족이 타 민족에 비해서 절대로 우월하다는 자신, ② 지도자에의 복종, ③ 묵묵한 실행과 희생적 정신, ④ 용기 등이었다. 위의 덕목은 소위 '독일국민공통체의 의식적 성원의 육성'이라는 나치스 교육의 최고목적을 달성하려는 방편이었다.

3. 제2차 세계대전 이후의 교육동향

1) 현대 미국교육의 동향

(1) 미국의 중앙교육행정기구의 정비

미국의 중앙교육행정기구는 1939년, 과거 70년에 걸쳐 속해 있었던 '내무성(Department of Interior)'에서 분리되어 사회보장, 공중위행 및 기타 부문과 합쳐서 '연방보장청(Federal Security Agency)'에 이행되었으나 그것이 1953년에 '보건 · 교육 · 후생성(Department of Health, Education and Welfare)'으로 승격되어 오늘에 이르고 있다.

(2) 코난트보고

미국교육의 근저를 뒤흔들고, 근본적 체질개선을 촉구한 것은 1957년의 소비에트에서의 인공위성의 출현이었다. 이른바, 스푸트니크 쇼크(Sputnik Shock)이다. 미국의 과학기술이 소련에 비해 뒤졌을 뿐만 아니라, 과학자와 기술자가 부족하다는 것을 깨닫게 되었으며, 그것을 계기로 교육문제가 국가의 안전보장과 직접적인 관계에 있다는 제일급의 중요국책으로 취급받게 되었다.

1959년의 「코난트보고(The American Hight School Today)」는 이러한 시점에서 미국교육의 문제를 제기했다는 점으로 주목된다. J. B. Conant는 미국의 단선형 종합고등학교의 역사적 유산을 높이 평가하고, 그 근본적인 변경은 불필요하다고 전제하면서도 종합제의 내부에서 상·중·하의 능력별 편성을 채용하고, 아케데믹한 능력을 소유한 학생에게는 영재교육을 실시하여 우수한 과학기술자 요원을 확보해야 한다고 했다. 그는 종합고등학교는 ① 미래의 모든 시민을 위한 일반교육, ② 졸업 후 자기기능을 살려 취직하려는 자를 위한 선택과정, ③ 대학진학 희망자를 위한 선택과정 등이 준비되어야 한다고 했다.

(3) 국방교육법

1958년에 제정된 「국방교육법」은 교육이 국가체제의 유지·존속에 기초적인 역할을 한다는 인식하에 종래의 지방분권적, 자연발생적, 민중통제적인 미국교육제도의 현단계에 있어서의 제 모순을 국가적으로 조정하고, 연방정부의 중점정책이 주의 교육행정기관을 통해서 구체화될 수 있는 체제를 확립하려는 것이었다. 이 법의 목적은 "현하의 긴급사태는 보다 많은, 보다 적절한 교육의 기회가 활용되어야 함을 필요로 한다. 우리나라의 방위는 복잡한 과학의 원리로부터 출발한 근대기술의 습득에 달려 있다."(국방교육법 제1조)고 하면서 인적 자원의 개발과 일반적 교육개선을 시도해야 한다고 했다.

2) 현대의 영국교육

지방분권적 국민교육제도의 수립의 기초를 이룬 「1902년법(Balfour Act)」은 남아프리카 전쟁 직후의 소산이었고, 초등교육의 국가제제를 촉진시킨 「1918년법(Fisher Act)」은 제1차대전 후에 성립되었다. 전시에 충분히 계획을 세웠다가 종전이 되면 실행했다고 할 수 있다. 제2차대전의 경우도 마찬가지로 전시중의 계획이 「1944년 교육법(The Education Act, 3rd August, 1944; Butler Act)」으로 나타났던 것이다. 이 법은 '잉글랜드 및 웰즈'에 관한 법률이었지만, 이 법률의 정신에 따라 「1945년 스코틀란드교육법」, 「1947년 북아일랜드교육법」 등의 제정을 유도하여 전후 대영제국의 현대교육 개혁의 기초를 이루었다.

전후 영국교육개혁의 핵심을 이룬 점은 ① 1899년 이래의 교육원(Board of Education)을 폐지하고, 교육부(Ministry of Education)를 설치하여 교육부장관(Minister of Education)을 임명하고 중앙교육행정기관의 권한을 확대·강화한 점이고, ② 잡다한 학교제도를 정비하여 특히 모든 청소년에게 중등교육(secondary education for all)을 실시하는 국민교육제도의 실현에 노력한 점이라 하겠다.

1944년의 교육법에 의하면, 중등교육은 11세부터 시작된다. 그리고 그것은 3종류의 학교(Grammar School·Technical School·Modern School)로 분화되고 있다. 즉 ① 고전중등학교(Grammar School)는 전통적인 학문적 계통의 것으로써 대학 진학과정의 성격을 지닌 7년제학교이며, ② 기술중등학교(Technical School)는 기술적·직업적 계통의 6년제학교이며, ③ 근대중등학교(Modern School)는 일반적·실제적 성격의 4년제학교이다.

1964년 중등교육의 학교제도는 일부 변경되어, ① 7년제 고전중등학교, ② 5년제 내지 6년제 기술중등학교, ③ 4년제 내지 5년제 근대중등학교, ④ 7년제 종합중등학교로 되었다.

이상은 새 교육법에 나타난 학교조직을 중심으로 살핀 것이지만, 전통적으로 존속해 온 사립인 '독립학교(Independent School)'가 있다. 그 가운데 특히 주목되는 것은 전통적인 귀족학교인 '퍼블릭스쿨(Public School)'이다.

이는 명문사립 중등교육기관의 명칭으로서 공립의 글래므스쿨과 구별된다. 여기에 해당되는 학교는 윈체스트스쿨(1382년 설립), 이튼스쿨(1440년 설립), 웨스티민스터스쿨(1560년 설립) 등 9개교가 있다. 이들 학교는 옥스퍼드와 케임브리지 두 대학으로 진학하는 예비학교의 기능을 갖고 있으며, 영국의 지도자층을 양성하는 영국의 특유의 중등교육기관이다.

3) 프랑스의 교육개혁

종전 후, 20여 년 동안 교육개혁에 대한 열의와 노력을 시종 일관해 왔다. 교육개혁은 프랑스가 당면한 현실적인 곤란에 대처하여 그것을 극복하기 위한 기본적이며 불가결한 해결책에 불과했다. 그리하여 이상주의적인 입장에서 또는 현실적인 관점에서 다수의 교육개혁안이 제안되었다. 그 가운데 특히 주목되는 것은 랑쥬뱅안(1947)과 베르뜨웽안(1959)이다. 두 가지 안은 전후 프랑스 교육개혁의 기점과 종점에 해당되는 동시에, 교육개혁의 성격과 내용을 규정하는 대표적인 것이다.

「랑쥬뱅안」은 역사적 · 현실적인 입장에서 교육문제를 분석하여 교육개혁의 기본이념을 명시하고, 그것에 따라 현재와 장래의 교육의 이상적 구도를 훌륭하게 묘사했다는 점에서 높이 평가되고 있다. 뿐만 아니라, 기타의 여러 가지 안이 모두 랑쥬뱅의 구상을 기저로 하여 부분적인 수정을 가하는 등의 영향을 주었다.

「베르뜨웽안」은 1959년의 의무교육 연한의 연장을 규정한 「대통령포고」 및 「공무원의 개혁에 관한 대통령령」에 의해서 실시된 것으로써 입안자인 교육부장관 베르뜨웽의 이름을 붙인 것이다. 이 안의 최대의의는 오랫동안 논란되어 왔던 교육개혁의 현안을 해결하는데 실제로 작용했다는 점이다. 다시 말하면, 이 안의 시행을 계기로 다년간의 교육개혁운동은 일단 종지부를 찍었던 것이다.

「드골교육개혁」이라고도 불리우는 베르뜨웽안의 주요 골자는 다음과 같다. ① 교육에 있어서의 평등 ② 적성에 알맞은 진로지도 ③ 기술교육의 중시 ④ 통일적 교육체제 등으로 요약될 수 있다.

4. 20세기에서 주목해야 할 교육사상가

1) Dewey의 교육사상

20세기의 교육사상가로서 거론되는 분이 여러 사람 있으나 제3부 현대의 교육철학에서 다루고 있는 내용과의 중첩을 피하기 위해 여기서는 Dewey의 교육사상만을 다루기로 한다.

1860년 내지 1870년대 미국교육계에서 활발했던 구라파 교육철학의 이입(移入)은 Pestalozzi · Herbart · Fröbel 등의 교육철학을 중심으로 한 소위 신교육운동을 초래하였다.

여기에서 미국교육계는 종래의 교과중심의 교육설과 아동중심의 교육이론이 대립하기에 이른 것이다. 이 때에 양자의 견해를 비교 · 분석해서 미국 교육이 나아가야 할 교육관의 진리를 확립하여 준 이가 John Dewey(1859~1952)이었다.

(1) 교육목적론

1 사회발전과 사회혁신에 헌신자 육성

Dewey는 『나의 교육적 신조(My Pedagogic Creed, 1897)』에서, 교육은 사회진보를 가져오는 가장 근본적인 수단방법이다. 따라서 교육을 통해서 피교육자의 사회의식을 높이고 그들에게 문제의식을 촉구함으로써 사회진보와 사회혁신의 원동력을 키워 나가는데 근본목적이 있다는 점을 강조하고 있다. 이런 뜻에서 교육이란 사회발전 또는 사회혁신의 수단적 작용임을 알아볼 수 있다.

2 민주적이며 전인적 생활인 육성

교육은 생활의 과정이지 성인생활을 위한 준비 또는 장래를 위한 준비가 아니다. 교육을 통해서 지적, 신체적, 정신적, 성격적으로 모든 면에서 골고루 원만하게 발달된 전인적(a whole person) 민주적 생활인을 육성하는데 목적이 있음을 강조하고 있다.

전통적인 교육사상가들은 교육에서의 성공의 길은 이론적 지식을 되도록 많이 학생들에게 교수함에 있다고 주장하여, 어떻게 하면 교사가 가지고 있는 지식을 학생에게 잘 전달할까 하는 지식 전달의 방법 연구에만 몰두한 결과 교사중심 또는 교과서중심의 주입식 교육을 초래하였던 것이다. 그러나 이 주지주의 교육, 즉 실생활과 유리된 지식중심의 교육은 이것저것 이론적 지식을 많이 알고 있는 백과사전식 인간은 양성되어도 현실 문제를 자기 손으로 처리할 줄 아는 능동적이며 창조적인 인간 양성을 바랄 수 없다는 입장에서 Dewey는 전인적 생활중심 교육을 통해 민주적이며 실천적인 생활인의 교육을 강조하였던 것이다.

(2) 교육방법론

1 아동의 흥미 강조

Dewey의 교육방법에는 아동의 흥미가 중심이 된다.

Herbart와 같이 Dewey에 있어서도 흥미(interest)의 문제가 중심이 된다. 그런데 Herbart와 Dewey 간에는 상이점이 있다. Heabart는 전적으로 흥미의 지적인 면을 강조한다. 그러나 Dewey는 사회 생활의 여러 가지 특징, 이를테면, 수기적 · 지적 · 감정적 · 사회적인 흥미나 활동을 강조하였다.

Dewey는 교육의 기초로서 네 가지 흥미를 들고 있는 바, ① 회화(會話)와 교류의 흥미, ② 사물을 탐구하고 발견하는 흥미, ③ 물건을 제작 · 구성하는 흥미, ④ 예술적 표현의 흥미 등이다.

교수 및 학습지도는 타율적이 아닌 자발적 활동이 되지 않으면 안 된다. 흥미는 자발적 활동의 기본적인 출발점이며 자발적 활동을 이끄는 요소이다.

2 탐구학습 강조

그는 재래식 암기식 교육을 배척하고 능동적 학습을 강조한다. 지성이나 사고는 현실적 정세로부터 발달하는 것인데 종래의 교육방법은 아동 자신들이 처하고 있는 정세로부터 문제를 파악하지 못하고, 따라서 그로부터 출발함을 게을리하였다.

그러므로 Dewey의 교육방법은 탐구학습과 더불어 아동 자신들이 처하고 있는 정세로부터 문제를 파악하여 능동적인 학습지도의 형식을 강조하게 되었다. 학습지도에 있어서의 Dewey의 5단계 문제해결 과정은 다음과 같다.

제1단계 : 문제에 직면하여 의문을 갖는다.

제2단계 : 문제해결을 위한 검토 및 계획을 세운다.

제3단계 : 자료를 수집한다.

제4단계 : 계획대로 실시 수행한다.

제5단계 : 결과를 검증하여 확실한 해결에 도달하게 한다.

이와 같은 문제해결 과정은 반성적 사고를 촉발하는데 중요한 단서가 된다.

(3) Dewey의 교육에 대한 네 가지 관점

Dewey의 교육적 관점은 한 마디로 생활 · 성장 · 경험 그리고 사회적 과정이라고 말할 수 있다.

1 교육은 생활

교육은 미래에 대한 생활의 준비가 아니라, 생활 그 자체가 되어야 한다는 것이다. Dewey에 의하면 생활을 떠난 교육이란 구체적으로 생각할 수 없다. 오로지 교육은 생활을 위하여 있는 것이다. 그러므로 생활을 통한 교육이야말로 참된 교육이다.

교육은 생활을 준비하는 것 이상이다. 교육은 생활의 시초에서부터 생의 종말에 이르기까지 계속되는 과정이며 학교 안에서나 학교 밖에서나 어디서든지 이루어지는 것이다.

2 교육은 성장

교육이란 끊임없이 성장·발달하는 하나의 과정이다. 사람은 어려서부터 연속적으로 발전하고 성장하는 존재이므로 그 과정이 곧 교육의 과정이다. 이 교육의 과정을 통해서 아동은 성장한다. 그러므로 교사의 의무는 아동들로 하여금 끊임없는 성장을 하게끔 만드는데 기여해야 한다. Dewey의 말대로, 학습자의 계속적인 성장을 가져오려면 교사가 얼마나 많은 지식 기술을 전달해 주느냐가 문제가 아니고, 그에게 일생동안 끊임없이 학습할 수 있는 능력과 의욕을 길러주는 일이다.

3 교육은 계속적인 경험의 재구성

교육의 기능은 사람에게 변화를 일으키는 데 있다. 그 변화가 외형적으로 나타나는 행동일 수도 있고, 내면적인 사상·감정·태도·의지 등의 변동일 수도 있다. 이 변화를 Dewey는 '경험의 개조'라고 부른다.

사람은 경험을 통하여 자아를 항상 갱신한다. 경험이란 곧 생활이다. 생활은 환경과의 접촉에 의하여 성립된다. 사람은 하나의 새로운 경험을 가질 때, 그는 벌써 그 경험 이전의 그가 아니다. 그는 벌써 개조된 사람이다. 이 항상 개조되는 과정을 Dewey는 성장이라고 이름한다. 그러기에 참된 교육은 경험을 통하여 가능한 것이다.

4 교육은 사회적 과정

교육은 민주주의를 목적으로 하는 것이어야 하고, 너와 나의 공동체 의식과정과 환경과의 교호작용에 의해서 비로소 인간적 성장이 가능한 것이다. 그러므로 교육의 의의는 사회화의 과정 속에서 찾아야 하고 인간 성장도 사회과정을 떠나서는 있을 수 없다. 그리고 그것은 사회의 모든 성격과 일로부터 분리될 수가 없다.

이상과 같은 그의 진보주의 교육관은 우리나라의 교육혁신에도 공헌을 했으며, 특히 경험중심교육과 아동중심인 교육학에 바탕을 둔 그의 독자적인 교육이론과 방법은 한국의 초등교육에 큰 영향을 끼쳤다. 그의 많은 논문과 저서 가운데 대표적인 것은 다음과 같다. 가장 유명한 책은 『민주주의와 교육』이다.

① 나의 교육신조(My Padagogic Creed, 1897)
② 학교와 사회(The School and Society, 1899)
③ 교육에 있어서 흥미와 노력(Interest and Effort in Education, 1913)
④ 내일의 학교(School of Tomorrow, 1915)
⑤ 민주주의와 교육(Democracy and Education, 1916)
⑥ 오늘날의 교육(Education Today, 1940)
⑦ 경험과 교육(Experience and Education, 1938)

2) Steiner의 교육사상

발도르프 교육(Waldorfpädagogik, Waldorf[Steiner] education)은 20세기 초 오스트리아의 인지학자 Rudolf Steiner(1861~1925)가 제창한 교육 사상 및 실천으로 독일에서 시작된 대안교육의 일종이다.

발도르프 교육은 1919년 Steiner에 의해 세워진 발도르프학교에서 출발한 대안교육이다. 발도르프학교는 남부 독일 슈투트가르트에서 발도르프 아스토리아 담배공장 노동자들의 자녀들을 위해 처음 세워졌는데, 이 학교를 위한 교과과정이 후대까지 영향을 미쳐 교육운동으로 발전하게 되었다. 발도르프 교육의 특징은 남녀공학, 에포크 수업, 전인교육, 성적이 없는 성적표, 교과서 없는 수업, 외국어 수업의 발달, 자치 행정 등이 있다.

현재 발도르프 교육은 전세계적으로(2010년 현재 1500여 개 학교) 이뤄지고 있는데, 그 모습은 각기 다르다. Steiner가 원리에 대한 충분한 인식 없이 구체적인 실천 방법만을 수용하는 것에 반대했기 때문이다. 그럼에도 발도르프 교육의 기본적인 이념은 공통적이기 때문에 모두 발도르프학교라는 명칭을 사용한다.

(1) 발도르프 교육의 교육목적

발도르프 교육의 교육목적에 대해서 학자들마다 다르게 명명 및 분류하고 있지만, 그 핵심에 있는 것은 '개별 학생을 고려한 전인교육'이다. Steiner는 인지적 영역에 치우친 교육에 반대하고, 신체와 정신적 성장에 맞춘 의지, 감각, 사고의 조화로운 발달을 추구한다. 이 때문에 발도로프학교에서는 학생들의 우열을 나누지 않으며 학생 개개인의 성장과 요구에 귀 기울인다. 인지적, 도덕적, 실용적 재능의 발달이 모두 똑같이 중요하기 때문에 노작교육이나 예술교육 등이 교육내용의 상당 부분을 차지한다. 발도르프 교육에서 예술교육을 하는 이유는 학생들이 예술을 통해 자신의 내면을 들여다 보고, 내적 자유를 획득한 인간으로 만들기 위해서다.

발도르프 교육에서 강조하는 조화는 개인 유기체 내에 그치는 것이 아니라 전체 우주와의 조화까지 고려한다. 즉, '우주와 내가 하나다'라는 인식을 갖게 하는 것인데, 인간이 내면의 잠재성을 일깨움으로써 정신적으로 점차 고양되며 우주와 하나가 될 수 있게 되는 교육을 강조한다. 이 때문에 발도르프 교육학에서는 영성 회복도 전인교육의 일부로 본다.

(2) 발달과정에 맞춰진 교육

발도르프 교육에서는 인간 발달단계를 영유아기, 아동기, 청소년기로 나누고, 이 단계에 따라 물질체(Physischer Leib), 생명체(Aetherleib), 감성체(Astralleib), 자아(Ichleib)라는 4가지 구성체를 가지고 있다고 본다.

1 영유아기(0~7세)

Steiner는 영유아기, 그 중에서도 0~3세 시기를 강조했다. 이 시기의 아이들은 신체, 영혼, 정신이 통일되어 있는 상태이기는 하지만 그 발달단계가 다르다. 이 중에서도 가장 비약적으로 성장하는 것은 신체다. 이 시기의 가장 특징적인 신체 발달은 이갈이인데, 생후 7년 동안 일어난 발달이 정점에 이른 것이다. Steiner의 인지학의 핵심이기도 한 '가시적 물질세계와 비가시적 물질세계의 연결'은 여기에도 적용된다. '영구치가 나는 것'(가시적인 상황)을 영유아에게 '사고할 수 있는 힘이 생겼다'(비가시적 상황)는 것으로 이해하기 때문이다.

이 단계의 아이들은 아직 정신적인 측면에서 발달이 완전하지 않기 때문에 주위 환경에 보이는 것을 '모방(Imitation)'하려는 욕구가 있다. 그러므로 좋은 '본보기(Example)'를 제공해야 한다. 교사는 아이들에게 모방할 만한 물리적, 심리적, 도덕적 환경을 제공해야 하는데, 여기에는 비가시적인 환경도 포함된다. 또 이 시기에는 외부적 자극에 의해 무언가를 '학습'하기보다 무엇인가에 열중하며 '충분히 노는 것'이 중요하다. 상상력을 자극할 수 있는 놀잇감을 필요로 하기 때문에 의도적으로 만들어진 장난감보다는 실물을 닮은 놀잇감이 더욱 바람직하다.

2 아동기(8~14세)

이 시기에는 신체, 영혼, 정신이 신체－영혼, 영혼－정신으로 나뉘게 된다.

이전 시기에는 '신체'에서 가장 큰 변화를 보였지만, 아동기에는 '영혼'에서 가장 큰 변화가 나타난다.

이 시기의 아동들은 감성체가 없어 합리적인 사고가 불가능하다. 따라서 느낌, 감정, 상상력 등을 자유롭게 펼칠 수 있는 환경이 조성되어야 하는데, 추상적인 상상이 불가능하기 때문에 수업에서는 예시나 비유를 많이 사용한다.

영구치가 나는 7세를 기준으로 그 전의 아이들이 보이는 것을 그대로 모방했다면, 이후의 아이들은 내적 자각을 통해 권위에 따른다. 이 때문에 발도르프 학교에서는 8년 동안 같은 담임선생님께 모든 주요 교과를 학습하도록 한다.

③ **청소년기**(15~21세)

이전 시기부터 분리되기 시작한 신체, 영혼, 정신이 이 시기에 완전히 분리된다. 서로 독립적으로 발달하면서도 유기성을 잃지 않는다. 이 시기부터 과거 본인이 감각과 정신을 통해 습득했던 것에 대한 자신만의 판단이 가능해지므로 이전까지는 이해할 수 없었던 추상적인 개념, 논리적 사고 등도 가능해진다. 더불어 자신을 8년 동안 지도해 준 담임 교사에 대해 더 이상 권위를 느끼지 못하고 동등한 인간으로 인식하게 된다. 따라서 이 시기부터 교사는 조언자, 가이드의 역할을 담당하게 된다.

(3) 교육방법

① 8년 담임제

발도르프학교에서는 1학년 입학 후 8년까지 같은 교사가 담임을 맡아 주요 교과목을 가르친다. 8년이라는 기간을 설정하게 된 것은 학생의 발달 주기를 고려한 결과다. Steiner는 8년 정도를 발달의 주기로 보았기 때문에 이 시기를 학년으로 나누지 않았다. 또, 발달단계상 특징도 8년 담임제와 관련이 깊다. 발달단계상으로 이 시기는 유아기에서 사춘기에 해당된다. 유아기에는 모방을 통해 모든 것을 배우고, 아동기에는 권위를 느낀다. 8년이라는 기간 동안 교사가 아이들을 관찰하기 때문에 연속성이 보장되고, 아이들은 교사와의 안정적이고 지속적인 유대관계 형성을 통해 권위를 학습할 수 있다.

발도르프 교육에서 교사는 학생에게 지식을 전달할 뿐만 아니라 관찰자이기도 하다. 학생들을 8년 동안 지켜보면서 그들의 성장과 발달을 면밀하게 살펴볼 수 있다. 개별 학생에 대해 관심을 더 많이 가져줄 수 있다는 점에서 8년 담임제는 긍정적이다. 일부 경우 학생과 교사 사이에 유대관계가 형성되지 않거나 불미스러운 일이 발생하는 경우에는 선생님이 교체되지만 발도르프 교육에서는 선생님이 바뀌는 것을 최소화하고자 한다.

2 에포크 수업(Epochen Unterricht)

주기집중 수업이라고도 불리는 에포크 수업은 동일한 과목을 매일 2시간 정도 3~6주에 걸쳐 집중적으로 공부하는 발도르프학교만의 특별한 수업 방식이다. 대개 언어(외국어)와 예술 교과목을 제외한 수학, 역사, 지리, 과학 등 주요과목 전체에 걸쳐 이루어지고, 특정 과목을 선정하여 매일 오전 첫 수업으로 공부한다. 에포크 수업을 오전에 시행하는 이유는 아이들의 체내 리듬을 고려한 것인데, 오전 8시부터 10시 사이의 집중력이 매우 높기 때문에 아침 첫 수업으로 100분 동안 진행한다.

에포크 수업은 아침을 여는 활동으로 시작되어 촛불밝히기, 시낭송, 노래와 연주, 간단한 오이리트미나 체조 등을 약 30분 동안 진행하고, 지난 수업에 대한 복습과 본시 수업의 순서로 이뤄진다. 아침을 여는 활동은 수면상태인 학생들의 감각을 일깨워 '주의(깨어 있음)' 상태로 자연스럽게 만든다. 이런 방식으로 학생들은 한 과목을 3~6주 동안 학습하며, 한 과목의 에포크 수업이 끝나면 다른 과목을 선택해 같은 방식으로 수업이 이뤄지고, 한 번 배웠던 과목의 주기가 돌아오면 다시 그 과목의 주기수업이 진행된다.

3`~6주 정도의 시기 동안 한 교과를 집중적으로 배우기 때문에 수업에 대한

몰입도를 높일 수 있다는 장점이 있다. 또한 주기가 반복되기 때문에 몰입 수업의 효과를 극대화할 수 있다. 한 과목의 에포크 수업이 끝나면 타 교과의 에포크 수업이 진행되는데, 이 과정에서 학생들은 배웠던 내용을 잊게 된다. 그러나 완전히 망각하는 상태에 이르지는 않는다. 학생들은 반복을 통해서 이렇게 내면화되어 있던 내용을 기억해 내고, 조합하는 과정을 거치면서 완전한 지식의 형태를 갖춰 간다. 즉 망각하는 것도 학습의 한 과정으로 보는 것이다.

3 오이리트미(Eurythmy)

발도르프 교육의 가장 큰 특징이기도 한 오이리트미는 그리스어로 '좋은, 조화로운'이라는 뜻의 eu와 '리듬'을 의미하는 rhythm이 결합된 말이다. 다른 말로 '유리드미'라고도 불린다. 오이리트미는 내면의 소리를 몸으로 나타내는 것으로 '보이는 대화', '보이는 노래' 또는 몸으로 해석된 대화와 노래 등으로 일컬어진다. 오이리트미는 일반 무용과 달리 심리적, 영혼적, 정신적 기능을 강조한다. 인간의 정신－영혼－육체 3가지를 조화롭게 결합시키며 인간과 공간, 인간과 우주의 관계까지도 고려하기 때문이다. Steiner는 오이리트미를 인간의 호흡, 혈액, 순환과 연관된 인간의 질적이고 내적인 활동과 관련되어 있다고 보았다.

오이리트미는 전 학년의 필수과목이다. 편안하게 움직일 수 있게 만들어진 단색의 오이리트미 의상과 실내화를 착용하고 연주에 따라 몸을 움직인다. 오이리트미 또한 학생의 발달과 성장을 고려하여 수준이 점차 복잡해진다. 저학년 학생들은 간단한 움직임으로 구성된 오이리트미를, 고학년 학생들은 시, 드라마 등의 내용으로 구성된 오이리트미를 표현한다.

오이리트미는 학생들의 인지적, 정의적 영역에 있어서 도움을 준다. 시, 드라마, 알파벳 등의 요소를 몸으로 표현해 내면서 창의력이 신장될 뿐만 아니라 사회성도 향상된다. 공동 작업을 통해 이뤄지는 것이기 때문에 학생들은 오이리트미를 통해 사회성을 학습한다. 전체적인 조화를 이루는 것이 중요하기 때문에 나 자신 뿐만 아니라 다른 학생들의 움직임에도 관심을 갖기 때문이다. 개인과 전체의 조화를 추구하여 학생들은 협동하는 방법을 학습하고, 서로간의 유대감도 키워나간다.

4 교과서

발도르프 교육에서 저학년의 경우에는 정해진 교과서가 없다. 교과서를 통한 수업은 학생들의 창의성을 제한하고 교사가 같은 내용일지라도 수업을 새롭게 구성하는 데 방해가 되기 때문이다. 교사의 끊임없는 연구가 바탕이 되어 같은 내용을 가르치더라도 학생들의 발달단계, 수준 등을 고려하여 다양한 방식으로 수업을 이끌어 나간다. 때로는 에포크 수업 때 학생들 개개인이 작성한 노트가 교과서가 되기도 한다.

5 성적표

발도르프 교육은 개별 학생의 성장을 추구한다. 따라서 학생들을 일정한 평가 방법에 의해 줄 세우는 것이 아니라 각 학생들이 수업을 통해서 성취한 내용을 성적표에 기재한다. 특히 1~8학년까지는 8년 담임제가 이루어지기 때문에 학생들의 학습적 성취, 발달 사항, 재능 등이 보다 세부적으로 성적표에 기재된다. 9학년부터는 전공 선생님들의 평가를 받는다. 결론적으로, 발도르프 교육에서 성적표는 학생들의 발전을 돕기 위한 가이드라인이다. 이 성적표는 1년에 한 번 배부된다.

6 졸업시험

발도르프 교육은 각 국가에서 시행하는 고등학교 졸업 시험과 별개로 졸업시험제도를 두고 있다. 발도르프 교육에서 운영하는 1~12학년까지의 프로그램을 기존 교육 평가 시스템으로 판단할 수 없기 때문에 발도르프 교육에 알맞은 고유의 시험을 마련하고 있는 것이다. 앞서 성적표 부분에서 언급한 바와 같이 발도르프 교육에서는 선별적 평가를 시행하지 않는다. 대신 학생이 어떤 방향으로 나아갈 수 있는지 가이드라인을 제시해 준다. 졸업시험도 마찬가지로 고등학교 졸업 이후 학생들의 지향점을 제시하는데, 각 학교에서 시행하는 졸업시험의 형태는 다양하다. 이 시험은 일반적으로 특정한 주제에 대해 서술하는 '필기시험', 배우지 않은 텍스트를 이해하고 자기 표현으로 바꾸는 '이해력 시험', 마지막 학년 1년 동안 교사와 함께 다양한 방법으로 준비하는 '졸업논문', 그리고 전교생 앞에서 이루어지는 '졸업논문 발표'로 이루어진다.

7 자치행정

발도르프학교에는 교장이 없고 교사들의 자치 행정에 의해 학교가 운영된다. 이 또한 Steiner의 '삼중적 사회질서(사회 삼원화)'와 관련된 사항이다. 사회 삼원화에 입각하여 학교를 살펴보면, 교사는 학교에 속하지만 각 교사들은 독자적으로 행동한다. 즉, 창의적인 학생들을 육성하기 위해서는 교사 또한 틀에 박혀 있어서는 안 되며 이를 위해서는 다양한 선택권 및 자유가 보장되어야 한다. 따라서 교장 없이 교사들의 회의에서 민주적으로 의사를 결정한다. 매주 열리는 전체 회의를 통해서 수업과 관련한 정보를 주고받기도 하고, 학교 행정 제반에 관련된 사항들을 결정하기도 한다. 그리고 교사들은 학교 운영과 관련된 사항들을 학부모와 적극적으로 상의한다. 학부모 역시 학교 행사에 참여하고 학교와 관련한 사항에 협조 및 협력한다. 여기에 학생들도 빠질 수 없는데, 이렇게 교사-학생-학부모가 긴밀하게 연결되어 '교육가족'을 구성하고, 이들이 발도르프학교를 이끌어 나간다. 요약하자면, 교육행정적인 측면에서 발도르프학교는 강한 유대감을 바탕으로 운영되는 민주적이고 자치적인 학교의 형태라 할 수 있다.

(4) 한국의 발도르프학교 현황

한국에는 경기도 의왕시 청계동에 소재한 청계자유발도르프학교가 있고,

푸른숲발도르프학교(경기도 광주), 양평슈타이너학교, 동림자유학교(용인), 구름산발도르프학교(광명), 서울자유발도르프학교(부천), 인천발도르프학교, 사과나무학교(부산), 부산자유발도르프학교, 광주자유발도르프학교, 서울정릉발도르프학교가 있다.

3) Kilpatrick의 교육사상

William H. Kilpatrick(1871~1965)은 마사대학에서 수학교수로서 10년간 근무하고 1911년에 콜롬비아대학교 사범대학에서 1928년 동대학을 은퇴할 때까지 이곳에서 교육철학 강의를 맡아 진보주의 교육사상을 보급했다. 1918년 '진보주의교육협회(PEA)'를 조직하여 주도적인 역할을 했고, 진보주의교육협회의 기관지인 「민주주의 전선」의 편집인이었다. 그리하여 그는 진보주의 교육학회와 듀이협회의 중심인물이었다.

그의 교육철학 사상은 듀이의 영향을 받았다. 그러나 듀이의 교육철학이 너무 추상적이고 개괄적이었기 때문에 일반인들에게는 이해가 어려웠다. 이것을 Kilpatrick은 그의 능숙한 능변으로 알기 쉽게 해명하고 체계화하여 발전시켰다. 그래서 'Kilpatrick이 아니었으면 오늘의 Dewey는 없었을 것이다'라고 할 정도로 Dewey의 교육사상을 계승하여 구체화하고 대중이 공인할 수 있도록 해명했던 것이다. 따라서 후에 이를 Dewey의 진정한 후계자라고 평가한 점도 바로 이점에 있다.

(1) 교육목적

생활이 교육이고 교육이 생활인 한, 생활은 곧 학습이라고 보았기 때문에 교육의 목적은 인간의 생활이나 학습자의 생활 밖에 두어서는 안 된다고 보았다. 교육 목적은 보다 나은 사고나 행동에 의하여 생활의 내용을 지속시키고 풍부하게 하는 것이다. 때문에 교육의 목표는 생활내용 가운데 있으며 또 생활에서 찾아야 한다는 것이다. 그리하여 교육의 올바른 목표는 현재에 살아가는 아동의 생활을 보다 풍부히 하는 것이다. 그러므로 교육의 궁극의 목표는 아동 개인을 끊임없이 발달시켜 사회적, 개인적으로 원만하게 살아가도록 보다 충분히 좋은 자질을 배양해 가는 것이다. 그러므로 사회적으로 잘 적응하게 된다. 또한 "교육은 생활의 과정이므로 경험의 끊임없는 재구성을 통해 아동을 성장시키는 것이 교육의 목표이다"라고 보았다. 더하여 교육은 본질적 의미에 있어서 학생들로 하여금 살기 좋은 생활을 배우게 하며 또한 그렇게 살게끔 이끌어 주는 것을 그 목적으로 삼았다.

(2) 교육내용

Kilpatrick의 교육사상의 핵심적 개념은 생활, 문화, 인격, 지성의 네 가지를 들 수 있다. 이것은 달리 유목적적 활동을 통한 인격을 위한 교육이라고도 말할 수 있을 것이다. 또한 구안법은 이를 위한 구체적인 방법이었다.

1 생활

생활이란 '살기 좋은 생활'을 의미한다. 살기 좋은 생활이란 물질적으로만이 아니라, 도덕적으로도 살기 좋다는 것이며, 또한 만족을 주는 생활을 의미한다. 가장 잘 산다는 것은 가장 많이 생각하고, 가장 고상하게 느낀다는 것이며, 최선을 다하여 행동한다는 것을 뜻한다. 민주주의는 모든 사람으로 하여금 잘 살게 한다는 전제하에서 사회를 이끌게 하려는 노력이다. 또한 교육은 본질적 의미에 있어서 젊은이들로 하여금 살기 좋은 생활을 배우게 하며 또한 살게끔 이끄는 것을 목적으로 삼아야 한다. Kilpatrick은 '살기 좋은 생활'이란 심리학적 입장에서 볼 때 그것은 '만족을 느끼게 한다는 뜻'임을 상세하게 언급하였다. 그는 또 살기 좋은 생활의 구성요소로서 다음의 열두 가지를 들었다.

① 신체적 건강, ② 정신적 전일성, 잘 적응한 성격, ③ 인간관계에 있어서의 만족, ④ 책임있는 자아로서의 선택의 기회, ⑤ 유의의한 사업, ⑥ 창조의 기회, ⑦ 유발되어 가는 것, ⑧ 흥미의 범위, ⑨ 심미적, ⑩ 음악, ⑪ 적절한 사회생활과정, ⑫ 종교라는 열두 가지다.

[2] 문화

문화란 사회적 유산을 뜻하는 것으로 '누적된 문명의 자본'이다. 그것은 우리 조상들이 보다 나은 생활방식을 마련하느라고 힘쓴 그들의 고귀한 공헌이라고 볼 수 있다. 특히 언어, 도구, 관습, 시인된 방법, 제조, 개념, 기준, 이념 등 인간이 발명한 여러 가지가 포함된다. '문화'를 사회적 유산이라는 말로 표현하기도 하거니와 그 내용은 같다. 다시 말하면 문화란, 전대로부터 이어받은 하나의 유산이다. 문화는 결코 생물학적 유전에 의하는 것이 아니다. 우리는 문화를 지니고 태어나는 것이 아니고 배움으로써 문화를 지니게 된다. 문화는 진정 '누적된 문명의 자본'이다.

Kilpatrick은 인류문화의 발달을 세 단계로 나누어 설명한다. 즉, 첫째 단계는 인간성격의 신성성인데, 인간은 도덕적 규범을 설정하여 인간의 존엄성과 신성성을 강조함으로써 인간문화를 풍부하게 하였다. 둘째 단계는 비판적 사고인데, 인간이 과거의 전통을 맹목적으로 수용하지 않고 비판적 자세를 견지하게 됨으로써 인간지성에 새로운 차원을 첨가하였다. 셋째 단계는 실험적 과학인데, 인간은 새로운 발견과 발명으로 인간의 문화를 창조할 수 있다는 믿음을 갖게 된 것이다. 이처럼 인류문화는 이러한 세 가지 단계를 통해서 발달하여 왔다고 본다. 그러므로 교육은 차세대들이 살기 좋은 생활을 영위할 할 수 있도록 그 방향을 설정하여야 한다.

[3] 인격

살기 좋은 생활과 좋은 문화를 통해서 훌륭한 인격을 지니도록 해야 한다고

Kilpatrick은 역설한다. 그는 바람직한 인격형성을 위한 일곱 가지 생활 및 학습의 원리를 다음과 같이 제시하였다.

① 어떤 바람직한 특성의 인격을 형성하기 위해서는 개인은 그와 같은 특성의 환경 속에서 살아야 하며, 동시에 그와 같은 방식으로 행동해야 한다.
② 개인은 이와 같은 새로운 행동을 자기 것으로 받아들여야 한다. 그래야만 유효한 인격을 이룩하는 일을 배우게 된다.
③ 인격형성의 내적 요소를 배양하는 데는 교사나 부모가 아동의 태도 및 감정에 대해서 세심한 유의를 해야 한다.
④ 개체가 성장해 감에 따라서 교사나 부모는 더욱더 그가 하는 일에 대해서 '왜' 그렇게 하는가를 생각하도록 해 주어야 한다. 이것은 정도에 맞게 해야 할 것이며 너무 일찍부터 서둘러서 할 경우 오히려 역효과가 난다.
⑤ 인격의 강인성은 어느 정도 행동에 대한 결정의 명석성과 결정을 내리게 하는 내면적인 '노력의 힘'에 의한다.
⑥ 새로운 행동이 자기 자신에게 매우 중요한 것이라고 느껴지면 느껴질수록 더욱더 앞에서 말한 원리가 분명하게 작용하게 될 것이다.
⑦ 시인해야 할 새로운 규준에 대하여 내적 갈등을 느끼게 되는 경우와 마찬가지로 시인된 규준에 대하여 어떤 곤란을 느끼는 사례에 대하여 특히 유념해야 한다. 이런 경우에 무엇을 할 것이며 왜 하느냐를 분명하게 해 줌으로써, 그리고 개인적으로나 집단적으로 할 수 있는 한 최선의 방도를 생각하여 격려하는 것이 크게 도움이 될 것이다.

4 지성

Kilpatrick은 지성이 중요하다는 것을 강조하였다. 교육은 문제해결의 태도와 능력을 갖도록 도와 주는 일이기에 지성은 중요한 의미를 지닌다. 그러므로 인생문제를 해결하기 위해 '지성'을 사용한다는 것은 인간만이 할 수 있는 것이며, 개인과 사회는 변화하는 것이며 사회적 가치도 변화하나 거기에 조정해 나갈 수 있는 것은 '지성'이 있기 때문이다. Kilpatrick이 결정론보다도 자유론의 입장을 취하는 이유가 여기에 있다.

(3) 교육방법(구안법)

구안법(project method)이란 학생이 마음 속에 생각하고 있는 것을 외부에 구체적으로 표현하기 위해서 자기 스스로가 계획을 세워 여러 가지 학습 활동을 수행하는 학습방법이다. 원래 구안(project)이란 '앞으로 던진다'의 뜻으로 '생각한다, 연구한다, 묘사한다'의 의미로 쓰인다. Kilpatrick은 이를 자기활동법이라고 불렀다.

1 구안법의 단계

① 목적의 단계 –목적을 명확하게 파악시키는 단계
② 계획단계–계획을 잘 수립해야 한다.
③ 실행단계–학생 스스로 계획한 대로 실지로 전개해 보는 단계
④ 평가의 단계–학생 스스로 평가하는 단계

2 구안법의 특징

① 문제는 실질적이고 구체적으로 해결해야 한다.
② 문제는 학습자 자신이 목적을 가지고 계획에 의해서 선택, 수행한다.
③ 문제해결을 위해서 물질적 자료를 사용한다.
④ 개인차에 따른 활동을 가능하게 한다.

3 구안법의 장점

① 동기유발을 할 수 있고 주동성과 책임감을 훈련시킬 수 있다.
② 창조적, 구성적 태도를 기를 수 있다.

③ 학교 생활과 실제 생활을 결부시킬 수 있다.
④ 자발적이고 능동적인 학습 활동을 촉구할 수 있다.
⑤ 협동성, 지도성, 희생정신을 기를 수 있다.

4 구안법의 단점

① 능력이 부족한 학생에게는 시간, 정력의 낭비가 우려되고 우수학생이 학습을 독점할 우려
② 자료를 얻기가 곤란
③ 수업이 무질서하게 될 우려
④ 교재의 논리적 체계가 무시됨

5 결론

구안법은 학습자의 자기 활동을 강조한 학습방법으로써 진보주의 교육의 상징적인 형태로서 목표나 내용에 따라 적절하게 적용되는 것이 바람직하다.

4) Neil의 교육사상

Neil Alexander Sutherland(1883~1973)는 영국 출신의 교육자로서 스코틀랜드의 엄격한 청교도 교육자 가정에서 태어났다. 어려서부터 권위주의적이고 엄격한 교육의 피해를 많이 보았던 그는 당시의 권위주의적인 교육에 반대하여 자유로운 반권위 교육을 주창했다. 그의 자유로운 반권위 교육사상은 섬머힐학교(Summer hill school)에서 실천에 옮겨졌다. Neil은 20세기의 진보적인 사상가들 중에서도 가장 급진적인 교육사상가이자 교육개혁가로 평가되고 있다.

1924년 섬머힐을 설립하여 자신의 교육 신념을 실천하였다. 저서로는 『섬머힐의 자유로운 아이들』 등이 있다. 섬머힐은 독특한 교육 방침으로 유명하며, 한때 우리나라에서도 언론 매체를 통해 활발히 소개가 되었다. 그의 교육관은

루소에게서 영향받은 바 크며, 그가 주목받는 것은 자신의 경험에서 나온 신념을 단지 이상이나 이론에서만 그치지 않고 '실천'을 통해 보여주었기 때문이다.

A. S. Neil은 섬머힐에서 어린이들을 기존 질서에 적응시키려고 교육하는 것이 아니라, 행복한 인간으로 만들어 주고, 많이 소유하고 소비하는 것이 아닌 '많이 있는 것'을 자기의 가치척도로 삼는 그런 인간으로 길러 내려 한다.

섬머힐 학원을 열고 모든 규칙을 배제, 학습의 강제를 금하는 등 철저한 자유교육을 실시한다.

(1) 인간주의 사상

인간은 긍정적 자기 지향성 및 선택의 자유가 있고 또 자신의 잠재력과 자아를 발견하고 이를 개발하고 실현시킬 능력이 있다고 본다. 또한 전인(全人)이 되기 위해서는 지적 성장뿐 아니라 정의적, 행동적 측면에서도 조화된 성장이 필요하다고 본다. 따라서 교사는 아동의 성장의 촉진자로서 아동의 자발성을 존중하고 적극적으로 돕는 조력자, 안내자, 격려자가 되어야 한다. 이러한 원리를 실천했을 때 우리는 이를 인간교육이라 하는데 이러한 대표적 사례로 영국의 Neil이 세운 '섬머힐학교'를 들 수 있다.

어린이는 선하게 태어났기 때문에 이들을 사랑으로 감싸 주어야 하며 또 대부분 그들이 원하는 것을 허락해야 한다고 주장한다. 또한 그는 "성공에 대한 자신의 기준은 즐겁게 일하고 적극적으로 살아갈 수 있는 능력이다"라고 주장한다. 실제로 그의 '섬머힐(Summerhill)학교'에서 전형적인 모습으로 드러나고 있는 자유로운 학교는 인본주의 교육사상을 바탕으로 하고 있는 대안학교의 보편적인 특징이라 할 수 있다.

(2) Neil의 아동관

Neil은 인간은 능동적이고 외부의 억압을 받지 않는 한 자신의 발전적인 능력을 발휘할 수 있는 선한 본성의 소유자로 보았다. Neil은 또한 어린이의 삶의 목적은 자기 자신의 삶을 사는 일로 보았다. 그것은 걱정 많은 부모가 이끄는 그런 삶이 아니다. 또한, 자기는 어린이에게 무엇이 가장 좋은가를 알고 있다고 주장하는 교육자의 목표에 따라 사는 삶도 아니다. 어른들 쪽에서의 이런 모든 간섭이나 지도는 다만, 로봇세대를 만들어 낼 뿐이다라고 하여 창조적이고 자유로운 삶을 강조했다.

(3) Neil의 교육내용

수업시간표는 매학기 초에 발표되지만 이것은 교사를 위한 것이고 아이들은 이 시간표를 보고 자기가 들어가고 혹은 원하지 않는다면 수업시간에 들어가지 않아도 된다.

자유시간에 아이들은 각자 자기가 하고 싶은 일을 하면서 시간을 보낸다. 아이들은 손으로 만드는 일이나 목공 등은 수업시간 속에 들어가 있지 않아 자유시간에 이루어진다. 아이들은 무엇이나 제가 만들고 싶은 것을 만드는데 남자 아이들은 주로 장난감 총, 여자 아이들은 주로 미술실에서 무엇을 그리거나 헝겊으로 여러 가지 것을 만든다.

서머힐에서는 주로 연극, 댄스, 음악을 많이 했는데, 연극은 겨울 동안 매주 일요일마다 하는데 상연하는 극의 각본은 아이들이 쓴것만으로 하며 아이들의 각본이 떨어졌을 때는 교사가 쓴 각본을 채용한다. 또한 연극을 하면서 아이들에게 남의 재현이나 모방보다 창조를 고무받게 한다.

또한 섬머힐에서는 율동도 중요시했는데 그것은 음악의 리듬을 신체의 운동에 표현시켜서 음악교육을 시킴과 동시에 무용의 기초도 닦게 했다.

사교댄스도 일주일에 적어도 두 번씩은 했으며 이밖에도 축구, 정구 등 조직적인 운동, 나무에 오르는 등 야생적이고 자유로운 놀이를 많이 했는데 Neill에 의하면 어린시절은 놀이시대로서 어려서 놀이에 대한 욕망을 충분히 충족시키고 발산시켰을 때 비로소 어린시절에 미련을 갖지 않고 고된 일이라도 기꺼이 부딪혀 열심히 일하며 성실하게 사는 행복한 어른으로 자란다고 한다.

Neil의 종교에 대해 인간은 다른 사람의 생애에 대해 말을 들어서 사는 법을 배우는 것이 아니라, 자신이 직접 살아서 배우게 되는 것이라는 생각을 가지고 있었다. 왜냐하면 행동이 말보다 훨씬 중요하기 때문이다. 그러한 생각을 가지고 있었기 때문에 Neil은 섬머힐에서 종교교육은 실시하지 않았다.

또한 Neil은 인간들이 도저히 도달할 수 없는 도덕 기준을 만들어 놓고, 그 기준에 맞추려고 인간의 본성에 위반되는 강제적인 도덕교육을 시키는 것이 어린이들에게 심리적인 갈등을 주어 신경증이나 노이로제를 일으키는 원인이 된다고 보았다. 따라서 그에게 이상주의, 즉 도덕주의는 어린이를 온실의 화초처럼 억지로 품위있게 만들어 그가 제대로 잘 자라지 못하게 함으로써 오히려 부도덕을 기르게 된다고 보아 도덕교육도 실시하지 않았다.

Neil은 마음과 육체가 밀접한 관계를 갖고 있다고 믿었으며, 심리적인 억압 특히 성적인 억압이 근육의 긴장이나 병을 유발시킨다고 생각하였다. 따라서 어린이가 자위에 대한 죄책감에서 해방되는 것을 중요하게 여겼고 어린이들의 성장난을 긍정적으로 받아들여야만 하며, 만약 그렇게 된다면 이 세상의 성범죄가 현저히 줄어들 것이라고 주장하고 있다. 따라서 올바른 성교육은 교사나 부모들이 성에 대해 긍정적인 태도와 인정하는 태도를 갖는 것이 중요하고 성에 대한 질문에 대하여 어린이가 이해할 수 있는 수준에 사실대로 정직히 대답을 해 주고 억제하지 않는다면, 어린시절 자체에서 자연스러운 성교육이 이루어질 것이며 이러한 자유의 시작은 마침내 삶을 사랑하는 세계를 만들게 될 것이라고 주장한다.

(4) Neil의 교육방법

서머힐학교의 교육방식의 핵심은 한 마디로 '자유'이다. 학과수업에 출석하는 것조차 어린이의 자유에 맡겨져 있으며, 수업도 오전 중에만 있고 오후에는 자유시간으로 각자 하고 싶은 일을 한다. 일체의 강제나 억압을 배제하는 것이 서머힐학교의 교육방법이지만, 학교생활에 필요한 최소한의 규칙은 학생과 교직원이 동일한 한 표를 행사하는 학교총회에서 결정된다. 교사는 학생들과 같은 건물에 기숙하면서 같이 생활한다. 따라서 학생들은 어른들을 두려움이나 복종의 대상으로 생각하지 않고, 자신의 판단과 선택에 따라 행복한 삶을 살아가는 자율적 능력을 기르게 된다.

1 자치의 의미

Neil의 자유 규정, 즉 "다른 사람들의 자유를 침해하지 않는 한도 내에서 자신이 원하는 일을 하는 것"은 자유가 갖는 복잡한 의미의 출발점이라고 할 수 있으며, 이러한 자유의 기초적인 개념 규정이 갖는 암시는 어린이들이 그들의 일상생활을 통해서, 특히 전교회의라 불리는 자치회의에서 개인적 자유 행사의 한계선을 체험함으로써 탐색되었다.

전교회의를 통한 서머힐의 자치는 다루는 문제들이 생활의 실제적이고 어린이들의 직접적인 관심의 대상이 되는 문제 위주로 토의가 진행되며, 또 권위적인 성인들의 간섭을 일체 받지 않은 채, 어린이들 스스로 공동생활의 질서를 형성해 간다는 점에서 자치는 다음과 같은 중요한 의미를 내포하게 된다.

첫째, 서머힐의 자치는 개개 어린이들로 하여금 자유와 방종 간의 구분의식을 형성케 함으로써 개인의 사회적 조절능력을 갖게 한다는 점이다. 둘째, 서머힐의 자치는 공동체 생활을 지배하는 적절한 권위 성립의 조건을 제시하고 있다는 것이다. 끝으로 서머힐의 자치는 어린이들로 하여금 민주적 태도와 성향의 발달을 생활 속에서 실현 가능케 한다는 점이다.

2 자치의 조건

서머힐의 자치가 담고 있는 의미와 목적이 실현되려면 적절한 조건이 요구된다. 우선 자치의 일차적인 상황적 조건은 기숙학교이다. Neil은 종일제 학교가 아닌 기숙학교에서만 어린이들의 생활 속에서 자신들의 규칙을 만들어 갈 수 있는 공동체 자치가 가능하다고 보았다. 왜냐하면 종일제 학교에서는 자치할 것이 없는데, 그 이유는 학교생활이란 곧 수업을 의미하기 때문이다. 서머힐에서는 전교회의 시간에 수업과 관련해서는 언급되는 것은 거의 없다. 대부분의 안건들이 교실 밖에서 일어나는 것들로서 취침시간을 어긴 것이라든가, 협박하는 것, 다른 사람의 자전거를 탄 것, 음식을 던진 것, 조용해야 할 시간에 떠든 것 등등이다.

아울러 자치의 조건으로서의 기숙학교는 어린이들을 어른들, 특히 부모들의 일방적인 영향으로부터 벗어나게 함으로써 어린이들의 자율성 발달을 조장하는 학교형식이기도 하다. 특히 오늘날과 같은 핵가족의 시대에서 어린이들은 또래 형제의 영향보다 부모들의 일방적인 영향 속에서 성장할 수 있다는 사실에서 기숙학교는 더욱 요구되는 학교형식이 된다.

Neil은 자치의 조건으로서 소규모 기숙학교 이외에 학교 학생들의 연령수준을 제시하고 있다. "12세 미만의 어린이들은 그들 스스로 자치를 잘 운영할 수 없다. 그들은 아직 사회적 연령에 도달하지 않았기 때문이다." 그러나 사회적 연령에 도달이 곧 바람직한 자치의 조건을 충족시키지는 않는다. Neil은 보다 나이 든 학생들의 존재가 자치의 필수조건이라고 지적한다. "한 학교 안에서 성공적인 자치는 조용한 생활을 좋아하고 자치에 저항하는 어린 소년들에 맞설 수 있는 나이 든 소년들이 소수 존재할 때만 가능하다."

제 3 부

교육철학

제1장

교육철학의 개념과 성격

1. 교육철학의 개념
2. 교육철학의 학문적 성격과 기능

1. 교육철학의 개념

교육철학의 기본목적은 교육의 목적과 수단, 그리고 목적과 수단의 관계에 대한 탐구이며 이러한 탐구는 많은 요소를 검토의 대상으로 한다. 왜냐하면 교육의 현상은 보편적, 독립적 현상이 아니기 때문이다. 교육이론이나 교육실제는 그것과 결합된 요인과 전통을 갖는 것임으로 그러한 요인과 전통에 대한 이해에서 교육은 탐구되어야 한다.

교육철학은 일반적으로 교육을 철학적 탐구의 대상으로 삼는 학문이라고 할 수 있다.

1) 철학의 어원

교육철학의 개념을 이해하기 위해서 먼저 철학의 어원을 살펴보기로 한다.

철학이라는 말은 Philosphy(영), Philosophis(독), Philosophie(불)의 번역이다. 서양의 이 말들은 그리스어인 'Philosophia'에서 유래한다. Philosophia는 다시 Philia(사랑)와 Sophia(지혜)의 합성어로 '지혜의 사랑(愛知)'(love of wisdom)을 의미한다. 이러한 어원에서 보면 철학이란 참된 지혜를 사랑하고 추구하는 것이다.

2) 교육철학의 정의

교육의 개념 · 목적 · 과정 · 조직 · 정책 등에 관한 원리, 혹은 이들과 관련된 문제의 해결을 철학적 방법으로 접근하는 학문으로서는 소박하게는 이상적 교육의 형태와 원리에 관한 신념이나 주장을 일컫는 것으로도 이해되나, 학문으로서의 '교육철학'은 철학적 방법에 의한 교육의 현상과 행위에 대한 탐구활동과 그것을 통하여 획득된 지식의 체제를 일컫는 말이다.

교육의 이상과 목적을 체계적으로 제시하면서 그것에 의해서 교육의 과정과 조직과 정책을 논의 혹은 비판하는 사변적 교육철학과, 교육에서 사용되는 언어와 교육의 이론적 체계의 논리적 성격을 분석하고 비판하는 분석적 교육철학으로 크게 구분할 수 있다.

교육철학에는 흔히 철학의 응용, 즉 철학적 지식을 교육적 상황에 관련시켜 적용하는 방법, 역사적으로 선행했던 여러 교육사상에 대한 체계적 이해와 검토와 비판을 주로 하는 방법, 철학적 탐구방법으로 교육의 문제에 접근하는 방법 등이 있다.

철학적 탐구의 기능적 측면에서 볼 때, 교육의 목적 · 목표 · 준거 등을 제안하는 사변적(思辨的) 기능, 그것에 따라서 교육의 제반 과정과 활동을 평가하고 규범적 원리를 제시하는 평가적 · 규범적 기능, 교육의 논의에 사용되는 언어와 논리의 명료화를 기하고자 하는 분석적 기능으로 대별될 수 있다. 그런 점에서 교육의 과정을 사실적으로 기술하거나 그것에 의해서 이론을 전개하는 교육과학과 구별된다.

2. 교육철학의 학문적 성격과 기능

1) 교육철학의 학문적 성격

교육철학의 학문적 성격은 다음과 같다.

첫째, 교육철학은 '교육관' 혹은 '교육사상'과 같은 뜻을 가지고 있다. '교육관'이란 교육의 전반적 과정에 관한 포괄적인 이해와 소견을 말하는 것이며, 교육의 전반적 과정을 설명하고 그 과정의 원리들을 체계적으로 정당화하는 이론으로 표현된 것을 '교육사상'이라고 한다. 따라서 교육철학은 교육관과 교육사상의 정립에 필요한 기초적인 학문이라 하겠다.

둘째, 교육철학은 '교육목적론'과 같은 말로 사용되기도 한다.

교육 목적의 탐구는 철학적이고 교육방법의 탐구는 과학적이라고 구분한다. 이러한 구분에 의하여 교육목적론을 교육철학과 동일시할 수 있는 학문이다.

셋째, 교육철학은 철학적 이론을 확대한, 혹은 철학적 지식을 교육의 이론과 실천에 응용한 것을 가르치는 학문이다.

2) 교육철학의 기능

교육철학은 교사들의 교육관을 확립시켜 줌은 물론 교육과정의 구성과 전개에 방향감을 분명하게 잡아 주는 기능을 하게 된다.

우선 철학의 기능을 흔히 사변적 기능, 규범적 기능 그리고 분석적 기능으로 나누어 볼 수 있다면, 교육철학의 기능도 이 세 가지 측면에서 고찰할 수 있다.

(1) 교육철학의 사변적 기능

교육과의 관련된 수많은 사실들을 하나의 유기적인 체계로 조직하여야만 전체로서의 교육의 기능이나 본질 혹은 위치 등을 제대로 파악할 수 있게 된다.

교육현상에 대한 전체적인 안목을 제시하는 기능을 교육철학이 담당하고 있으며 이러한 교육철학의 기능을 다른 기능과 구분하여 교육철학의 사변적 기능이라고 부른다.

(2) 교육철학의 규범적 기능

교육이란 현상을 파악하여 전체적인 개념이나 안목을 획득하는 활동도 필요하지만, 교육이란 것은 그 사회가 추구하는 기본가치를 오늘의 현실에서 구현하고자 하는 고도의 유목적적, 의도적인 인간행위인 것이다. 그러므로 모든 교육활동의 궁극에는 필연적으로 가치개념이나 가치기준에 포함되기 마련이다.

교육철학의 규범적 기능은 이렇게 교육의 정책이나 방안을 결정하는 근거로서의 가치기준이 무엇인가를 명백히 할 뿐만 아니라, 이러한 가치기준에 비추어 그러한 정책이나 방안을 평가하는 기능을 말한다.

(3) 교육철학의 분석적 기능

우리는 교육적 논의에 사용되는 언어의 의미가 명백하고 모호성이 없으며, 과연 바르게 사용되고 있는지의 여부를 검토함으로써, 교육에서 취급하는 여러 논의나 결론들의 타당성을 검증할 수도 있다. 뿐만 아니라 다른 한편에서는 교육에 관한 사실을 사실로서 확립시키는 데 어떤 증거가 올바른 증거인가를 밝혀 봄으로써 교육적 진술에 대한 진위여부를 확인할 수도 있다.

위와 같은 방법들에 의하여 교육에 관한 사고나 사상, 혹은 교육실제에 관계되는 용어나 문장이 어떠한 형식을 취하고 있는가를 철저하게 분석하고 음미하여, 교육일반에서 사용하고 있는 개념이나 기본 상정들의 의미를 명료하게 하는 것이 바로 교육철학의 분석적 기능인 것이다.

제2장

교육철학의 배경이론

1. 존재론과 교육
2. 인식론과 교육
3. 가치론과 교육

1. 존재론과 교육

1) 존재론의 이론적 특징

(1) 존재론의 개념

존재론은 형이상학(形而上學; metaphysics)이라는 의미로도 불리운다. 그리스어인 meaphysika는 'meta(뒤라는 뜻)'와 'physika(自然學)'의 합성어로서 '자연학의 뒤'라는 뜻이다. 아리스토텔레스는 학문 연구의 순서로서 자연학(천문, 기상 등) 다음에 철학을 배우는 것이 마땅하다고 지적한다. 아리스토텔레스가 지적한 철학이란 모든 존재 전반에 걸치는 근본 원리를, 즉 존재론의 원리를 연구하는 학문을 뜻한다.

(2) 존재론의 연구대상

존재론은 실재(實在; reality)를 탐구의 대상으로 삼는다. 즉 무엇이 실재하는 것인가를 탐구하는 철학의 첫 번째 문제 영역이다. 따라서 존재론은 우주와 인간의 궁극적이고 본질적인 기본 원리, 즉 제일원리를 포괄적으로 파악하려는 철학적인 노력이다. 바꾸어 말하면, 존재론은 우주와 인간이 궁극적인 실재를 탐구하는 것이다. 즉 인간을 포함한 우주의 의미를 규명하는 실재의 본질에 관한 것을 우리는 존재론이라고 부른다.

(3) 존재론의 유형

우주와 인간의 궁극적인 실재는 무엇인가에 대한 해답으로서 정신 혹은 관념이다. 또는 물질이다. 그리고 정신과 물질 모두라고 한다. 정신 혹은 관념으로 보든, 물질로 보든 여하간 우주의 근원적 실재를 이 중의 하나만으로 성립한다고 규정하는 세계관, 인생관을 우리는 일원론(monism)이라 하고, 정신과 물질 둘로 이루어진다고 보는 세계관을 이원론(dualism), 셋 이상의 무수한 실재를 인정하는 사상을 다원론(pluralism)이라고 부른다.

또 우주의 궁극적인 실재로서 정신 또는 관념이라고 믿는 세계관을 관념론(idealism)이라고 하며, 물질이라고 주장하는 사상을 실재론(realism)이라고 한다.

(4) 존재론의 기본문제

인간을 포함한 세계 또는 우주의 본질(本質)과 그 의미를 규명하는 존재론은 두 개의 근본 문제를 지닌다.

하나는 세계 또는 우주의 본질이 무엇이냐의 문제이고, 다른 하나는 세계 또는 우주는 그 본질에 있어서 변화하는 것이냐, 아니면 영구불변한 것이냐 하는 문제이다.

2) 교육과 존재론

모든 교육자는 우주와 인간의 본질에 대하여 그 나름의 철학을 지니고 교육에 임한다. 이때 그 교육자가 일원론자냐 이원론자냐 또는 다원론자냐 또는 관념론자냐 실재론자냐 실용주의자이냐에 따라 교육의 목적, 내용, 방법의 모든 영역에 있어서 상이한 교육활동과 교육작용이 이루어질 것이 분명하기 때문이다.

학생들의 입장에서도 어떤 유형의 형이상학적 기초에 입각한 교사로부터 교육을 받았느냐에 따라 그 학생의 인생관, 세계관의 형성에 거의 절대적인 영향을 줄 것은 분명하다. 따라서 한 학생의 인격의 총화는 그 때까지의 그를 가르친 교사의 인생관, 세계관의 연장이거나 아니면 그 일부임을 인식할 때 모든 교직자에 대한 형이상학적 기초의 올바른 형성이 얼마나 중요한가를 새삼 깨닫게 된다.

이 때문에 교육철학의 시작은 존재론에서 출발한다. 교육현상은 반드시 우주와 인간의 본질을 밝힘으로써 비로소 이해할 수 있기 때문이다.

2. 인식론과 교육

1) 인식론의 이론적 특징

(1) 인식론의 개념

인식론(epistemology)은 지식의 이론이다. 즉 지식론이다. 흔히 지식철학 또는 지식이론이라고도 한다. 지식론으로서의 인식론은 지식의 기원, 구조, 방법, 확실성, 타당성, 그리고 인식능력의 한계 등을 연구하는 철학의 한 영역이다.

(2) 인식론의 연구대상

인식론은 존재론의 경우보다는 교육에 훨씬 직접적으로 중요한 원리를 제공하고 있다. 교육은 존재론적인 논의를 통해 이론과 실제에 방향을 설정할 수 있지만, 지식과 가치로운 것의 본질에 관한 관념을 전제로 한다. 지식은 교육자들은 교육활동에 있어서 중요한 재료이다. 교사가 학생들의 신체적 건강과 정서적 행복에 관심을 둘 때조차도 신뢰로운 지식에 토대를 두고 판단을 해야만 한다.

그러므로 교사가 궁극적으로 지식이란 무엇인지 스스로 철학적으로 사고하는 것은 중요한 일이다.

2) 지식의 형태

지식의 형태는 일반적으로 표현되는 특징에 따라 명제적 지식과 방법적 지식으로 대별된다.

(1) 명제적 지식

명제적 지식이란 '…인 것을 안다' 또는 '…라는 것을 안다'로 표현되는 지식을 말한다. 다시 말하면 어떤 사실이나 이론의 원리에 대하여 우리가 아는 것을 뜻한다. 따라서 명제적 지식이 문장으로 표현될 때는 대체로 진(眞) 또는 위(僞)를 구별할 수 있는 문장으로 나타난다. 이때 논리학의 용어인 명제란 진 또는 위로 분별될 수 있는 문장으로 표현한 것을 지칭한다. '지구는 둥글다'는 문장은 진으로 표현된 문장이므로 하나의 명제이다. 그러나 감탄문이나 명령문은 명제가 아니다.

(2) 방법적 지식

방법적 지식은 '나는 자전거를 탈 줄 안다', '나는 피아노를 칠 줄 안다' 등에서와 같이 '할 줄 안다'의 지식을 말한다.

명제적 지식과 방법적 지식은 엄격히 구별되지 않은 측면이 있으나 이 둘은 분명히 구별되는 측면도 있음을 알아야 한다. '…할 줄 안다'라고 할 때의 방법적 지식은 어떻게 하는 것, 즉 할 과제의 절차와 방법을 아는 것이고, 다시 말하면 방법적 지식은 그 중점이 과제의 절차와 방법에 있다는 점에서, 그리고 '…라는 것을 안다'의 명제적 지식은 무엇이 진리인가를 아는 것, 즉 명제의 진임을 아는 것임으로 그 구별이 가능하다.

3. 가치론과 교육

1) 가치론의 개념

가치론(axiology)은 가치에 관한 이론이다. 가치철학은 가치로써 근본 원리를 삼는 학설이다. 따라서 '가치론은 무엇이 가치로운가?'를 탐구하는 철학설이다. 즉 존재론이 존재의 원리를 연구하며 인식론이 인식의 원리를 연구하는 것이라면, 가치론은 가치의 원리를 연구하는 것이다.

2) 가치론의 연구대상

가치론은 첫째, 가치라는 것이 무엇이며 인생이나 현실에 대하여 어떠한 관계가 있는가? 둘째 우리는 가치를 어떻게 인식할 수 있으며, 셋째 가치는 어떻게 실현되느냐 하는 문제 등을 주로 연구한다.

가치론의 연구영역에 포함되는 학문으로는 윤리학과 미학이 있다. 가치론이 사람의 도덕적 행위에 관한 것일 때 윤리학, 가치론이 아름다움이나 예술을 연구대상으로 삼을 때 미학이라고 이름 붙인다. 윤리학은 도덕철학이라고 부르며 선(善)·악(惡)·정(正)·사(邪) 등 도덕적 가치를 탐구한다. 즉 인간의 도덕적 가치와 행위에 대하여 철학적 연구를 한다.

3) 가치론의 기본문제

가치가 있다는 것은 '좋은 것'으로, 선(善)한 것을 행하고 따라서 선한 것을 형성하며 훌륭하다는 뜻이다. 즉 문화가치는 문화재의 본질이라고 할 수 있다. 그 '선한 것', '좋은 것', 그리고 '훌륭한 것'의 종류와 구조를 구명하는 것이 가치철학의 과제이기도 하다.

가치론은 다음과 같은 근본문제를 가지고 있다.

① 가치는 주관적인가, 객관적인가?

② 가치는 변하는 것인가, 불변하는 것인가?

③ 가치체계, 즉 가치의 위계(位階)·서열이 있는가, 없는가?

4) 교육에 있어서의 바람직함

교육의 철학적 기초로서 보다 더 중요한 것은 가치론이다. 교육이라는 인간 활동은 인간의 변화에 관한 것이며 어떤 바람직함을 성취하려는 의도와 더불어 이루어지는 활동이다. 여기서 무엇을 '의도한다'는 말은 그것이 어떤 주어진 기준에 의해 '가치 있음', '바람직함'을 암시하고 있다.

따라서 교육의 모든 행위는 가치형성과 관련되어 있어 가치와 직접 연결된다. 어느 의미에서는 교육은 곧 가치이며, 또는 교육자체가 가치교육이라고까지 확대 해석할 수 있다.

제3장

근대의 교육철학

1. 이상주의
2. 실재주의
3. 자연주의
4. 실용주의

1. 이상주의

1) 이상주의의 개념

이상주의(idealism)는 우주의 본질인 궁극적인 실재(實在; reality)가 관념, 정신, 심의(心意; mind)라고 주장하는 철학이다. 이상주의는 관념론(idealism)으로도 불리운다

이상주의는 인식론에 있어서는 관념론, 형이상학적 입장에서는 유심론, 인생관 · 세계관에 있어서는 이상주의로 해석한다.

관념론은 Platon을 그 시조로 하여 Descartes와 Berkeley를 거쳐 Kant와 Hegel을 통하여 근대에 이르는 철학사상이다.

2) 이상주의의 기본원리

(1) 일반적 원리

이상주의 교육철학에서는 실재는 정신적 또는 사고적인 것이며 그것은 관념 목적 비가시적 가치 또는 불변의 진리로 이루어진다. 이리하여 관념론 철학에서는 절대성이 주장된다. 인간은 물질적 환경의 지배와 개조를 통하여 예술, 학문, 도덕, 문화로 표현되는 정신적 · 문화적 환경이나 가치를 창조하는 독특한 특성을 갖는다. 과학에 의하여 밝혀지는 물질적 세계는 실재(實在)의 완전한 표현은 아니다.

이상주의 교육철학은 Platon, Comenius, Pestalozzi, Fröbel 등에 의하여

대표된다. 이들은 교육의 방법이나 수단보다는 교육의 목적이나 목표에 대하여 강조한다. 실재를 정신적인 것으로 보고 관념의 세계를 물질적 세계보다 중시함으로 과학보다는 인문교과의 학습을 강조한다. 인간에 대한 탐구가 학습의 중요한 주제이며 인간의 인격성이나 인격성의 표현이 교육의 중요 기능이다.

(2) 구체적 원리

이상주의에서 보는 실재에 대한 견해를 항목으로 간추리면 다음과 같다.

① 궁극적 존재의 실체는 정신 또는 마음이다.
② 관념은 모든 사물의 본원적 요소로 존재한다.
③ 외적 세계는 이 관념의 '그림자'에 불과하며 신뢰할 만한 것이 못된다.
④ 모든 존재의 뒤에는 절대자로서 군림하는 정신적 존재가 있다.
⑤ 사람은 유한하고 불완전하며 부분적인 존재로서, 그가 예속되어 있는 무한하고 완전하며 전체적인 정신적 존재의 형상으로 성장하여 이에 결합하고 동일체가 되어야 한다.
⑥ 참된 지식은 영구불변하는 것으로서, 정신적 실재에 존속되어 있다.

3) 이상주의가 강조하는 교육방법

(1) 교육의 목적

교육의 중요 목적은 인간의 정신적 · 문화적 유산의 전달과정을 도모하고 개인의 정신적 능력을 통하여 이러한 가치를 앙양하도록 하는데 있음으로 교육은 인류로 하여금 그의 문화를 통하여 정신적 영역으로 발전하도록 하여야 한다. 정신적 영역이나 환경을 구성하는 이상이나 가치는 그 본질에 있어서 지적이고 정서적이고 의지적이다. 이러한 이상이나 가치는 진 · 선 · 미로서 아동이 추구해야 할 실재이다. 교육이나 교육의 목적은 관념주의적으로 주장된다.

(2) 교사의 역할

자연주의자들은 아동의 발달에 대한 교사의 간섭에 대하여 반대한다. 아동의 발달은 교사의 지도나 안내 등에 의하여 제지되고 수정되어서는 아니 된다. 즉 완전이나 합리성을 향한 자연적 · 자율적 발달과정은 교사에 의하여 간섭되어서는 아니 된다. 반면 관념론자들은 교사의 중요성을 강조한다.

교사는 학생이 완성 또는 합리성의 실현인 목적을 인식하도록 도와주며 그러한 목적을 향하여 학생을 인도하고 안내하고 규제해야 한다.

(3) 훈련의 강조

자연주의자들이 자유를 주장하는데 대하여 관념론자들은 훈련을 주장한다. 관념론자들은 훈련의 과정을 거치지 않고서는 아동은 그의 정신적 가능성을 실현할 수 없다고 한다. 아동으로 하여금 인간의 위대한 가치, 즉 내재적 · 정신적 가치를 이해하도록 하여 주는 것은 훈련의 과정이라고 한다. 따라서 교사의 지도가 필요하다고 한다. 교사는 학생이 따라야 하는 행위의 이상을 제시하여 주고 그의 환경이 그의 정신적 가능성의 실현을 인도하여 주는 것을 보여주어야 한다.

(4) 이상주의의 문제점

이상주의에서의 교육은 정신적 작용이며, 아동은 윤리적 존재로 취급되어야 하며, 개성과 전체성은 조화가 이루어져야 하며, 교육의 과정은 이상중심이 되어야 한다는 것을 알 수 있다.

그러나 이상주의는 절대적 가치와 정신적 가치를 지나치게 추구하는 나머지 그 나름의 교육적 한계를 드러내고 있다. 그것은 산업사회의 요구에 응하는 이른바 직업적 교육, 기술적 교육의 측면을 충족할 수 없고, 또 관념론이 추구하는 이상이 현실사회와 거리가 먼, 너무 유토피아적인 이상이어서 현실적 세계를 긍정적으로 받아들이는 태도가 부족하다는 비판을 면할 수 없다.

2. 실재주의

1) 실재주의의 개념

실재주의 또는 실재론은 우주의 본질인 궁극적 실재가 물질이라고 보는 철학이다. 실재론의 창시자는 Aristoteles이다. 아리스토텔레스를 시조로 하는 실재론은 Tomas Aquinas, Bacon, Hobbes, 그리고 Locke 등을 거쳐 오늘에 이르고 있다.

정신 또는 관념이 아닌 물질을 궁극적인 실재로 본다.

2) 실재주의의 기본적 특성

실재주의는 한 마디로 외적 · 객관적 세계는 인간의 의식 또는 관념으로부터 독립하여 실재한다고 주장하는 철학이다. 외적 세계의 존재는 인간의 정신에 관계없이 또 외적 세계의 여러 속성도 인간의 정신이 그것을 인식하든 안 하든 관계없이 외적 세계는 그 자체로, 또 객관적으로 존립하고 있다고 믿는다.

이때 외적 세계와 물질만이 유일의 실재이며, 정신이라고 불리는 것은 물질이 만들어 낸 것에 불과하다고 믿는다.

실재주의는 인식의 대상이 인식작용의 의식이나 주관에서 독립하여 존재한다고 본다. 즉 인식의 대상은 그것의 객관적 파악에 의해서만 참다운 인식으로 성립한다고 보는 입장이다.

이렇듯 외적 · 객관적 세계인 물질은 인간의 인식과는 관계없이 독립적으로 존재한다. 산에 있는 나무, 들에 핀 꽃은 사람이 보거나 말거나 우리의 인식에 관계없이 독립적으로 그 자신의 권리로 존재한다. 이를 독립의 원리라 한다.

이 독립의 원리는 실재주의의 기본적 자세이자 다른 철학체계와 명확하게 구별하게 하는 사고체계이다.

3) 실재주의가 강조하는 교육방법

(1) 교육목적

인식작용에 대한 실재론의 이러한 특성에 따라 실재론의 교육관도 저절로 규명되어진다. 즉 실재론에서는 외적 · 객관적 세계에 대한 올바른 이해를 할 수 있는 과학적 방법과 그 성과로서의 과학적 지식을 가장 중시한다. 다시 말하면 일체의 주관적인 것을 배제하고 독립 자존하는 외적 사실을 있는 그대로 받아들여 이것에 의해 보다 많은 객관적 · 과학적 지식을 획득하고 집적(集積)하는 것을 주요 목적으로 삼는다.

(2) 교육방법

이러한 객관적 세계의 사실에 중점을 두는 입장은 필연적으로 말보다는 객관적 사실을 중히 여기는 교육방법을 강조한다. 즉 사실주의(realism)의 교육관을 생성시켜 현대어 · 자연과학 등에 눈을 돌리는 실학주의의 교육을, 또 교과서 중심의 교육보다는 사물 그 자체에 관한 관찰과 실험을 주로 하는 실험실 중심의 과학교육을 강조한다.

(3) 실재주의의 장단점

실재주의의 교육관에서 이미 드러나고 있듯이 실재론은 교육에 있어서 과학적 지식과 과학적 방법을 중시하고, 현대어, 사물중심으로, 실험과 관찰을 중심으로 하는 교육관을 낳고 있다. 또 기본적 지식과 현실적 진리를 사랑하고 자아실현을 추구하며, 자연의 법칙을 교육에 적용시킴으로써 과학적 사고를 신장하게 하는 등 교육에 지대한 공헌을 하였다.

그러나 여기에도 실재주의 그 나름의 중대한 교육적 한계가 있었다. 그것은 교사중심의 교육, 주입식의 교육, 보수적 · 전통적 지식의 전달, 개인차의 무시, 변화의 불수용 등 여러 문제점이 내재함을 지적하지 않을 수 없다.

3. 자연주의

1) 자연주의의 개념

자연주의(naturalism)는 원래 타고 나온 것을 존중하자는 것으로, 라틴어 'natura'에서 나온 말이다. 자연에는 질서가 있으며, 이 질서에 따라 사는 것이 가장 올바르고 행복한 삶이다는 것을 의미한다. 이는 자연을 유일한 실재로 여기는 철학이다.

자연주의에 의하면, 물질적 우주가 실재의 전부라고 본다. 따라서 자연주의는 가장 오래된 철학으로 만물의 근원을 물로 본 Thales에서부터 시작되어, 사회체제에 의해 억압된 인간성을 자연에 돌아감으로써 다시 찾자는 Rousseau, 교육이란 이 지상에서의 행복한 삶에 대비하는 일이라고 주장한 Herbert · Spencer, 아동의 자발적 발달은 완전한 자유를 통해서 이루어진다고 주장한 Montessori, 아동은 자유로운 환경과 자연과의 직접적인 접촉 속에서 양육되어야 한다고 주장한 인도의 시성 Tagore, 아동은 자유로운 환경에서 자연적으로 성장한다고 주장하면서 섬머힐학교를 설립한 A. S. Neil 등을 거쳐 오늘에 이르고 있다.

2) 자연주의의 유형과 특성

K. Bhatia와 B. Bhatia는 자연주의를 세 가지 형태로 구분하고 있다.

(1) 물질적 자연주의

이 입장에서는 인간의 삶이 전적으로 물질법칙(physical laws)에 의해 지배된다고 한다. 인간의 삶이 자연법칙에 의해 통제되고 영향을 받는다고 본다. 루소가 대표적이다.

(2) 기계적 자연주의

인간은 단지 하나의 기계에 불과하다고 본다. 고대 그리스시대의 원자론자인 Leucippius와 Democritus는 실재를 우주에서 운동하는 원자(atoms)로 보았다. Thomas Hobbes도 자연을 우주의 한 장소에서 다른 곳으로 운동하는 사물의 집합체라고 하였다.

(3) 생물학적 자연주의

인간은 삶은 진화되어 왔다고 보는 입장이다. Darwin이나 Spencer에 의하면, 우리는 성장과 발달의 과정에 의해서 지금의 존재가 되었다는 것이다. 즉 실재를 에너지로 규정하고 있는 것이다.

이상과 같이 자연주의 철학은 다양한 입장을 견지하고 있다. 그러나 자연주의 성격의 다양성에도 불구하고, 자연주의는 교육과 관련하여 다음과 같은 보편적인 입장을 지닌다.

① 교육의 목적은 자연 질서의 한 부분인 자연과 인간본성에 의존한다.
② 자연은 감각기관을 통해 이해된다. 즉 감각은 실재에 대한 지식의 근본이 된다.
③ 자연의 발달과정은 점진적이며 진화적이므로, 교육 또한 서두르지 말아야 한다.

3) 자연주의가 강조하는 교육방법

(1) 교사의 역할

교사는 아동의 활동을 간섭하지 않으며 또한 아동의 인격 형성을 위한 어떤 이상이나 관념도 제공하지 않는다. 교사는 그 자신을 아동에게 강요해서는 아니 되며 교사에 의한 인위적 노력이 아니라 아동의 흥미나 활동의 자유로운 발달이 아동의 교육이 되도록 하여야 한다. 따라서 학교조직은 엄격성이나 규제성이 배제된다. 교사는 아동에게 자연적 발달을 위한 여건과 기회를 제공하여야 한다. 교사는 학생을 이해하고 사랑하고 학생의 행위를 인정코자 한다. 교사는 학생의 입장에 선다. Rousseau는 아동의 자연성에 따라 교사의 간섭에 반대한다. 아동의 본성은 본래적으로 선한 것임으로 어떤 간섭도 해롭다고 한다.

(2) 교육의 목적

자연주의 철학에 따르는 Rousseau가 강조한 목적은 종합적이고 명쾌하다. 즉 교육은 자연에 조화하는 아동의 발달을 목적으로 하여야 한다고 한다. 자연적, 정상적 발달은 아동의 신체적 건강과 활력을 요구한다. 이것은 아동의 개인 차이에 대한 인정과 신체적 고귀성에 대한 중요성을 포함한다.

자연주의 교육의 목적은 무간섭 무억제를 통한 자기 발현이다. 교육방법이나 계획은 아동의 자연성에 일치하여야 한다. 자연주의 교육은 수동적 학습을 제거하고 학생의 적극적 생활의 규정에 의존한다. 훈련의 문제에 있어서는 아동의 자유가 강조되며 학교조직의 문제에 있어서는 엄격성보다는 신축성이 주장된다.

(3) 교육방법

자연주의자들에 의하여 적용되는 교수방법은 그들의 철학을 반영한다. 사물에 대한 직접적 경험과 행동을 통한 학습의 원리에 강조점이 주어진다.

루소는 학생에게 언어적 학습을 시키지 말라고 권한다. 아동은 경험에 의하여서만 학습되어야 하며 가능한 한 행동에 의하여 가르쳐야 한다고 주장하고 있다.

자연주의자들은 학교나 교재에 의존하지 않는 훈련제도, 즉 아동의 실제 생활의 규정에 의존하는 훈련제도를 나타낸다. 복잡성과 가식성을 갖는 학교제도는 형식적이고 엄격하고 인위적인 것으로 아동의 자연적 발달을 저해한다고 한다.

형식적 교육제도에 반대하는 자연주의 교육은 이러한 배경에서 발전한 것이다. 르네상스의 인문주의 운동은 교재나 언어의 학습에 대한 지나친 강조로 형식주의, 현학주의, 미묘주의로 빠졌는데 이러한 형식주의나 현학주의에 반발한 것이 자연주의 교육이다.

Bacon이나 Comenius는 자연주의 입장을 취한다. Comenius는 지식을 전달하는 적합한 방법은 자연에 따르는 것이라고 한다. 자연은 인간을 그릇치지 않는다고 한다. 자연의 여러 가지 작용에 나타나는 정신은 교수방법의 지배적 원리가 되어야 한다고 한다. 이러한 자연주의의 절정은 Rousseau의 주장에서 나타난다. 이성적이기보다는 감성적인 면을 강조한 Rousseau는 이성보다는 자연적 본능과 욕망을 함양코자 하였다. 아동의 발달을 위하여 필요한 것은 모든 규제를 배제하여야 한다고 한다. 자연적 경향성이 최대로 나타나도록 허용되어야 한다는 것이다.

4) 자연주의의 영향

자연주의는 초자연적인 것, 초현실적인 것을 거부한다. 프래그머티즘은 바로 이러한 자연주의적인 주제들을 자연주의로부터 차용하였다. 따라서 진보주의 또한 자연주의의 영향을 받은 교육운동이라고 볼 수 있다.

자연주의 철학은 프래그머티즘과 진보주의 교육운동에 많은 영향을 미쳤다. 특히 진보주의 교육에서는 자연이 초기에 성취하는 실행방법을 의식적으로 그리고 신중하게 발견해 내는 것이 교사의 주요 역할이라고 본다. 모든 원리를 자연에로 돌리는 진보주의의 관점은 자연주의자들의 견해와 합치된다.

4. 실용주의

1) 실용주의 의 개념

실용주의는 수학자 C. H. Peirce의 독창적인 논리학 사상과 W. James의 심리학 연구에 의해 개척되고 다시 J. Dewey에 의해 발전되어 하나의 철학사상으로 집대성된 행동과 경험 그리고 실용에 중점을 둔 철학이다. 실용주의의 프래그머티즘(Pragmatism)이란 말은 그리스어 Pragma라는 말에서 유래한다. Pragma 또는 Pragmata란 행동(action), 실행(deed), 행위(behavior), 실천(practice)의 뜻으로 행동과 행위를 중심으로 하는 철학, 실행과 실천에 중점을 두는 철학, 더욱 실용을 중히 여기는 철학이라는 뜻이다.

모든 진리는 그것이 실제적으로 어떤 효과 또는 유용성, 실용성 여하에 따라 결정되는, 즉 실제적 효과를 가지지 않으면 안 된다는 것이 실용주의의 입장이다.

2) 실용주의의 기본원리

(1) 교육의 목적

이상주의에선 영원불멸의 진리를 강조하지만 실용주의는 어떤 기본의 불변적 가치의 존재를 부정하고 절대주의에 반대한다. 어떤 기존의 이론적 지식보다는 인간 생활이나 인간의 관심사에 대하여 깊은 관심을 갖는 점에서 인간주의적이다. 실용주의는 실제생활에서의 산물이다.

실용주의에는 인간주의적, 경험주의적, 생물학적인 세 가지 형태의 실용주의가 있다. 인간주의적 실용주의는 아동의 자연성과 전체로서의 복지를 훌륭히 충족시켜 주는 것을 교육목적으로 생각한다. 인간의 기본적 요구를 충족시키고 인간의 생활을 발전시켜 주는 것은 진리로 본다. 경험주의적 실용주의는 경험주의적으로 검증되고 작용된 것은 진리라고 한다. 생물학적 실용주의는 환경에 대한 아동의 적응능력과 아동의 요구에 환경을 적응시키는 능력배양을 강조한다.

(2) 교사의 역할

실용주의자들은 외부 규준과 권위를 배제하고 아동의 요구와 흥미를 강조하는 자연주의자들의 견해에 동조한다. 또한 자연주의자들과 마찬가지로 교사의 주된 임무는 아동의 충동, 흥미, 요구를 잘 살펴서 지도하는 데 있다고 주장한다. 이러한 교사역할의 주된 목적은 아동으로 하여금 기존의 가치 체계를 실현하도록 하는데 있는 것이 아니고 아동들의 요구가 충족되고 성취되도록 하는데 있다.

(3) 교육과정 구성의 기준

실용주의는 교육과정 구성에 대한 몇 개의 기준을 제시한다.

첫째의 기준은 유용성과 실용성이다. 학교는 아동에게 유용한 경험을 제공하여야 한다. 따라서 교육과정은 아동이 그의 현재 뿐만 아니라 미래의 생활을 위하여 요구하는 지식이나 여러 가지 형태의 기술을 전달하는 교과를 포함하여야 한다. 언어, 위생학, 신체적 훈련, 역사, 지리, 수학, 과학, 여자를 위한 가사학, 남자를 위한 농업 등이 교육과정에 통합되어야 한다. 유용성의 기준은 후일의 직업을 위한 직접적 훈련을 요구한다. 또한 지식의 획득보다는 생활상황을 다루는 유용성의 입장에서 상이한 학습이 이해되어야 한다. 그러나 유용성의 원리는 좁은 의미로 해석되어서는 아니 된다. 지식의 중요 목적, 즉 인간의 발전이 간과되어서는 아니 된다.

둘째로, 교육과정은 아동의 발달 단계에 따른 아동의 자연적 흥미에 의하여 지배되어야 한다. 예를 들면 초등학교의 아동은 말이나 의사소통 조사, 만들기, 예능적 표현 등에 관심을 갖는 고로 초등학교의 교육과정은 읽기, 쓰기, 셈하기, 자연교과, 수공이나 그림 등의 교과를 포함하여야 한다.

셋째로, 실용주의 교육과정은 아동의 활동이나 아동 자신의 경험의 원리에 기초하여야 한다. 학습은 단순히 교재에 의한 학습만을 의미하는 것이 아니다. 사실의 수동적 수용보다는 적극적 활동 과정이 학습이다. 학교에서의 교과 이외에도 교육과정은 사회적이고 자유롭고 목적적인 활동을 포함하여야 한다. 이러한 활동이 지역사회 활동의 성격을 갖게 되면 창조적이고 독립적인 도덕성을 발전시키고 시민성의 훈련과 자기 훈련을 제공하여 준다.

3) 실용주의가 강조하는 교육방법

실용주의는 프래그머티즘이 지닌 기본적 사상체계에 의거, 하나의 교육철학을 성립시켰다. 실용주의 철학이 강조하는 교육방법을 보면 다음과 같다.

첫째, 실재는 개체와 환경과의 상호작용에 의해서 창조된다고 보기 때문에 아동은 그에게 영향을 주는 바의 세계를 학습하여야 한다. 아동이 그가 생활하는 환경을 떠나서 생각될 수 없는 것처럼 학교는 생활 자체와 분리될 수 없다.

둘째, 교육은 가장 넓은 의미에서 생명을 사회적으로 지속시키는 일이다. 그러기 위하여 학교가 지역사회의 중심이 되어야 한다. 그리고 교육은 곧 생활을 의미한다.

셋째, 교육의 과정은 끊임없는 경험의 재구성의 과정이다. 이것은 실용주의의 대표적인 언명이다. Dewey는 교육을 경험의 끊임없는 재구성의 과정이라고 하였다.

넷째, 행동에 의한 학습 강조이다. 즉 학습이란, 실제로 행함으로써 배운다는 사상이다. 전통적 학교에서의 듣는 학습이 아니고 학습자가 직접 행동함으로써 배우는 이른바 행동을 통한 학습이 강조된다. 따라서 모든 학습은 행동을 통하여(또는 행동에 의한) 행함으로써 배우는 학습이어야 한다는 사상이다.

다섯째, 아동의 흥미를 강조한다. 다시 말하면 흥미중심의 교육을 강조한다. 흥미와 노력 또는 훈련 관계에서 실용주의는 노력과 훈련의 중요성도 인정하지만 흥미를 더 중시한다.

제4장

현대 교육철학

1. 진보주의
2. 본질주의
3. 항존주의
4. 재건주의
5. 실존주의
6. 포스트모더니즘
7. 구성주의
8. 분석철학

1. 진보주의

1) 진보주의의 개념

진보주의 교육운동은 교사중심의 전통적 교육, 교재중심의 교육, 권위적 교사, 암기위주의 수동적 학습, 사회와 교육의 분리, 훈련을 위한 체벌강조 등의 편협성과 형식주의가 낳은 비인간화에 대한 반발로 일어난 교육운동이다. 이 운동은 근대사에서 볼 때 Rousseau의 『Emile』이 보여주었던 자유주의적 아동교육론으로 거슬러 올라가지만, Pestalozzi와 Fröbel을 거쳐 미국의 Dewey, 이탈리아 Montessori 등 자유주의 아동중심 교육사상과 같은 맥락에서 발전하였다. 이 교육운동은 모든 교육의 중심에 아동이라는 인간을 두고 아동의 전인적 성장·발달에 초점을 두었다. 따라서 진보주의 교육운동의 기본사상은 아동중심주의에 입각하여 '행함으로 배우는'(learning by doing) 학습을 내세웠다.

진보주의 교육운동은 1918년에 Dewey의 신봉자들이 진보주의교육협회(Progressive Education Association)를 결성하여 전통적 교육환경을 개선하는데 기여하였다. 이 협회는 미국의 교육개혁 운동으로 발전하였고, 이후 30년 이상 미국 내외에 영향을 미쳤다.

2) 진보주의의 기본원리와 특성

(1) 진보주의교육협회의 7대 교육원리

진보주의교육협회는 하나의 교육철학을 주장하는데 반대하였지만 진보주의 교육원리를 다음과 같이 선언하였다.

1 자연스러운 아동의 발달

아동의 행위는 임의적 법칙보다는 사회적 요구에 따르는 그 자신에 의하여 지배되어야 한다. 즉 아동의 창조성과 자기표현을 위한 최대의 기회가 제공되어야 한다.

2 흥미에 의한 학습

아동의 흥미는 다음과 같은 방법에 의하여 충족되고 발전되어야 한다. 첫째, 세계나 세계의 활동에 대한 직접적, 간접적 접촉과 그러한 접촉을 통하여 획득한 경험의 사용, 둘째, 획득된 지식의 적용과 상이한 교과의 상호관계, 셋째, 성취의식에 의하여 충족되고 발전되어야 한다.

3 안내자로서의 교사

진보적 교사는 암기적 학습보다는 모든 감각적 경험의 이용과 관찰과 판단을 위한 훈련의 사용을 격려한다. 또한 교재나 활동을 포함한 다양한 정보의 원천의 이용을 가르치고자 하며 이와 같이 수집된 정보를 어떻게 사고하며 또한 달성한 결론을 이론적으로 정확하게 어떻게 표현하는지를 가르치고자 한다.

4 아동에 대한 과학적 이해

학교의 기록은 학생의 교과성적을 기록하는데 그쳐서는 아니 되고 학생의 학교생활이나 성인생활에 영향을 미치고 또한 학교와 가정에 의하여 영향을 받는 학생의 신체적 · 정신적 · 도덕적 · 사회적 특징에 대한 객관적이고 주관적 기록을 포함하여야 한다. 그러한 기록은 학생을 지도하는 자료로 이용되어야 한다.

5 아동의 신체적 건강

진보주의 교육의 가장 중요한 관심 중의 하나는 학생에 대한 건강이다. 자유롭게 활동할 수 있는 넓은 공간, 위생적 채광과 환기, 위생적 건물, 자유로운 출입문, 이 모두는 학생의 건강을 위한 것이다.

6 가정과 학교의 협력

학교는 가정과 함께 아동의 자연적 흥미와 활동이 요구하는 모든 것을 특히 초등교육 기간에 가능한 한 최대한으로 제공하여야 한다. 이것은 부모와 교사 간의 지속적 협력을 통하여서만 가능하다.

7 선구자로서의 학교

진보주의 학교는 전통주의가 지배하는 것이 아니라 새로운 교육이론이 추진되는 실험실이 되어야 한다. 과거의 최선은 오늘날의 발견과 조화되어야 하며 그 결과는 교육적 지식에 축적되어야 한다.

(2) 진보주의 교육의 기본적 특성

첫째, 교육은 현재의 생활 그 자체이지 미래의 생활을 위한 준비(생활준비설)가 아니다. 교육은 경험의 재구성 과정이기 때문에 현명한 생활과 그것에 비슷한 경험은 그대로 학습된다. 교육을 통해서 아이들에게 비판적 · 지성적 사고방식을 길러 주어야 한다. 그러기 위해서는 배우는 장소가 비판정신과 지성을 발로시킬 수 있는 곳이어야 한다. 학교는 특히 어린이가 장차 당면할 생활환경과 비슷한 것을 교육해야 한다.

둘째, 학습은 직접적으로 아동의 흥미와 관련되어야 한다. 교육활동에 있어서 아동의 생활을 무시해서는 안 되며, 그들의 흥미와 관심은 소재를 파악해야 한다. 그러기 위해서 학습과정은 교사 혹은 교과서에 의해 일방적으로 정해져서는 안 되며, 아동의 흥미와 욕구가 반영된 것이어야 한다. 아동은 그들의 생활 속에서 배워야 하며 학습은 어린이의 성취도에 맞추어 진행되어야 한다.

셋째, 진보주의 교육은 암기적 학습, 기계적 반복을 위한 암송, 교재의 권위를 강조하는 전통주의(傳統主義)로부터 아동을 해방시키고자 하는 아동중심 교육운동이다. 교육내용의 암기보다 더 중요한 것은 문제해결의 방법을 배우는 것이다. 전통적인 학교에서는 지식은 그 자체로서 가치가 있는 것이므로 교사를 통해 그것을 체계적으로 배워야 할 것으로 여겨졌다. 그러나 진보주의 교육운동은 지식이란 늘 새롭게 전개되며 능동적인 활동에 의해 이어지기 때문에 행동으로도 옮겨져야 할 것이다. 안다는 것과 행동한다는 것은 일치해야 한다. 이것이 실험적 방법의 원리이다. 예를 들면, 배울 내용은 주말마다 학급에서 서로 상의해서 계획해야 하며 문제해결은 간단하게 단번에 끝나서는 안 되고 일관성 있게 지속되는 것이라야 한다.

넷째, 교사는 아동을 지휘하는 입장이 아니라 도와주는 입장이어야 한다. 왜냐하면 어린이의 흥미는 그 자신이 배우고자 하는 것을 결정하는 데서 생기기 때문이다. 교사는 어린이가 그의 발달단계와 능력의 수준에 알맞은 학습계획을 짤 수 있도록 상담해 주며, 자유롭게 학습하도록 하되, 곤경에 처해 있을 때는 도와주어야 한다. 즉 교사는 권위를 지닌 자로서가 아니고 경험이 풍부한 조력자가 되어야 한다.

다섯째, 학교는 경쟁을 시키는 곳이 아닌 협동을 장려하는 곳이어야 한다. 인간이란 원래 사회적이고 대인관계가 원만할 때 만족을 느끼는 존재다. 경쟁심을 길러 주거나 개인적인 성공을 위해 뛰게 하지 말고, 사랑과 동료의식을 갖도록 인도해야 한다. 더욱이 과학기술문명이 발달하면 할수록 공동체적 경험이 중요한 것임을 인식하고 학교는 공동체적 가치를 심어주도록 한다.

여섯째, 민주주의만이 진정한 성장에 필요한 사상과 인격의 자유로운 상호작용을 허용하고 촉진한다. 진보주의 입장에서는, 민주주의는 하나의 정치제도 이상의 것이며 사람들이 협력해서 사는 방식이자 경험을 교환하는 방식이다. 따라서, 민주주의를 가르치기 위해서는 우선 학교생활 그 자체가 민주적으로 운영되어야 하며, 민주주의에 대한 이해를 깊게 하고 그것을 실천할 수 있는 과외활동이 권장되어야 한다. 따라서 관성의 질서 · 규범을 주입하지 말아야 하며 아직 사회에 수용되지 않은 새 규범을 가르쳐서도 안 된다.

3) 문제점

첫째, 교육과정의 기본적인 분류가 확연치 못하다. 즉 교과중심의 교육과정하의 국어 · 사회 · 과학 · 수학 등의 교과목이 여기서는 아동들의 흥미나 욕구가 이것을 결정한다.

둘째, 경험중심의 교육과정은 교직적인 교양과 지도요령이 미숙한 교사는 오히려 실패를 하는 수가 많다.

셋째, 생활중심 교육과정 구성에서 아동들의 흥미나 욕구에 입각하여 생활상태 그대로의 교육과정을 구성한다는 것은 학교의 기능에 비추어 교육의 본질이 너무 과소 평가되는 감이 없지 않으며 교육의 질 저하를, 학력저하를 초래하기 쉽다.

넷째, 진보주의 교육은 구체적인 생활현장이나 경험에서 학습하는 학습자들의 학습수준에서는 유리하다. 그러나 일상생활에서 실생활에 가까운 활동에 의해서 제공되는 재료에 만족하지 못하며 일반적인 경험이나 법칙적 또는 원칙적인 지식을 구하는 단계에 달한 학습자에게는 적합하지 못하다.

다섯째, 소극적인 입장에서 말하면 진보주의 교육은 행정적으로 통제하기 힘든다. 즉, 가르칠 내용을 정하고 그것을 교과서에 실려서 학습시키면 행정적인 통제가 용이하다. 그러나, 경험교육 과정에서는 일정한 기준을 세워서 질서정연한 학습활동을 기대하기 힘드니 만큼 교장이나 교육행정당국에서 통제하기 어렵게 된다.

2. 본질주의

1) 본질주의의 개념

1920년대에 미국 교육의 주류를 형성하였던 진보주의 교육은 진보주의자들이 지나치게 아동의 흥미와 자유를 존중한 나머지 진정한 문화유산의 전달을 망각하고 있다고 비판받기 시작하였다. 그리고 진보주의 입장의 학교에서는 학습자가 기본적인 학문을 학습할 수 없다고 보고, 학습은 인류가 쌓아온 문화적인 전통 중에서 가장 본질적이고 중핵적인 것을 배우는 것이어야 한다는 주장이 제기되었다. 이러한 본질주의자들은 주장은 Bagley, H. H. Horn 및 I. L. Kandal 등을 중심으로 미국교육 향상을 위한 본질파 강령(An Essentialist Platform for the Advancement of American Education)을 선언하면서 본질주의적인 교육 운동이 전개되었다.

Bagley는 진보주의 교육이 객관적, 전통적 문화를 경시하고 지나친 아동의 자유와 개인적 욕구만을 존중하는 방임주의를 취하였기 때문에 사회에서 요구하는 기본적인 학력을 키우는데 많은 결함과 지체 현상이 나타났다고 경고하였다.

진보주의 교육이 실용주의 사상을 기본으로 출발한데 비하여 본질주의는 과거의 문화적 전통을 존중하고 이를 다음 세대에 전달해야 한다는 신념에 기초로 하고 있다.

2) 본질주의 교육의 목적과 원리

(1) 교육목적론

본질주의는 아동중심, 흥미중심, 생활중심인 진보주의 교육을 주장하는 사람들에 의하여 미국교육의 지적인 수준이 저하되었다고 주장한다. 따라서 본질주의는 문화적 유산의 보존과 전달을 교육의 중요한 목적으로 삼고 있다. 즉, 이러한 문화적 유산의 전달을 통해 아동들의 기본적 능력을 함양하는데 교육의 목적을 두어야 한다고 주장한다.

이러한 목적에 입각한 교육의 기본원리는 다음과 같다.

1 훈련과 노력의 중시

교육은 현재의 욕구를 미래의 목적에 종속시켜야 하며, 장래의 어려운 사태에 대비케 하기 위해서 능력을 닦고, 자기훈련과 자제심을 기를 수 있도록 해 주어야 한다.

2 교사의 교육주도권 강조

교사는 성인세계와 아동세계를 중개하는 역할을 해야 한다. 교사는 이 과업을 위해 전문적인 준비 갖춘 사람이므로 교육의 주도권은 교사에게 있어야 한다.

3 교재내용의 철저한 이수가 중요

아동이 학교에서 공부하는 목적은 현 세계를 있는 그대로 알고자 하는데 있는 것이지, 자기 자신의 특수한 욕망에 비추어 해석하는데 있는 것이 아니다. 따라서 교육과정의 핵심은 선정된 교재내용을 철저히 이수해서 자신의 것으로 동화하는데 있다.

4 전통적 정신훈련 방법의 회복

진보주의에서 주장하는 문제해결의 위한 방식인 '행함으로써 배운다'는 것은 특징의 교과, 특정의 몇 사람에게만 유익한 것이지 모든 교과, 모든 사람에게 다 유익한 것은 아니다. 그러므로 학교는 본질적인 개념을 익히도록 하는 전통적인 학문적 훈련방식을 회복해야 한다.

5 기본적 지식 교육에 중점

교육이란 학생들이 사회구성원으로서의 역할을 수행할 수 있도록 준비시키기 위해 학생들에게 기본적인 기능과 지식을 가르치는 일이므로 학교는 무엇보다도 기본적인 지식을 가르치는데 주력해야 한다.

(2) 교육과정

본질주의 교육과정의 핵심은 문화적 유산이다. 그 골자는 학문, 또는 지식의 체계를 부여하는데 있다. 즉, 학습자보다도 '학문 또는 지식 그 자체의 관점에서 학생을 학문의 세계에 이끌어 가려는 것'을 주된 교육내용으로 삼고 있다.

이것은 가장 전통적이며, 또 가장 흔한 형태의 교육과정으로서 희랍시대의 소위 7자유과(seven liberal arts ; 3학, 즉 문법 · 수사 · 변증법과 4과, 즉 산술 · 기하 · 천문 · 음악)가 그 선구를 이루고 있는 것이라 하겠고, 이 유형의 교육과정은 학문의 성질에 따라서 분류되고 있으므로 대체적으로는 교과와 교과 사이에 거의 연결이 없는 고립적인 통막으로 이루어져 있다. 이것이 근래에 와서는 학문의 발달과 더불어 학과, 혹은 교과의 수와 종류가 더 많아졌음을 재언할 필요가 없다.

(3) 교육방법

첫째, 학생들에게 일률적인 교재가 부여되고 학습활동은 한정된 학과영역에서만 행해진다. 이것은 교육의 획일화 · 기계화 · 전체화를 초래하므로 교과과정의 큰 결함이기도 하다. 이런 교과의 영역을 규정하는 것을 교과선(subject-matter line)이라 한다. 교과가 규정하는 이런 영역 안에서만 그 내용을 다루고 그에 의거하여 학습활동이 전개된다. 바꾸어 말하면, 학습은 일정한 교과영역에서 벗어나지 못하고 항상 그에 구속을 받으므로 교과영역 밖의 활동을 기대할 수 없다.

둘째, 모든 수업의 통제는 교사의 손에 달려 있고 지식과 기능 신장에 중점을 둔다. 교과중심 교육과정은 개인의 의견이나 문제, 또는 욕구 등으로 변경시킬 수 없다. 교육과정은 중앙관청에서 통제되고 최저요구기준(minimum-essentials)과 학년기준이 정해진다. 그리고 학습은 교과서를 중심으로 교사가 주동적인 입장에서 수업을 통제한다. 학습내용은 인류문화의 유산을 체계화한 것으로서 많은 지식과 기능, 질적으로 좋은 지식과 기능을 습득시키는 것을 주된 내용으로 삼는다.

셋째, 수업에 앞서서 미리 정해진 계획과 조직으로 출발한다. 즉, 수업을 하기 전에 어떤 내용을 누가 언제 누구에게 어떤 방법으로 가르치느냐를 면밀하게 계획한다. 또 학생들의 입장에서는 자기는 장차 누구에게서 무엇을 배울 것인가 하는 것을 알 수 있게 된다. 이와 같은 면에서 대단히 조직적이고 계통적인 질서 정연한 학습생활을 영위할 수 있다.

(4) 교사의 역할론

본질주의는 교사의 전문성과 권위를 중요시한다. 또한 교사는 문화유산의 전달자, 사회적 통제자로서의 역할이 강조된다. 교사의 역할은 성인세계와 아동세계 사이에 있는 중개자이다. 이러한 조정자로서의 전문적 준비를 갖춘 이가 교사이므로 학생들보다 교사가 학생들의 성장을 훌륭하게 지도할 수 있다. 본질주의자들은 학습자의 흥미나 목표는 교재의 논리적 조직과 아동의 성장 · 발달에 대한 전문적 지식과 이해를 가진 교사에게 맡겨야 한다고 주장한다. 따라서 그들은 교사의 위치를 교육의 중심에 둔다. 따라서 교사는 교양교육을 받아야 하고 전공분야에 대한 학문적 지식을 갖추어야 하며, 교육의 철학적 · 역사적 기초를 이해해야 하고, 자신에게 부과된 임무에 대해 진지한 헌신적 정신을 체득해야 한다.

3) 문제점

첫째, 단편적이며 분과적인 교과조직에 빠지고 교과의 전체를 통합하는 전체구조가 부족하다. 즉 본질주의 교육과정에서는 전체로서의 통일 연관성 없는 단편 분할 구분이 심하여 통합성 부족이 큰 문제점이라 하겠다.

둘째, 학습에 활기가 없고 가르치는 교재에 치중하여 학생의 적극적인 반응 활동의 유발에 실패하기 쉽다. 본질주의 교육과정은 학습활동이 안정된 학과 영역 안에서만 행해지므로 일정한 교재를 가르치기에만 정신을 빼앗긴다. 그러므로 아동 학생의 흥미나 필요가 무시당하기 쉽다는 점이 하나의 문제점이라고 하겠다.

셋째, 비실용적인 지식의 획득이나 단순한 언어주의에 빠지기 쉽다. 바꾸어 말하면, 학습지도에서 주된 방법이 주입식 강의 방법이라는 것이다. 즉 문제해결이라던가 자료해석, 원리의 실제 응용같은 노작적이며 활동적인 학습활동이 요구되고 있는데 이와 같은 것은 별로 고려하지 않는다.

넷째, 지식의 체계를 존중하고 문화적 유산의 내적인 적합성과 논리적인 일관성을 중시하는 나머지 학생의 요구를 경시하고 성인사회의 요구를 강요한다. 특히 본질주의 교육과정은 흔히 현대의 긴급한 사회문제와는 유리되어 있다는 점은 큰 단점이라 할 수 있다.

다섯째, 학습지도가 일률적으로 시작되고 교사의 전제에 빠지기 쉬우므로 근대학교의 목표하는 바 민주적인 가치에서 동떨어지기 쉽다는 점을 들 수 있다.

3. 항존주의

1) 항존주의의 개념

항존주의(Perennialism) 교육철학의 대표적 인물은 시카고대학 총장을 역임한 Hutchins와 J. Adler 등이다. Hutchins는 교육은 인간의 모든 능력의 조화적 발달에 따르는 지성의 배양이 되어야 한다고 주장한다.

항존주의는 진보주의 교육을 완전히 부정하는 데서 출발한다. 형이상학에 기초한 항존주의는 변화를 추구하고 진리와 가치의 상대성을 강조하는 진보주의에 대립되는 주장을 내세운다.

항존주의는 라틴어 '페르'(per)에서 나온 '불변', '영원', '항존'의 의미를 지닌 진리의 절대성과 불변성, 그리고 영원성을 믿는 신념을 말한다. 이런 뜻을 지닌 항존주의의 철학적 배경은 고전적 실재론에 뿌리를 두고 있다. 고대의 영구적 · 항구적 · 근본적인 것의 추구에 관심을 기울인 Platon과 Aristoteles에 사상적 뿌리를 두고 있다.

항존주의 입장은 인간의 본성은 변하지 않으며 본질적으로 동일하다는 가정에 기초한다. 따라서 철저히 비세속적인 입장에서 항존주의는 시간과 공간을 초월한 정신적, 초자연적, 영구불멸의 진리를 이성을 통해 획득할 수 있어야 한다고 주장하고 있다.

교육철학으로서의 항존주의는 인간은 이성적 동물이라는 Aristotle의 주장에 동조하여 인간지성의 배양을 위하여 수립된 기관이 학교라고 한다. 교육철학으로서의 항존주의는 위대한 작가나 저서에 의하여 대표되는 과거의 우수성을 주장한다. 항존주의는 우주 · 인간성 · 진리 · 지식 · 도덕성 · 미의 본질에 있어서의 불변성 · 영원성을 주장한다. 영원한 것은 바람직한 것이다.

2) 항존주의의 기본원리

(1) 교육목적

교육의 보편적 목적은 진리(眞理)를 탐구하고 전달하는 것이라고 한다. 진리는 보편적이고 불변적인 것이므로 진정한 교육도 보편적이고 불변적이어야 한다고 한다.

모든 교육의 목적은 모든 연령, 모든 사회에 있어서 동일해야 하며 인간다운 인간을 양성하는 데 두어야 한다고 주장함으로써 모든 사람들에 대해 동일한 교육을 기본 원칙으로 내세웠다. Adler는 만일 인간이 이성적 동물이라고 한다면 또한 인간성에 있어 항상성이 있다면, 모든 교육목적은 문화나 시대에 관계없이 항상성을 가져야 한다고 주장하였다.

(2) 교육과정

Hutchins의 교육철학은 두 가지 전제에 기초한다. 즉 인간성은 합리적이고 이성적이며 지식은 불변적 · 보편적 진리라는 것이다. 인간의 이성이 보편적인 것임으로 교육도 보편적이어야 한다고 주장한다. 이성은 인간의 최고의 능력임으로 이성의 발달이 교육의 중심이 되어야 한다고 한다. 교육과정은 영구적이고 불변적 학과로 구성되어야 한다.

학교의 교육과정은 인간생활의 불변의 문제를 강조하여야 한다. 교육과정은 도덕적 · 심미적 · 종교적 원리의 학습과 이성의 계발을 위한 지적 교과를 포함하여야 한다.

교육과정에는 역사 · 언어 · 수학 · 윤리학 · 문학 · 인문학 · 과학 등을 강조한다. 이러한 항존주의의 교육과정은 고대 그리스와 로마 이래의 교양교육과 중세의 3학(Trivium)과 4과(Quatrivium)로 표현되는 교양교과의 개념에서 나온 것이다. 3학은 문법 · 수사학 · 변증법, 4과는 산수 · 기하학 · 천문학 · 음악을 의미한다. 특히 서구문명의 고전(古典)이 교육과정에 포함되어야 한다. 고전을 읽고 토의하는 것은 지성을 배양하여 줄 뿐만 아니라 비판적 사고를 길러 내는데 크게 기여한다고 보기 때문이다.

학습자들은 오랜 세월을 통하여 인간의 위대한 포부와 업적이 담긴 문학, 철학, 역사 같은 '위대한 고전'을 학습해야만 한다. 과거의 전통은 시대적 유물이 아니다. 과거의 전통을 공부함으로써 아동은 그 자신의 흥미에 몰두하거나 현실적 유행에 빠지는 것보다 더 중요한 진리를 발견하게 된다. 위대한 책을 읽는다는 것은 고전연구에 목적이 있는 것이 아니고 또 흥미를 끌어내기 위한 것도 아니다. 오히려 그러한 위대한 고전은 그것이 출판된 시대와 마찬가지로 오늘에 있어서도 중요한 것이기 때문에 읽어야 하는 것이며 위대한 고전이 취급한 문제나 제시하는 사상은 영속적이기 때문에 읽어야 하는 것이다.

(3) 교사의 역할

인간이 이성적 동물이라고 하는 것은 곧 인간이 자유를 가지고 있다는 것을 뜻한다. 그러나 인간은 자유를 가졌지만 이성을 계발하고 그의 욕망을 통제하는 것을 배우지 않으면 안 된다. 아동이 학습에 실패하는 경우에 교사는 그 원인을 불우한 환경이나 훈련의 부족에 돌려서는 안 된다. 교사의 임무는 영구적인 진리를 밝혀 그 지식을 아동들에게 정확하게 설명하고 전달하는 데에 있다. Hutchins가 말하기를 교육은 교수를 포함한다. 교수는 지식을 가르치는 것을 의미한다. 여기서 지식은 진리이다. 진리는 어느 곳에서나 동일하다. 그러므로 교육은 학습자를 현실적 세계에 적응시키는 데 있는 것이 아니고 진리의 세계에 적응시켜야 하는 것이다. 즉 진리에 대한 적응이 학습 목표인 것이다.

3) 문제점

항존주의는 자유사상과 정신의 무한한 가능성을 보여 줌으로써 인간에게 크나큰 희망과 가능성을 제시하여 더 나은 사회로 나아가는 데 중요한 방향을 제시하였다는 긍정적인 면이 있음에도 불구하고 항존주의는 진리의 영원·보편성에만 집착하여 현실을 경시하였으며, 영원한 이상만을 중시하여 과학을 경시하는 편협성을 보여주고 있다. 또한 지적 훈련만을 강조한 나머지 전인교육을 소홀히 하고 직업교육과 생활교육을 경시하는 경향을 나타내었다는 비판을 받는다.

4. 재건주의

1) 재건주의의 개념

G. Counts는 1932년에 『학교는 새로운 사회질서를 건설할 수 있는가』라는 저서에서 경제위기, 사회위기를 극복하고 새로운 사회질서의 재건을 위하여 교육이 선도적 역할을 해야 한다는 재건주의적 입장을 표명하였다.

1950년대에 와서 진보주의 교육운동이 세력을 잃게 되자 진보주의 철학의 전통을 교육의 사회진보의 측면에서 발전시키고자 하는 재건주의가 본격적으로 대두되었다.

이러한 입장을 교육학적으로 체계화시킨 사람은 T. Brameld에 의해서이다. 그는 1950년 『교육철학의 유형』의 저서를 통하여 진보주의, 본질주의, 항존주의를 비판하고 재건주의를 제창하였다. 이러한 재건주의의 대표자로는 Brameld와 함께 R. B. Raup, K. B. Benne 등이 있다.

Brameld는 인간에 대한 과학적인 사고, 아동의 자발성 존중, 민주이념을 중시하는 면을 진보주의에서 택하고, 본질주의에서는 문화를 중시하는 요소를, 항존주의에서는 인생과 우주에 대한 사유의 철학적 방식을 받아들여 재건주의 교육사상의 기본원리로 택하고 있다. Brameld는 이에 대해 진보주의로부터 실험정신을, 본질주의로부터는 계통적 지식을, 그리고 항존주의로부터 합리적 분석을 배운다고 말하고 있다. 또한 그는 진보주의를 문화적 변천, 본질주의를 문화적 유지, 항존주의를 문화적 후퇴, 재건주의를 문화적 혁신의 교육철학이라 명했다.

2) 재건주의의 기본원리

(1) 교육목적

Brameld와 같은 재건주의자들은 재건주의는 위기에 처한 사회나 문화를 극복하는 철학이라고 한다. 재거주의자들은 인간교육의 유일한 목적은 인간이 그 자신의 운명을 결정하는 세계질서(世界秩序)의 창조와 사회적 자아실현이라고 한다. 핵무기시대에 있어서 핵무기에 의해서 세계가 파괴되기 이전에 사회가 재건되어야 한다는 것이다. 문화적 위기의 분석에서 재건주의자들은 인간이 과학의 발전으로 농업과 전원의 사회로부터 도시와 기술사회로 발전함에 따라 기술사회에 대한 문화적 적응에서 심각한 갈등을 나타냈다고 주장한다. 인류는 기술적 사회의 변화에 적응하기 위한 새로운 가치를 재건하여야 하며 교육은 전통적 문화와 기술 사회간의 갈등을 좁히는 중요한 역할을 지닌다.

(2) 교사의 역할

교사는 수업시간에 그들이 살고 있는 사회의 문화를 비판적으로 검토하여 학습자들에게 문제의식을 유발하여야 한다. 또한 논쟁·충돌·불일치 등의 문제를 밝히고 그것을 탐구하고 해결하여야 한다. 예를 들면 어떤 국가는 풍요를 누리고 어떤 국가는 기아에 허덕이고 있다. 또한 대다수가 질병과 가난에 시달리고 있을 때 소수인은 사치와 허영에 빠져 있다. 사회적·경제적 갈등은 우리가 당면한 많은 문제의 원인이 되고 있다. 교육은 이러한 사회적 갈등을 밝히고 그러한 갈등을 모든 인간이 세계의 자원을 분배하고 통제하는 방식에서 해결하도록 가르쳐야 한다.

재건주의자들은 기술사회는 상호의존적 사회라고 한다. 세계의 한 곳에서의 일은 다른 곳에 영향을 미친다는 것이다. 예를 들면 대기오염 같은 것은 세계의 문제로 한정된 지역이나 인간에 국한된 문제가 아니라고 한다. 이와 같이 상호의존적인 세계에서는 고립주의나 민족주의를 강조하는 전통적 교육은 주장될 수 없다고 한다.

새로이 건설되는 사회를 위한 교육은 국제적인 상호의존성의 현실을 인정하여야 한다는 것이다. 핵무기시대에서는 세계의 한 지역에서의 전쟁이나 충돌은 모든 인류에게 위협이 된다고 한다. 그러므로 재건주의자들은 교육과정을 국제화함으로써 인류가 하나의 세계에 살고 있다는 것을 가르치고자 한다.

(3) 교육방법

교육은 학생에게 사회적 문제를 각성시키고 그러한 문제의 해결에 적극적으로 참여시키도록 계획되어야 한다. 사회적 의식을 각성시키기 위하여 학생은 현실에 의문을 제기하도록 권장되어야 하며 종교·경제·정치·교육 등의 논쟁적 문제를 탐구하도록 권장되어야 한다. 논쟁적 문제를 검토하는 것에 의하여 전통적 견해는 발전할 수 있기 때문이다. 사회적 기관으로서의 학교는 사회발전을 위한 다양한 사고와 견해가 강조되고 권장되는 장소이다. 다양한 사고는 단순히 지적 훈련으로 생각되는 것이 아니고 정치적·사회적·경제적인 방식·제도·과정의 발전을 위한 수단으로 생각된다. 다양한 사고의 발전으로 학교교실은 논쟁의 중심이 되어야 한다는 것이다.

3) 문제점

재건주의는 현대문화의 위기를 인식하고 이를 바탕으로 미래의 사회에 대한 개혁적 전망을 갖고 있다는 점은 평가될 만하지만, '공교육의 사회개조를 위한 수단화'는 이상론을 벗어나지 못하고 있다. 즉 재건주의가 목적하는 새로운 사회질서를 누가 어떻게 어떤 능력으로 실천 가능하게 하느냐는 쉬운 문제가 아니다.

Brameld 말대로 최대 다수의 합의를 얻어서 함께 한다지만, 다원화되어 가는 사회에서 정치적 이념과 국가적 이익을 추월한 평등교육의 실천이란 어디까지나 이상론에 그칠 가능성이 있다. 새로운 국제사회 질서 확립을 위해서는 정치적·도덕적·사회적·개인적인 것까지 고려해야 하는 어렵고 복잡한 문제가 놓여 있기 때문이다. 재건주의 교육철학은 교육의 힘을 과대하게 신용하고 있다고 보여진다.

5. 실존주의

1) 실존주의의 개념

실존주의 교육철학은 제2차 세계대전을 전후로 유럽에서 발전한 개인주의 철학으로 직관, 내성, 정서적 참여, 개인의 감정과 같은 주관적 요소에 크게 의존하고 있다. 실존주의는 현대생활에서 무의미, 불합리, 잔인성, 공포 이외에는 어떤 것도 발견할 수 없다고 생각하는 이들, 또는 산업주의적, 기술적 사회제도에 의하여 억압당하고 있다고 생각하는 이들, 또한 자유와 자기를 상실하였다고 생각하는 이들에 의하여 지지된다.

실존주의는 인간 자신의 존재에 대한 본질적 질문을 통해 주어진 현실에서 겪는 절망과 불안을 넘어 자신의 주체화를 실현하는데 관심을 갖는다. 이를 위해서 인간의 한계적 현실 상황에 얽매인 인간의 상대성 · 유한성 · 우연성을 철저히 노출시킨다. 그리고 한계적 존재로서 발생되는 절망과 불안으로부터 존재의 허무성을 숨김없이 드러낸다. '내적인 또는 세속적인 유혹으로부터 인간을 일깨워, 실존자 본성으로 다시 돌아오게 하는 것, 즉 걱정 · 근심을 덜어버린 있는 그대로의 본래적 자기를 깨닫는 것'에 관심을 둔다.

실존주의의 기초는 19세기의 S. Kierkegaard, F. Nietzsche, F. Dostoevsky의 저서에서 발견되기는 하지만 실존주의는 제2차 세계대전까지는 크게 영향을 미치지 못하였다. 현대의 실존주의자로서는 A. Camus, J. P. Sartre, M. Heidegger 등이 있다. 실존주의는 문학적 표현의 형식에 크게 의존하기 때문에 작가들의 저서 속에서 실존주의가 표현된다.

2) 실존주의의 기본원리

(1) 교육목적

실존주의 철학자 J. P. Sartre에 따르면 Existence가 Essence에 앞서는 것이다. 이것은 인간이 어떤 의도도 없이 세계에 태어났다는 것을 의미한다. 인간은 단지 세계에 태어났을 뿐이다. 인간이 사는 과정에서 여러 가지 선택적 상황에 직면하게 된다. 어떤 선택은 사소하고 보잘것없는 것이지만 또 어떤 선택은 인생의 목적과 같은 중대한 선택이 된다. 이러한 선택은 개인적 자아를 위한 결정이다. 개인은 그 자신의 존재와 본질을 형성하고 창조한다. 개인은 개인의 선택에 의한 것이다.

따라서 실존주의는 교육을 통하여 개인의 실존의식을 투철하게 높임으로써 선택된 개인의 자아실현을 기하는데 교육의 목적이 있음을 강조한다.

(2) 교육과정

실존주의자들의 교육과정은 철학적 대화를 위한 주제나 경험으로 구성된다. 즉 인간의 선택적 활동을 생생히 나타내는 주제이다. 실존주의자의 선택은 개인적이고 주관적이기 때문에 이러한 주제는 감성적이고 심미적이다.

시(詩)는 실존주의 교육과정에서 적합한 것으로 주장이 된다. 문학이나 전기도 선택결정의 조건을 나타내는 가장 중요한 원천이 된다. 인간의 결정과정과 인간의 조건을 생생하게 나타내는 연극이나 영화도 학생들에 의하여 감상되고 토의된다. 문학, 연극, 전기 이외에도 학생들은 자기표현의 방식을 가져야 한다. 학생들은 그들의 감정, 정서, 통찰을 구체화하고 표현하는데 자유로와야 하며 예술적 매개체에 대한 탐구에도 자유로와야 한다. 실존주의 교실에서는 학생들의 자기표현을 위한 풍부한 자료가 제공되어야 한다.

학교는 개인이 그들 자신의 생존과 선택에 대한 대화와 토의를 추구하는 장소이다. 문학, 연극, 그 외 예술작품에 나타난 인간의 조건을 검토함에 의하여 선택결정을 밝히기 위한 주제가 추구되는 곳이 학교이다. 모든 인간은 동일한 절망상태와 가능성을 가지고 있음으로 모든 개인은 교육의 기회를 가져야 한다. 학교에서 교사와 학생은 문제를 제기하고 해결하고 대화에 참여하는 기회를 가져야 한다.

(3) 교육방법

수업은 인간의 선택에 대한 의미와 책임, 선택의 자유에 대한 각성을 발달시키는 과정이다. 수업은 인간에게 자기 각성심을 깨우쳐 주고 인간으로 하여금 인간의 진실성에 공헌하도록 인도하는데 있다. 실존주의 교육자들은 학생들로 하여금 인생, 사람, 죽음에 대한 인간경험의 의미에 대하여 철학적으로 탐구하도록 권장한다. 실존주의 교사는 수업시간에 이러한 문제를 학생들에게 제기한다. 이러한 문제에 대한 탐구는 학습집단 성원간의 대화로 발전한다. 이러한 문제에 대한 해답은 개인적인 것이어야 한다. 개인은 표준화 검사에 의하여 측정되는 집단이 되어서는 아니 된다.

학생의 실존의식은 인간적인 교사와 인간적인 만남의 교육방법에 의해 계발될 수 있다. 이런 교사와 학생 간 만남의 관계를 다음과 같은 몇 가지로 규정할 수 있다.

① 상호 인격적 친교의 관계이다. 학생을 하나의 인격체로 보고 인격과 인격의 만남, 즉 자동판매기에 동전을 넣을 때, 음료수가 나오는 반응(나-그것)이 아닌, 감정을 주고받는 나와 너의 친교작용이다.

② 구도자적 동반자 관계이다. 교사와 학생을 우열적 상하관계로 보지 않고 진리와 삶 앞에 같이 서 있는 존재로 본다.

③ 상호 포용적 관계이다. 교사의 사랑의 포용성에 의해 학생들은 자신의 삶을 교사에게 드러낸다. 교사 또한 솔직하고 성실한 자세로 학생 삶에 동참하면서 자신을 드러냄을 통해 인간 사이의 우정을 발달시키는 관계이다.

④ 상호 개방적 신뢰의 관계이다. 교사는 배우는 자의 신뢰를 깨우쳐 주어야 한다. 학생들이 감정적, 방어적이라 할지라도 사랑으로 감싸 줘야 한다. 신뢰와 개방의 모험이 없이는 위대한 교육적 성과가 이루어질 수 없다. 교사가 개방될 때 학생이 감지하고 신뢰를 형성하고 교사의 인격을 수용할 때 학생 역시 개방되고 배우는 교육작용이 성립된다.

3) 문제점

실존주의는 개인의 자유와 사람과 인식에 대해 깊은 통찰을 했다는 점에서 의의가 있다. 그러나 주관적이고 감정적이며 반과학적인 독단론의 경향성을 보이기도 하였다. 이런 점에서 실존주의의 비판점이 제기되어진다.

첫째, 실존주의는 침체되어 있고 억압받는 사회에 대해 비판적이지만, 자유주의 국가에서는 아무런 주장도 펼 수가 없다.

둘째, 실존주의는 개인의 자유를 너무 주창한 나머지 인간이 타자와 상호작용하는 사회적 존재라는 것을 간과하고 있다. 개인의 절대적 자유의 강조는 자칫 그 개인이 소속된 사회의 가치에 대해 소홀하게 된다. 이러한 실존주의의 한계는 곧바로 그것에 기초하나 교육이 한계를 보여 준다. 무엇보다도 학생의 완전한 자유를 강조하는 것은 현실적으로 보통교육에서는 가능하지 않다.

6. 포스트모더니즘

1) 포스트모더니즘의 개념과 이론적 특성

(1) 포스트모더니즘의 개념

포스트모더니즘은 20세기 후반에 나타난 서양철학 사조를 의미한다. 철학사조로서의 포스트모더니즘은 폭넓은 회의주의 · 주관주의 · 상대주의적 특징을 보이며, 이성에 대한 총체적 의심이자 정치 · 경제적 권력을 유지 · 주장하는데 필요한 이데올로기의 역할에 대한 날카로운 인식이라고 할 수 있다.

포스트모더니즘은 주로 근대 서양사의 철학적 가정과 가치 및 지적 세계관에 대한 하나의 반작용이다. 서양사에서의 근대 시기는 대략 16세기와 17세기의 과학혁명의 시기에서 20세기 중반까지를 말한다. 사실, 포스트모더니즘과 특징적으로 관련된 대부분의 원리들은 18세기 계몽주의 시대 동안 당연하게 받아들여졌던 일반 철학적 관점에 대한 직접적 부정으로 설명될 수 있다. 물론 그 관점들이 18세기에만 국한되었다는 것은 아니다.

(2) 포스트모더니즘의 이론적 특징

첫째, 객관적으로 존재하는 자연적 실체가 있다. 자연적 실체의 존재와 속성들은 논리적으로 인간에 대해 독립적이다. 즉 인간의 마음과 사회, 인간의 사회적 관습, 인간의 연구 기술에 대해 독립적이다. 포스트모더니즘 사상가들은 이런 관점을 일종의 순진한 사실주의로 이해한다. 포스트모더니즘 사상가들에 따르면 거기에 있는 현실은 하나의 개념적 구성이고, 과학적 관습과 언어로 이루어진 가공물이다. 이 점은 또한 역사가들에 의한 과거 사건들에 대한 탐구에도 해당되고, 사회과학자들에 의한 사회적 제도 · 구조 · 관행들에 대한 서술과도 관련된다.

둘째, 과학자들과 역사가들의 서술적이고 설명적인 말들은 원칙적으로는 객관적으로 사실이거나 거짓일 수 있다. 객관적이고 자연적인 실체에 대한 부정에서부터 이어지는 포스트모더니즘적 부정은 때로 진실과 같은 것은 존재하지 않는다고 말하는 것으로 표명된다.

셋째, 이성과 논리를 이용해서, 그리고 과학과 기술이 제공하는 좀 더 전문화된 도구들로, 인간들은 그들 스스로와 그들의 사회를 보다 나은 방향으로 변화시킬 것이다. 미래사회가 현재보다 좀 더 인간적이고, 좀 더 공정하고, 좀 더 문명화되고, 좀 더 번영할 것이라고 기대하는 것은 합리적이다. 포스트모더니즘 사상가들은 인간 진보 수단으로서의 과학과 기술에 대한 계몽주의적 신념을 부정한다. 사실, 많은 포스트모더니즘 사상가들은 과학적이고 기술적인 지식에 대한 잘못된 추구는 제2차 세계대전에서 대량 살상을 가능하게 해준 과학의 발달로 이어졌다고 주장한다. 더 나아가 그들 중 몇몇은 과학과 기술, 심지어 이성과 논리조차 태생적으로 파괴적이고 억압적이라고 말하기도 한다. 왜냐하면 그것들은 20세기 동안에 사악한 사람들에 의해 다른 사람들을 파괴하고 억압하기 위해 사용되었기 때문이다.

넷째, 이성과 논리는 보편적으로 유효하다. 즉 이성과 논리에 근거한 법칙들은 어떤 사상가와 지식의 어떤 영역에 대해서도 똑같이 공평하게 적용된다. 포스트모더니즘 사상가들에게는 이성과 논리 역시 단지 개념적 구조물에 불과하다. 그러므로 이성과 논리가 사용되는 특정한 지적 전통 안에서만 유효하다.

다섯째, 인간 본성이 존재한다. 즉 인간의 본성은 사회 속에서 배우거나 익히기보다는, 어떤 의미에서 태어날 때에 인간 안에 존재하는 재능 · 자질 · 성향으로 구성된다. 포스트모더니즘 사상가들은 인간 심리의 거의 모든 면들은 철저하게 사회적으로 결정된다고 주장한다.

여섯째, 언어는 언어 자체의 외부에 존재하는 실체를 나타내고 가리킨다. 한 단어의 의미는 세상 속에서 고정된 것도 아니고 심지어 마음 속의 생각도 아니다. 그것은 오히려 다른 단어들의 의미와의 대비와 차이의 범위일 뿐이다. 이러한 의미에서 의미들은 다른 의미들과의 함수이다. 그리고 그 다른 의미들은 또 다른 의미들의 함수여서 이러한 상관관계는 계속 이어진다. 그렇기 때문에 그 의미들은 그것을 말하거나 듣는 사람 사이에서 결코 완전하게 고정되어 존재하지 않는다. 언어 속에 말하는 주체가 반영된다고 하는 것은 단지 자연 언어만이 아니라, 좀 더 전문화된 특정 공동체의 담론이나 전통을 특징짓는다. 그런 담론들은 사회적 관행 안에 내재되고 담론들이 사용되는 공동체나 전통의 도덕적 · 지적 가치 및 개념적 구도를 반영한다. 언어와 담론의 포스트모던적 관점은 주로 해체론의 창시자이자 선도적 실천가이며 프랑스 철학자 J. Derrida(1930~2004)로 인해 구체화되었다.

일곱째, 인간은 자연적 실체에 대한 지식을 얻을 수 있다. 이 지식은 증거나 원리라는 기초 위에서 궁극적으로 정당화될 수 있다. 이러한 증거나 원리는 즉각적으로나 직관적으로, 또는 다른 확실성으로 알려지거나 알려질 수 있다. 포스트모더니즘 사상가들은 철학적 근본주의를 거부한다. 이 철학적 근본주의는 과학적 지식을 비롯한 경험적 지식의 체계를 세우기 위한 확실성의 근본을 확인하려는 시도이다. 이것은 17세기 프랑스 철학자 R. Descartes(1596 ~1650)의 격언 "나는 생각한다 그러므로 나는 존재한다."(cogito, ergo sum)에서 가장 잘 드러난다.

여덟째, 최소한 원리적으로, 자연적 · 사회적 세계의 많은 양상들을 설명하는 일반 이론들을 주어진 지식의 영역 안에서 구성하는 것이 가능하다. 변증법적 유물론과 같은 역사의 일반 이론이 그러한 예이다. 더 나아가 그런 이론들을 구축하는 것이 과학적이고 역사적인 탐구의 목표여야만 한다. 비록 그 이론들이 실제로는 완벽하게 도달할 수 없다고 해도 말이다. 포스트모더니즘 사상가들은 이러한 개념을 계몽주의 담론 안에서의 하나의 망상이나 건강하지 못한 경향성의 징후로 치부한다. 이러한 계몽주의 담론을 프랑스 철학자 E. Levinas(1906~1995)는 사고의 '전체화' 시스템이라 불렀고, 프랑스 철학자 J. F. Loytard(1924~1998)는 인간 생물학과 역사학, 사회적 발달의 '거대담론'이라고 주장했다. 이 이론들은 거짓이기 때문만이 아니라 다른 담론이나 전망들에 효과적으로 준거를 부여하기 때문에 유해하다. 이렇게 준거를 부여함으로써 이 이론들은 다른 전망이나 담론들을 억압하거나 소외시키고 침묵시킨다. Derrida 자신은 전체성에 대한 이 이론적 경향성을 전체주의와 동일시했다.

(3) 절대성과 객관성 부정

앞에서 지적되었듯이, 포스트모더니즘의 많은 특징적 주장들은 형이상학적, 인식론적 혹은 윤리적 상대주의의 어떤 형태를 구성하거나 함축한다. 하지만 몇몇 포스트모더니즘 사상가들은 그 상대주의자라는 꼬리표를 강하게 거부한다는 것을 유념해야만 한다. 포스트모더니즘 사상가들은 현실의 객관적 측면들이 존재한다는 것을 부정한다. 현실에서 객관적으로 옳거나 그른 말들이 있다는 것도 부정한다. 그러한 말들, 즉 객관적인 지식에 대한 말들이 가능하다는 것도 부정한다. 인간이 확실하게 어떤 것들을 아는 것이 가능하다는 것도 부정한다. 그리고 객관적 혹은 절대적인 도덕적 가치가 있다는 것도 부정한다. 실체와 지식, 그리고 가치는 담론에 의해 형성된다. 따라서 그것들은 그 담론들과 더불어 변할 수 있다. 이것은 현대 과학의 담론이 그것의 내재적 기준들과 별도로 고려될 때에는 점성술이나 마법을 포함한 다른 대안적 전망보다 더 나을 것이 없다는 것을 뜻한다. 포스트모더니즘 사상가들은 때로 이성과 논리의 사용을 포함한 과학의 증거 기준을 '계몽적 합리성'으로 특징짓는다.

이렇듯 포스트모더니즘의 특징을 잘 보여주는 폭넓은 상대주의는 다양한 종류의 담론의 본질 및 기능과 관련하여 사유의 방법을 안내한다. 만약 실체와 지식 및 가치들이 담론에 따라 상대적이라는 포스트모더니즘 사상가들의 주장이 옳다면, 계몽주의 담론이 다른 대안적 담론보다 더 필연적이거나 정당하지 않을 것이다. 그렇다면 이것은 계몽적 담론이 어떻게 처음에 정립될 수 있었는지에 대한 의문을 일으킨다. 그것이 객관적인 진실에 도달하는가 그렇지 않은가에 따라 하나의 담론을 평가하는 것이 불가능하다면, 기존의 정립된 담론이 어떻게 현대에 널리 퍼진 세계관의 일부가 될 수 있었을까? 다른 것들은 그렇지 못한 반면에, 왜 이런 담론은 받아들여졌거나 발달되었을까?

포스트모던적 대답의 일부는, 폭넓게 말해서 어떤 사회에서 널리 퍼진 담론은 지배 집단이나 엘리트 집단의 이익과 가치를 반영한다는 것이다.

<모더니즘과 포스트모더니즘의 비교>

	모더니즘	포스트모더니즘
진리관	· 절대적이고 보편적인 진리의 존재 인정	· 절대적인 진리의 존재 부정 · 인간과 사회의 다양성 인정
사회이론에 대한 입장	· 모든 사회, 모든 인간에 적용되는 거대이론 추구 · 대서사 지향 · 실제를 객관화한 이론의 추구	· 개인이나 소집단에 적용될 수 있는 국지이론 추구 · 소서사 지향 · 이론과 실제의 결합 추구
인간관	· 절대적 이성을 지닌 존재로서의 인간의 보편성 강조 · 사회와 독립되어 활동할 수 있는 인간 존재 강조	· 인간 이성의 절대성과 객관성 부정 · 인간은 환경과의 상호작용 속에서 자신의 것을 만들어 가는 존재 · 인간의 다양성 인정
지식관	· 보편적이고 객관적인 지식	· 지식의 현실성, 가치지향성, 역사성 인정 · 지식의 상대성, 주관성, 변화 가능성 강조

2) 포스트모더니즘 교육의 의의 및 특성

포스트모던 교육의 타자성, 특히 교육에서 지표로 나타나는 교과서를 상대화하고 다수화하여 여러 이론들 중의 하나로 해체하는 것으로 나타난다. 이러한 타자성 전략은 포스트모던 교육학의 핵심으로, 특히 학교교육에서 특권적 지위를 누리고 있는 교과서의 사회적 이데올로기적 성격에 대한 수많은 해석을 열어 줌으로써, 다양한 교육내용을 통해 학생들에게 스스로 전통을 재해석할 기회를 준다는데 있다. 따라서, 이 때의 교육은 획일적인 교재의 사용이나 일방적 강의를 통해 전개되는 집단수업과는 달리 개개 학습자를 독립된 학습 활동의 주체로 보고 이들의 개성과 다양성을 존중하는 방향으로 교육내용이 구성되어야 할 것이다.

(1) 포스트모더니즘의 교육적 의의

① 소서사적 지식을 중시한다
② 교육현장 내에서의 작은 목소리를 존중한다.
③ 과학적 · 합리적 이성의 극복과 그에 따른 감성적 기능회복을 강조한다.
④ 교육의 구조적 변화를 촉발시킨다.
⑤ 공교육 체제에 대한 비판적 시각의 제공과 대안교육 및 실험교육 활성화의 토대를 마련해 준다.
⑥ 교육과 인간 이해에 대한 지평을 확대시킨다.
⑦ 다양성과 다원성 존중 및 권위주의 극복을 강조한다.
⑧ 특수한 삶의 문제들에 대한 의미부여를 강조한다.
⑨ 연대의식 존중과 차이와 타자성을 존중한다.
⑩ 비판적 의식을 함양한다.
⑪ 교육에 대한 고정적이고 획일적인 사고의 틀을 벗어날 것을 강조한다.

(2) 포스트모더니즘 교육의 실천적 지표

① 지식의 보편성, 타당성, 진리성에 대한 전통적인 신념을 정면으로 공격한다.
② 다른 관점과 견해에 대해 개방적이고 허용적일 수 있는 태도를 강조한다.
③ 한계적 인식태도(limit-attitude), 즉 다원적이고 유동적인 열린 인식태도, 열린 지식관이 요구된다.
④ 열린 교과서가 요구된다.
⑤ 끊임없는 대화와 토론을 통하여 공동으로 지식과 가치를 탐구하며 창조하고 재창조해 나가는 동반자적 관계가 강조된다.

(3) 포스트모더니즘 교육의 특성

1 학습자 중심교육

포스트모더니즘에서 보편적인 지식이 주어지는 것이 아니라 개인이 지닌 가치에 따라 상대적으로 구성해 나가야 한다고 보기 때문에 학습자의 자발적인 학습을 중시하는 학습자 중심의 교육을 내세운다.

2 전 생애적 교육(평생교육)의 강조

학습자의 능동적인 참여를 통한 교육을 강조하는 포스트모더니즘에서는 교육이 학교라는 제한된 울타리를 넘어서서 전 생애적으로 이루어질 것을 강조한다.

3 전인적인 교육의 중시

포스트모더니즘은 인간의 경험이 인간을 변화시킨다고 보기 때문에 인간이

하는 모든 경험과 인간이 지니고 있는 모든 특성은 조화롭게 발달되어야 한다고 본다.

4 공동체에 관심

인간이 사회적 환경과의 상호작용을 통해 형성된다고 보는 포스트모더니즘은 개인의 삶이 형성되는 공간이 공동체에 관심을 둔다.

5 지식과 신념체계의 비판적 파악

인간이 지식이 사회적 과정을 통해 형성되는 상대적인 것이므로 이러한 지식과 신념체계가 어떤 동기, 관심, 가정 전제하에 형성된 것이며 어떤 한계를 갖고 있는지를 비판적으로 볼 수 있어야 한다고 본다.

3) 문제점

포스트모더니즘 교육의 한계점은 다음과 같다.

① 도덕교육에 대한 방향제시가 미흡하다.
② 극단적 이기주의화에 대한 우려가 크다.
③ 이성 경시에 따른 삶의 불완전성이 우려된다.
④ 오랜 역사와 사회적 맥락 속에서 형성되어온 교육적 가치와 전통의 해체에 따른 교육 공동화 현상이 나타날 수 있다.
⑤ 해체주의에 의존함으로써 사회문화적 재건에 대한 비전이 결여되어 있다.
⑥ 기존의 전통과 조화하려는 종합적 노력이 결여되어 있다.
⑦ 교육의 전통적 관점과 견해를 강력히 비판하지만 대체이론을 제시 못하고 있다.
⑧ 포스트모더니즘 문화 논리 자체는 지나치게 자기 파괴적이고 냉소적이며 허무주의적이다.

⑨ 포스트모더니즘과 교육을 접목시킬 체계적이고 논리적인 연구를 찾아 볼 수 없다.

7. 구성주의

1) 구성주의의 개념과 철학적 개념

(1) 구성주의의 개념

인식의 대상과 성립과정을 설명하려는 존재론과 인식론적 철학에 근거를 둔 구성주의는 보편타당한 절대적 진리 추구로 산업사회를 대변했던 객관주의 인식론의 한계점에 대응한 대안적 인식론으로 주목받고 있다. 이는 교육의 현장에서 어떻게 배워 가는가에 대한 인지과정에 관하여 이전의 자연주의와 행동주의를 거치면서 등장하였다. 즉 J. Dewey는 학습자 자신들에게 의미있고 그들에게 중요한 경험을 제공하는 상황에서 지식과 아이디어가 창출된다고 하였다. 이러한 상황은 서로가 정보교환을 하면서 함께 지식을 만들어 가는 교실과 같은 사회적인 맥락에서 일어난다고 하였다. 또한, “새로운 학교의 교육의 기본 원칙은 학습자가 이미 가지고 있는 경험과 함께 이루어져야 한다”고 강조하면서 학습자의 사전 지식과 경험이 새로운 지식의 의미 부여나 구성에 관여하는 내적 과정을 주장하였다. Dewey는 지식이 자기 중심적으로 형성될 뿐만 아니라 사회 환경에 따라 상대적으로 다르게 형성된다고 주장한다. 더 나아가 매우 합리적으로 지식이 개인 내에서 창출된다는 것이다.

이와 같이 교수와 학습의 개념 및 그 과정에 있어 상대주의 인식론에 근거한 구성주의는 단순한 지식의 획득과 재생산 과정에서 탈피하여 학습자에게 의미 있는, 다양한 관점의 지식 구성을 중요시한다.

구성주의에서 지식은 개인의 경험과 이해의 수준에 따라 구성된다는 관점으로서 학습자는 의미를 추구하는 능동적 유기체로 본다.

구성주의에서 지식을 개인의 독특하고 개별적인 인지적 활동인 동시에 특정 사회구성원 간에 공유되어지는 사회적 요소도 포함되는 개인적·집단적·상황적 의미형성으로 파악한다. 즉, 지식이란 개인의 인지적 작용과 사회적 상호작용이라는 두 축에 의해 습득, 형성되는 것이라고 본다.

구성주의는 크게 인지적 구성주의와 사회문화적 구성주의로 구분할 수 있는데, 이는 지식을 구성하는 주요 요인으로 개인의 인지적 활동을 더욱 강조하는가, 혹은 개인이 속한 사회와 문화적 상황을 더욱 강조하는가로 구분되어진다. 즉 Piaget의 발달심리학에 이론적 기초를 두고 교수-학습 원리와 전략에 주로 관심을 두는 인지적 구성주의와 Vygotsky의 사회발달심리이론에 근거하여 인간의 인지발달과 기능은 사회적 상호작용의 내면화를 통해 이루어진다고 주장하는 사회문화적 구성주의로 구분된다.

(2) 구성주의 교육의 철학적 배경

구성주의란 인간의 지식 형성 과정에 대한 인식론의 새로운 패러다임으로써 다음과 같은 철학적 배경하에서 탄생할 것이다.

① 기존의 객관주의적·절대주의적 지식관에 의하면, 개인의 지식이 성장해 간다는 것은 이전에 소유하고 있지 않은 지식을 추가적으로 소유하게 되는 것으로, 그것을 판단하는 기준 역시 객관적이고 보편적이라는 가정을 가지고 있다. 따라서 지식은 절대적이고 객관적인 것이기 때문에 비판과 해석의 대상이 아니라고 본다.

② 지식은 주체와 독립된 절대적인 존재가 아닌 주체의 내재된 경험과 개별

적인 인지적 활동을 통해 구성되어진다는 것이다. 지식은 인간의 경험과 인식을 토대로 상대적으로 구성되는 것이다.

③ 구성주의의 상대적 인식론은 지식을 구성하는 개인은 반드시 특정한 사회집단에 속한 개인이기 때문에 그 사회의 언어와 의미사용을 전제로 하며, 그 사회의 검증과정을 거치는 '반 개별적' 의미의 구성(개별성과 사회성의 결합)이다. 즉, 구성주의에서는 인간이 경험하는 실재의 세계가 있지만, 그 세계는 독립적인 것이 아니라 인간 자신이 부여하는 의미에 의해서 성립되는 것이다.

④ 지식은 불변하는 절대적인 것이라고 생각했지만 끊임없는 과학적 발견으로 지식은 언제든지 새로운 지식으로 변화될 수 있는 잠정적 가설일 뿐 불변하는 진리는 아니라는 것이다.

⑤ 지식은 그 시대의 지배적인 권력적 속성이 내재되어 있기 때문에 사회적 맥락에 의해 변화된다는 것이다.

2) 구성주의 교육의 특성

(1) 교육내용

구성주의 관점에서 소재 또는 자료로서 교육내용은 반드시 체계적인 지식체제일 필요는 없다. 학습자가 관심을 가지고 능동적으로 동화 또는 조절하고자 하는 것이면 무엇이든 학습 소재나 자료가 될 수 있다고 하겠다. 그 형태는 직접적인 감각 활동일 수도 있고 실생활경험일 수도 있으며 누군가에 의해 이미 추상화된 텍스트일 수도 있을 것이다. 학습자가 의미를 부여할 수 있고, 다양한 관점에서의 해석을 자극할 수 있는 자료이면 훌륭한 학습 자료서의 가치를 지닌다. 아무리 훌륭한 가치, 지식체라도 학습자의 경험 세계와 관련 지워지지 못한다면, 기억에 의존하는 기계적 학습은 이루어질 수 있을지 모르지만, 이해에 바탕을 둔 유의미한 학습은 이루어지지 못할 것이다.

구성주의 관점에서의 교육내용으로서 '무엇'은 더 이상 학습자의 의지와 관계없이 외부에서 결정되어 그대로 수용해야 할 대상이 아니라 학습자의 인식구성을 자극하고 도와줄 수 있는 다양한 학습 자료, 학습 소재 제공의 의미로 재정립될 필요가 있다.

(2) 학습의 원리

구성주의 교육이 강조하는 학습의 원리는 다음과 같다.

첫째, 학습자 중심이어야 한다. 인간은 본래적으로 자기조직적, 자기준거적, 자율생산적 존재이기 때문이다. 따라서 구성주의 학습환경이 되려면 학습의 전과정이 학습자 중심적으로 전개되어야 한다. 학습자들에게 어떤 구체적이며 실질적인 경험을 제공하여 자신의 생각을 실험하고, 대화를 통해 검증, 시험해 볼 수 있는 기회를 제공해야 한다. 그들 나름대로의 세계구축, 이해구성, 의미형성을 도와주어야 하며, 그것에 대한 가치를 인정하고 존중해 주어야 한다.

둘째, 이러한 학습자들의 적극적 토론, 성찰, 활발한 지식구성 활동이 이루어질 수 있도록 교실분위기, 학습환경을 만들어 주어야 한다. 즉, 학습자들로 하여금 자신들의 어떠한 생각과 경험적 지식도 교사로부터 존중받고 있다고 느끼게 함으로써, 학습자들이 좀 더 자유롭고 솔직하게 좌절이나 기쁨, 슬픔 같은 감정을 표현할 수 있도록 한다. 또한 자신들의 관심과 직접적으로 관련된 학습내용을 익혀가면서 느끼는 '학습의 즐거움', 나아가 도전적 과제를 자신들의 힘으로 해결할 수 있는 기회를 통해 스스로에 대한 학습자로서의 '자신감', 학습에 대한 '동기부여'를 줄 수 있어야 한다.

셋째, 이를 위하여 교사는 혼란스러워하고 어리중절해하는 학습자들을 보고도 기다리고 참을 수 있는 인내와 지속성이 필요하다. 결국 이것은 학습자들이 스스로의 힘으로 주어진 문제를 해결해낼 만한 능력을 지닌 존재라는 학생들에 대한 신뢰가 우선되어야 한다.

넷째, 구성주의에서 말하는 학습이란 학습자들이 기존 인지구조에 대한 '혼란'을 일으켰을 때, 그것을 극복하려는 노력(성찰, 깊은 생각)의 결과(인지구조의 재평형 상태)로서 이루어지는 것이다. 따라서 교사는 가능한 학습자들의 기존 인지구조 혹은 선지식이나 경험에 대한 혼란, 모순을 일으킬 수 있는 질문이나 답변을 해야 한다. 뿐만 아니라 학습자의 답변을 통해 그들의 사고나 경험적 지식의 수준, 배경, 특성을 이해할 수 있기 때문에 교사의 질문은 가능한 학습자들의 확산적 사고를 유발할 수 있는 것들이어야 한다.

마지막으로, 구성주의는 교수법, 교수전략으로 이해하지 말고 인식론으로 접근해야 한다. 구성주의 교사가 되기 위해 필요한 것은 기술이나 전략에 대한 목록이 아니라, 우리가 학습자에게 강조한 것들 곧 성찰하고 생각을 나누고 계속적으로 탐구하는 태도이다. 구성주의 교사로서 무엇을 해야 할지를 완벽하게 안내하고 자세하게 기술해 주는 책이나 자료 혹은 전문가를 찾으려 하지 말고, 오히려 "우리 학생들은 지금 무엇을 생각하고 있는가? 그들의 관심은 무엇인가? 어떤 과제나 문제에 흥미를 느낄 것인가? 그들은 이 문제에 대하여 어떤 생각을 갖고 있으며, 어떻게 발전시킬 것인가?"와 같은 질문을 스스로에게 지속적으로 하는 것이 필요하다.

(3) 자기주도적 학습

구성주의 교육은 학생들의 자기주도적 학습(self-directed learning)을 강조한다. 주도적 학습을 강조하지만, 그것이 곧 교사 역할의 축소를 의미하는 것이 아니라 교사 역할의 변화를 말한다는 점이다. 구성주의에서의 교사는 이전의 지식 전달자로서의 역할에서 벗어나 학생들이 자신들의 관심, 수준, 배경을 적용하여 구체적인 학습내용, 방향, 깊이를 결정해 나갈 수 있도록 학습환경을 제공해야 한다는 점이다.

구체적으로 그것은 학습을 전개할 과제나 문제를 제공하는 역할을 의미한다. 이어서 학생들이 주어진 과제나 문제를 해결해 나가는데 필요한 학습자원을 제공하는 것이다. 뿐만 아니라 학생들이 학습을 개인적으로 혹은 협동적으로 이루어 나갈 때 그 안에 '참여적 관찰자'의 입장으로 참여하여 그들의 학습방향의 길잡이가 되고, 그들의 사고를 촉진시키고 인지적 혼란(학습이 이루어지기 위한 전 단계)을 일으키기 위한 질문을 던져 그들의 질문에 답변을 해야 한다.

그럼으로써 교사 자신도 다루는 학습내용에 대하여 학생들과 마찬가지로 같이 배우는 자, 같이 탐색하는 자로서의 동료학습자(co-learner) 역할을 경험하게 된다. 또한 학생들과의 대화에 참여하는 과정을 통해 그들의 생각에 대하여 좀 더 자세히 배우고 이해하게 되면서 그들의 '멘토' 또는 코치(scaffolder)로서의 역할을 하게 된다.

구성주의 학습환경에서 학생들의 경우, 이전에 수동적으로 주어진 지식을 습득하는 역할에서 벗어나 스스로 학습의 주인의식을 지니고 주어진 과제나 문제에 대하여 자신의 목소리, 생각, 관심을 반영시켜서 전개할 수 있어야 하며, 나아가 개인적으로 이루어지던 학습형태에서 벗어나 다른 학생들과 같이 학습하는 모둠학습을 경험하게 된다. 뿐만 아니라 어떤 방식으로든 학습결과에 대한 평가에 학생들이 스스로 참여할 수 있는 기회가 제공되어 학습과정에 대한 주인의식을 느낄 수 있어야 한다. 그러나 이와 동시에 학생들로 하여금 경험하게 하는 것은 학습의 자율성이 위임되는 만큼 학습의 책임성이 동반된다는 사실이다.

바로 이런 점으로 인해, 간혹 구성주의 학습환경에 처음 접하는 학생들은 학습초기 과정에는 자신들에게 부여되는 이러한 책임감이 주는 부담감으로 인해 구성주의 학습환경에 대하여 불만을 토로하기도 하는데, 이것은 단지 학생들이 이런 학습환경에 익숙하지 못해서 오는 불편함, 스스로 학습의 주인이 되어야 하는 데서 오는 부담감으로 인한 것이기 때문에 교사의 입장에서는 학생의 변화를 기다리는 인내가 요구된다.

(4) 기대되는 학습환경

교육의 최대목적은 주어진 특정 학습내용의 습득이다. 그것이 구성주의에서는 학습자의 수준, 관심, 배경에 맞추어 다양하게 습득될 수 있다는 점에서만 이전의 학습환경과 구분될 뿐, 구성주의 학습을 통해서도 분명히 학습자들은 특정 학습내용의 습득과 이해가 이루어지며 그것을 목적으로 하고 있다.

그러나 이러한 기본적인 학습효과는 물론이거니와 구성주의적 학습환경은 그 전체가 학습자 중심의 학습환경인 만큼, 그 학습환경에 참여하는 학습자들인 학생들은 학습자체를 더욱 즐겁게, 재미있게, 적극적으로 참여한다는 사실이다. 나아가 학습내용이 자신들의 관심과 삶과 직접 관련성을 지니기 때문에 적극적 참여를 유도하며, 적극적 참여는 학습에 대한 동기부여와 이어지고 그 동기부여는 결국 학습효과로 이어진다. 따라서 구성주의의 학습환경에서 발견되는 가장 대표적인 것은 학습자들이 학습자들끼리 상호역동적인 관계를 유지하면서 자신들의 학습활동에 '활기찬' 모습으로 '적극적'으로 참여한다는 점이다. 이 점은 구성주의 학습환경을 실체 수업에 적용해 본 많은 교사들이 공통적으로 지적하는 현상이다.

구성주의 학습환경에서는 학생들간의 모둠학습을 강조한다. 그런 모둠학습 활동을 통해 학생들은 단지 인지적 차원에서 다양한 문제해결 방식, 문제접근의 다양성, 어떤 현상의 복잡하고 다원적 차원에 대한 이해, 깊이 있는 비판적 사고력의 향상이라는 효과뿐만 아니라, 정서적 · 감성적 측면에서 사람들은 서로 다른 사고와 생각을 갖고 있다는 점을 깨닫게 되고, 모둠원들간의 공통관심사인 문제해결을 향해 같이 고민하고 노력하는 활동을 통해 자기중심적 사고를 벗어나 '우리'라는 공동체적 사고를 익히게 된다.

다른 말로 구성주의 학습환경을 통해 '사회도덕성'을 배우게 되는데, 이것은 자기중심적 사고에서 벗어나 남에 대한 배려, 이해를 배우게 되는 것이다. 물론 이렇게 되기 위해서는 학습자들간의 모둠활동을 통한 학습환경 뿐만

아니라 구성주의적 교사로서의 역할이 중요한 것은 물론이다

결국 구성주의적 학습환경은 학생들의 인지적 발달(초인지적 능력, 문제해결능력, 비판적 사고능력, 성찰능력) 뿐만 아니라 정서적·감성적 발달(남에 대한 배려와 이해, 다양성과 복잡성에 대한 인식) 측면에서도 그 효과를 기대할 수 있다.

3) 문제점

구성주의 교육이 갖는 문제점은 다음과 같다.

① 경험적 연구결과가 부족하다.
② 구성주의 교육에 대한 교사들의 새로운 역할을 이해하지 않으면 그 실현을 기대하기 어렵다.
③ 지식구성의 사회성에 대한 인식이 결여될 가능성이 높다.
④ 학습자의 인지적 능력에 대한 가치부여를 소홀히 할 수 있다.

8. 분석철학

1) 분석철학의 개념

분석철학은 전통철학에 대해 정면으로 대항하며 20세기에 등장한 새로운 철학사조로서 과학적·경험적으로 확인 또는 검증할 수 없는 초월적·사변적·형이상학적 요소들을 철저히 배제하고, 감각을 통해 인식 가능한 사실만을 진정한 지식으로 간주하며, 과학적이고 객관적인 연구 방법을 강조한 실증주의 철학에서 그 기원을 찾아볼 수 있다.

(1) 분석철학의 등장배경

① 분석철학은 실증주의 및 과학적 연구방법의 영향으로 전통철학에 대한 반성과 회의로부터 시작되었다.

② 분석철학자들은 전통철학이 추구해 온 절대불변의 진리의 규명은 철학자들의 주관적 신념에 불과하므로 이를 철학의 대상에서 제외하고 객관적으로 검증될 수 있는 것을 연구의 대상으로 삼아야 한다고 주장했다.

(2) 분석철학의 개념

분석철학은 언어와 개념에 사물의 본질이 들어 있다고 보고, 그 언어와 개념의 의미를 명료하게 분석함으로써 사물의 본질을 이해하려고 하는 학파이다.

따라서 분석철학은 어떤 세계관, 인생관을 표명하기보다는 사상의 표현 수단인 언어 및 기호의 분석을 철학의 사명이라고 본다.

분석철학은 그 방법과 연구 대상에 따라 다양한 학파가 있으나, 크게 ① 논리 실증주의(일상적 언어의 부정확성으로 인해 철학의 과학화가 어렵다고 보고, 일상적 언어가 아닌 이상적인 인위적, 인공적 언어(기호)를 창안하여 철학을 과학적으로 정교하게 가다듬고자 하는 경향)와 ② 일상언어 분석주의(철학은 불가피하게 일상 언어로 표현될 수밖에 없으므로, 일상적 언어를 보다 정교하게 분석 · 규정함으로써 철학을 과학화하려는 입장)의 두 가지 경향으로 분류된다.

결론적으로 분석철학의 철학의 기능은 새로운 사실이나 원리의 발견이 아니라, 그 사실이나 원리를 표현하는 언어와 개념을 명료하게 다듬어 보다 정확한 사고를 할 수 있도록 돕는데 있다고 본다.

(3) 분석적 교육철학의 의의

1 독자 학문으로서의 교육철학 성립에 기여

분석철학은 교육철학이 기존의 교육관 연구에서 벗어나 하나의 독립적이고 객관적인 학문 분야로 성립시키는데 기여했다.

2 교육철학의 기본적 방법론 제시

개념들을 명료하게 분석하고 논리적 타당성을 검토하여 이론적 혼란을 해결하고자 한 분석적 교육철학은 교육철학의 기본적인 방법을 정립시키는 계기가 됐다.

2) 분석철학과 교육

(1) 분석철학 교육이론의 특성

분석철학은 교육과 교육이론의 언어와 논리의 모순성, 모호성, 애매성 등을 제거하거나 감소시켜, 우리가 사용하고 있는 언어의 명료성과 그 언어의 논리적 관계를 분석함으로써 우리의 사고를 정확한 과학적 기초 위에 세우는 데 있다.

분석철학에 기초한 교육철학자들은 많은 교육문제들이 주로 언어의 문제라고 주장하고 있다.

예컨대, R. S. Peters는 "교육철학의 역할은 새로운 주의(-ism)나 이념을 발전시키는 것이 아니라 우리가 현재 사용하고 있는 이념들의 의미를 더 잘 이해할 수 있도록 돕는 일"이라고 주장했으며, D. J. O'conner는 "분석철학은 교육철학의 여러 문제들을 다룰 수 있는 한 방법인 바, 그것은 지식 · 교육 · 학교 등과 관련된 용어를 검토하고 그 의미를 명료하게 하는 것"이라고 주장하고 있다.

따라서 이들은 교육에서 사용되는 많은 용어, 진술 등 제반 언어를 명료하게 가다듬음으로써 교육 문제가 해결될 수 있다고 믿는다.

분석철학적 교육철학가는 교사나 학생이 하거나 해서는 안 되는 일을 규범적인 차원에서 진술하지 않는다. 즉, 그들은 '학생들이 무엇을 배워야 한다'고 말하지 않고 '학생', '배운다'는 의미가 무엇인지를 설명하고자 하는 것이다.

요컨대, 분석철학자들은 '교육', '훈련', '교수', '학습', '문화', '커리큘럼', '자유', '가치', '도덕' 등과 같은 교육적 개념(도구)의 의미를 분석하고 설명하고자 하는 데 역점을 두고 있는 것이다.

이러한 노력은 실제로 교육 현장에서 모호하게 사용되는 제반 용어들을 정확하게 함으로써 교육의 과학화, 전문화, 체계화에 어느 정도 기여했다고 평가할 수 있겠다.

(2) 교육적 개념들의 의미 탐구과정

교육적 개념들의 의미 탐구과정은 다음과 같이 네 가지 단계를 거쳐서 이루어진다.

1 분석적 과정

교육적 개념들이 적용되는 경우와 상황들을 논리적 규칙에 어긋나지 않는 범위 안에서 다양하게 검토함으로써 그 개념의 의미를 특징짓는 여러 가지 개념조건들을 분석해 내려는 과정이다.

2 평가적 과정

분석의 결과로서 얻어진 개념의 조건들을 토대로 하여 현재의 교육상황을 평가하는 과정이다.

3 사변적 과정

이러한 분석과 평가적 과정을 바탕으로 하여 보다 타당한 교육의 원리와 방향을 제시하는 과정이다.

④ 통합적 과정

하나의 교육적 개념을 분석할 때에 그 개념과 다른 교육적 개념들과의 관계를 살펴보려고 하거나 교육의 전체적 맥락 속에서의 그 개념의 위치를 파악하려고 노력하는 과정이다.

(3) 교사의 역할

분석철학에서 강조하는 교사의 역할은 다음과 같다

① 교육자는 명료하게 생각하고 의사를 전달하여야 한다.
② 교육자는 논리학의 공식법칙을 중시하여 일관성 있게 추리하여야 한다.
③ 교육자가 주장하는 지식은 객관적이어야 한다.
④ 교육자가 주장하는 지식은 신뢰할 수 있는 것이어야 한다.
⑤ 교육자는 모든 규범적 그리고 밖으로 나타나지 않는 규범적 명제를 신중히 검토하여 그것이 과연 무엇을 의미하는가를 밝혀야 한다.
⑥ 교육자는 모든 논의와 토의에 사용되는 언사와 규율을 명백히 하여야 한다.
⑦ 귀납적 개연성의 법칙이 가설, 개념, 이론을 실증하는데 적용되어야 한다.
⑧ 분석철학의 이해를 바탕으로 해서 실제 교육현장에서 쓰이고 있는 교육의 실천원리들이 과연 교육적으로 얼마나 타당한 것인가를 평가할 수 있는 비판적 안목을 갖도록 노력해야 한다.

3) 문제점

교육현장에서 교사들이 사용하는 언어의 중요성을 부각시키는데 중요한 공헌을 했다고 볼 수 있으나 다른 한편에서 교육철학 연구나 실천에서 교육이념, 교육관, 교육목표 등의 중요성을 과소평가하고, 바람직한 세계관이나 윤리관 확립에는 크게 도움이 되지 못했다는 부정적인 평가도 피할 수 없으며 또한 체험적, 가치판단적 사회역사적 요소를 배제했다는 비판을 벗어나기 힘들다.

가장 큰 문제점으로선 분석적 교육철학은 철학의 가치중립성을 추구하여 언어의 의미와 논리적 관계의 분석만을 강조함으로써 교육철학의 실천적 성격을 퇴색시켰다는 점이라 말할 수 있다.

참고 문헌

강봉규(1965), 산업혁명기의 영국빈민아동교육에 관한 연구. 연세대학교대학원 석사학위 논문.

김정환(1988), 교육철학, 서울: 박영사.

손인수 · 정재철(1998), 교육사, 서울: 교육출판사.

안상원(1993), 교육사 및 교육철학, 서울: 재동문화사.

오천석(1977), 교육철학신강, 서울: 형설출판사.

이돈희(1981), 교육철학개론, 서울: 박영사.

이돈희, 한기언(1990), 교육사, 서울: 대학출판부.

이병도(1958), 국사대관, 서울: 을유문화사.

임한영편(1973), 교육사상가백선, 서울: 서울대학출판부.

차석기(1981), 서양교육사, 서울: 집문당.

한국교육사연구회편(1992), 한국교육사, 서울: 교육출판사.

稻富營次郎(2004), 西洋教育思想史, 東京: 學苑社.

梅根悟(2010), 世界教育史, 東京: 講談社.

皇至道(2013), 教育思想史, 東京: 第一法規.

Brameld, T.(1972), *Patterns of Educational Philosophy*, New York: Macmillan.

Cubberley. E. P.(2007), *History of Education,* Boston : Haughton Mifflin Company.

Eby, F.(2006), *The Development of Modern Education*, N. J., Englewood Cliffs.

Ebby, F. and Arrowood, C. F.(2000), *History and Philosopy of Education*, New York: Prentice-Hall, INC.

James Bowen(1992), *A History of Western Education*(Vol. 1-2), New York: Macmillan.
Kneller, G. F.(1998), *Existentialism and Education*, New York: John Wiley and Sons, Inc.
Kneller, G. F.(1999), *Introduction to The Philosophy of Education*(2nd ed.), New York: Prentice-Hall.
Meritt, M. Thomsom(2002), *The History of Education*, New York: Basnes and Nobel.
Meyer, E. A.(1997), *The Development of Education in the 20th Century*, New York: Prentice-Hall, INC.
Paul Monroe(2009), *A Brief Course in the History of Education*, New York: The Macmillan Co.
Robert Ulich(2012), *History of Educational Thougth*, New York: American Book Company.
Samuel Smith(2006), *Ideas of the Great Educators*, New York: Harpers Row.
Thompson, M. M.(2005), *The History of Education*, N.Y: Prentice-Hall.
Wilds, E. H.(1969), *The Foundation of Modern Education*, New York: Farrar and Rinehart.

찾아 보기

내 용

인 명

〈국내〉

저자 소개

최미리

교육학박사(연세대)
현, 덕성여자대학교 교수

박성혜

교육학박사(미국 Pennsylvania State Univ.)
현, 덕성여자대학교 교수

강봉규

교육학박사(연세대)
현, 가톨릭대학교(성의 교정) 명예교수

교육사 및 교육철학

초판발행 2015년 2월 15일
4판발행 2019년 8월 30일

2019. 8.

저 자 최미리 · 박성혜 · 강봉규
발행인 김현태
발행처 태영출판사

주 소 (08371) 서울시 구로구 디지털로31길 90, 115-1601
전 화 02 · 839-3757, 839-3752
팩 스 02 · 837-3754
등 록 2005년 5월 30일 제12-421호
http://www.taeyeongbook.co.kr
E-mail tys2005@hanmail.net
ISBN 978-89-6302-156-0 93370
정 가 16,000원

* 잘못 만들어진 책은 교환해 드립니다.

NAVER 태영출판사